惜 珍 著
朱克家 摄

北 南

永不拓宽的上海马路

N S

二

東方出版中心
Oriental Publishing Center

总 序

程梅红

城市在道路的延伸中成长着。

每个城市的每条道路，都是它过去和现在的独特缩影，蕴含着城市的发展脉络、城市精神和气韵，并昭示未来。上海有64条永不拓宽的道路，它们是上海的一类风貌保护道路，属于上海都市旅游的精华部分。

在这些永不拓宽的马路里，曾经的过往，流金的岁月，在砖石的斑驳处和老旧的百叶窗间，透出上海最深的历史记忆。东方出版中心出版的《永不拓宽的上海马路》（全三册），是海派女作家惜珍女士像优秀旅行体验师般专注与执着的呈献。她用寻宝者的精神和探索者的眼光去发现、体验这些上海道路，挖掘在那里发生的十里洋场、风花雪月的故事，风云际会、繁华似绵的生活，在这些街巷里和马路上重重叠叠留下的无尽印记。

细读《永不拓宽的上海马路》（全三册），就能感受到它们是惜珍十余年来探寻上海64条一类风貌保护道路的结晶，是她对这些永不拓宽的上海马路以很大的耐心和信心不懈寻访后的解读。惜珍说："上海的马路是上海开埠以来所谓大都会风格的又一个解读这座城市的密码。马路两旁林立着的法国梧桐是上海马路的标志，而马路深处的花园洋房和欧式廊柱背后攀满藤萝的庭院所溢出的是最纯正的上海味道。"在盛产女作家的上海，她是别具韵味的一位解读者。长期积累的丰厚的有关上海的故事，融入这位个性独特的女作家的情愫和文字中，具有青花瓷般的质感和对这座城市的挚爱。寇善勤、徐坚一、朱克家三位摄影师的影像记录，使惜珍的笔触更为具象地聚焦和定格。

如果说对这些道路的一类保护护住了上海这座城市的历史脉络，那么这套书便温暖了在这条脉络中流淌的血液；如果说永不拓宽的刚性法则从物理状态上赋予了寻找归宿感的上海人可触摸的记忆，那么书中的往事记载则赋予了记忆的灵魂。

64条永不拓宽的马路，是上海被体验的马路，更是一直在路上的体验。它导引着市民和游客在现代化都市的凝固部分，行走着，探寻着，记忆着，体验着，感悟着。上海都市旅游的魅力，真的是属于发现者的。

（本文作者系上海市旅游局副局长）

自序　惜珍

马路是城市的经脉，要了解一个城市，最便捷的方式就是到它的马路上去走一走。

2007年6月，上海中心城区内144条道路和街巷被列为风貌保护道路，其中64条风貌保护道路为永不拓宽的道路。这64条马路将作为城市历史、文化的传承和象征，给以原汁原味的整体保护；同时，严格控制原有道路的宽度，并加强对沿线建筑、市容、绿化及环境的管理。这意味着今后不会为了拓宽道路而拆掉被保护的老建筑，上海旧区的马路和马路景观将得到永久性的保护。

上海的马路作为城市最基本的元素，不少依旧保留着东、西方两种文化碰撞的特殊符号，镶嵌着东、西方两种文明互相包容的印迹。64条永不拓宽的马路便是其中的典型。这些马路是建筑文化在城市发展中的演绎，和上海城市的特点密切相连。首先是多元性。上海处于中、西文化碰撞交汇的中心，形成了多元文化兼容并蓄的态势，体现在建筑风格上，同样也是神态各异，多姿多彩。其次是商业性。商业在城市中的重要地位决定了城市格局中的商业特点，与上海日益发达的商业活动相适应，各种功能、各类风格的马路和建筑应运而生，反映在建筑形态上又有一种追求时尚、讲究实用的特征。因此，这些永不拓宽的马路是展示上海城市发展脉络、延续城市文化的物质载体，它们集中体现了上海城市的精华和神韵，浓缩了上海的历史印象。

上海的马路是上海开埠以来所谓大都会风格的又一个解读这座城市的密码。马路两旁林立着的法国梧桐是上海马路的标志，而马路深处的花园洋房和欧式廊柱背后攀满藤萝的庭院溢出的是最纯正的上海味道。

这些年来，我到国外一些城市旅行，不管是在美国，在新加坡，还是在俄罗斯，我发现自己对看到的那些异国建筑都有似曾相识之感，它们时时让我想起上海。难怪有人说，在上海可以做一次不出边境的出国游。20世纪初上海南京路就号称是“最世界主义的马路”。老上海留下了许多美轮美奂的异域风格的建筑，几乎没有一个城市能像上海那样拥有全世界各国风格的建筑，这是海纳百川的上海的城市特质。建筑是城市的灵魂与历史的写照，当我漫步在纽约的第五大道上，感觉这里竟然与上海的外滩如此相像，到处是鳞次栉比的摩天大楼，人就像走在峡谷中一样。但纽约怎么能和外滩比呢？中山东一路毗邻黄浦江，这条上海的母亲河让生硬的建筑变得柔和了许多，也让马路有了透气的空间，这是上海特殊的历史与人文赋予马路的灵魂与气质。

上海最有特色、风格最多样化的建筑，就是坐落在城市中心马路两侧的20世纪20年代建造的花园住宅。由于当时上海的繁华，这些住宅的主人充满了神奇的经历，也赋予了这些建筑本身浪漫、神秘的色彩，留给后人启示和无限的遐想。承载着城市记忆的上海马路总有诉说不尽的故事，路上写满的历史沧桑弥漫着令人沉醉的怀旧气息。如今，它们完美和谐地融合了许多时尚元素，就显得更加风姿绰约、楚楚动人。于是，这些马路成了我们进入过去的一个通道，通过它们，我们有幸和老上海幽会。如果你想看一看最有历史底蕴的上海以及最真实、最原生态的上海人，就必须走一走上海马路上隐藏着的石库门弄堂，这些石库门以它特有的建筑特色，开创了这种适合于寸土寸金之地的上海市民居住的海派建筑范例。

64条永不拓宽的马路分布在上海的各个区内，以徐汇区为最多，其次是黄浦区，还有一些是跨区的。我把这64条马路按其所在区域分为3本来写。《永不拓宽的上海马路（一）》中涉及的马路主要分布在黄浦区和虹口区，共20条马路，其中黄浦区15条，虹口区5条。《永不拓宽的上海马路（二）》中的马路主要位于徐汇区、静安区和长宁区，共24条马路。其中徐汇区21条马路，静安区1条马路，长宁区两条马路。《永不拓宽的上海马路（三）》主要为跨区的马路，共20条马路。这三本书既各自独立又互相关联，合在一起就是完整的上海64条永不拓宽的马路。因我探寻这64条一类风貌保护道路的时间跨度较大，文中部分建筑入驻单位、商家等相关信息和写作对象的现状可能有所变动，在此一并说明。

如果你想从骨子里了解上海，那么请打开这3本书，跟随我到上海的这64条永不拓宽的马路上去走一走，感受这些路上曾经的沧桑，看一看那些老房子，品一品那里曾经发生过的故事，从今往后，上海对你而言将不再陌生。

目 录
Contents

衡山路：最具上海气质的马路

衡山路东北起于桃江路，与宝庆路相接，西南至华山路、肇嘉浜路交会处，与漕溪北路相连。该路辟筑于1922年，原名“贝当路”。贝当是第一次世界大战时法国的高级将领，以之命名是为了纪念贝当。1943年10月改名为“衡山路”。

衡山路是上海梧桐树最密集、沿途景观最优美的道路之一。道路两侧460余株法国梧桐70%种植于1922年，由于当年是先植树后筑路，梧桐树生长在良好的田土中，故一直保持着原有的风貌。树干苍白斑驳，厚实粗壮，树枝伸展相交，树叶茂密成荫，所以，衡山路又有“上海古树名木第一街”和“上海第一林荫大道”的美誉。悠远的历史使衡山路上梧桐树的枝叶异常繁茂，春夏时节枝叶密密匝匝地遮盖了不宽的马路上空，如情侣般牵手相拥，使整条路变成长长的绿色拱形走廊，而当一场雷雨骤然袭来后，空气会变得格外湿润和清新。秋天树叶由绿转黄，风过处洒下一地碎金，在阳光的映照下犹如法国画家柯罗的油画。到了冬天树叶又悄然分开，就这样分分合合，才不腻味。一幢幢老房子便悄悄地掩藏在梧桐树浓密的树丫之间，法国梧桐与欧陆建筑相辉映，营造了无与伦比的法国风情。两侧还有欧式风格的人行道隔离栏、仿弹硌路的红褐色人行道、罗马风格的铸铁球形街灯和有着移步换景之妙趣的欧洲古典油画长廊，充满浓浓的异国情调。到了晚上，就有一种暖调的城市氛围慢慢弥散开来，轻轻地撩动人怀旧的情思。因为雍容优雅，这条路被冠以“东方的香榭丽舍大街”的美名。

衡山路的夜，风情万种，色彩斑斓的霓虹灯在梧桐树丛间忽隐忽现，灯光经过树叶的过滤，变得含蓄温婉。这是衡山路夜生活的质感，表面并不张扬，内里却涌动着澎湃的激情。灯火辉煌的酒吧为衡山路营造出一种朦胧的、多情调的、世界的、唯上海独有的气质，那种浪漫的韵味吸引了无数来上海的外国友人。

老上海美国侨民活动的中心地带

衡山路10号现为中国船舶重工集团的七〇四研究所所在地。在抗战之前这里是美童公学，系美国在沪侨民集资办的一所小学，建于1922年。这是一栋造型奇特的建筑，颇有美国费城独立厅的建筑风格。建筑平面呈L形分布，主建筑立面长而舒展，左右对称，纵向三段式。校内的主楼是一栋高敞的3层教学楼，清水红砖，屋顶有连续排列的老虎窗，檐口及券心石白色装饰，屋顶的中心是一座高耸的三级塔楼，这个标志性建筑为学校增添了些许宗教氛围。一侧的宿舍楼也是一幢西式建筑，建筑体形简洁，坡屋顶平缓，出檐不远，屋面规则布置老虎窗，清水红砖外墙，三角形山墙，立面构图规整，底层为连续圆拱券门窗，上两层为矩形窗洞。立面构图规整严谨，装饰简化。院子里有一座高耸的水塔，形体简练，顶部挑檐，清水红砖外墙，墙体表面在转角处略有凹凸，墙面有花纹装饰，顶层有一圈铁质栏杆。窗洞面积小，整体风格厚重稳妥。

当年，这所学校的学生大部分是白种人的孩子，其中有相当一部分是基督教徒的孩子。如今，院子里的一座落地的红漆旧校钟被用作了火警，看上去别有风味，令人不由想起当年敲钟上课的情景。1941年底，太平洋战争爆发后，在沪英美人士纷纷回国，学校停办，日本人就将此校舍占用，成为他们的沪南宪兵司令部，关押过很多爱国志士和重庆国民政府潜入上海的地下工作人员。抗战胜利后，美国侨民收回校舍，新中国成立后，由国家管理使用。

在美童公学对面的衡山路53号，有一排石壁与铁栏杆相间的围墙，围墙上青藤密布，围墙的后边耸立着一座哥特式的老建筑，尖尖的棱角在老墙的背后隐现，包裹在一大片绿树丛中，呈现出一种英国乡村田园别墅的优雅风格，这就是名闻遐迩的国际礼拜堂。大堂左侧有大片草坪，还种有高大的银

美童公学

国际礼拜堂内景

杏、香樟和常绿灌木，看起来像是一个欧洲人家的庭院。

国际礼拜堂的建立有它独特的历史背景。早在1917年，在上海的一些美国人出于宗教生活的需要，便聚集在东湖路一对美国夫妇家中唱诗做礼拜。到1920年，前来聚会的人增加到数百人，其中主要是在沪外侨，也有少数懂英语的中国教徒，遂萌发建堂之意。1923年由在沪的美国侨民及其他外国侨民集资购买了美童公学对面的10余亩土地，次年动工，1925年3月8日落成，初名“协和礼拜堂”，因参加礼拜的绝大多数是美国基督徒，所以也被叫作“美国礼拜堂”。

国际礼拜堂是上海现存规模最大的基督教堂，它由礼拜堂与一幢连屋顶在内的3层楼房成L形连成一体。陡峭的两坡屋顶，有着英国乡村别墅风格。外墙红砖砌筑，侧窗采用弧度双联窗。进入教堂，先要经过一条长长的甬道，两边是尖拱的长廊，弧形的长窗上镶嵌着冰裂纹的玻璃。礼拜堂正中是祭台，两侧是2层廊式楼厅，椅子背后有专门用来安放《圣经》的小匣。左侧的3层楼房建于1936年，底层是牧师办公室，二楼是幼儿室，三楼是小礼拜堂。该教堂有一个圣诗咏唱班，曾经以优美的圣乐蜚声沪上。每逢宗教节日以及每月第三周的礼拜天都要举行盛大的音乐唱诗活动，呈现出基督教文化特色。每逢星期天的上午这里都要举行礼拜，路人能听到里面传出悠扬动听的管风琴声。若逢圣诞节和复活节，这里还会举办隆重的音乐礼拜。从1925年到1936年，每个礼拜天的礼拜活动都由上海广播电台转播实况。抗日战争期间，有许多欧洲人、中国人前来做礼拜，这座礼拜堂逐渐改称为“国际礼拜堂”。

国际礼拜堂自20世纪80年代以来，已先后接待过许多外国领导人和著名大主教，比如美国前总统吉米·卡特、澳大利亚总理霍华德、美国众议院议长金里奇夫妇、挪威国王哈拉尔五世和王后、英国圣公会坎特伯雷大主教乔治·凯瑞等。该礼拜堂每星期日上午举行的礼拜保持了优美圣乐的传统，每逢圣诞节和复活节这里都会举行盛大的音乐活动，爱好唱歌和器乐的信徒们则献演各种古典和现代的圣曲，路过的行人也能听到里面的管风琴传出悠扬动听的宗教音乐声。

公寓建筑和花园洋房

在衡山路上，可以看到很多历史久远的老公寓，它们建于20世纪20年代至40年代。历史的尘埃并未泯灭它们固有的光彩，如今，它们依然静静伫立在衡山路上。

衡山路上较早建造的公寓建筑是西湖公寓。西湖公寓位于高安路路口的衡山路303—308号，转角处的底楼是上海市第二食品商店。这座公寓原名“华盛顿公寓”，建于1928年，当年是衡山路上规模最大的建筑，钢筋混凝土的结构，对应了上海的前工业时代。公寓地处锐角形街角，沿马路作V形布置。该公寓完全摒弃了当时在上海流行的欧洲文艺复兴时期风格，接受了西方现代建筑的理念，十分简洁。外墙为绿色拉毛水泥，入口门框向上层层收缩，上方的窗肚墙上用白水泥做出抽象的几何形装饰图案，绿白相衬，看上去十分清新，这种装饰艺术派的处理增添了整幢公寓的灵动感。初建时，公寓为9层，除了主副楼梯外，还设电梯一部，是上海公寓建筑中最早使用电梯的公寓之一。由于公寓两面临街，底层作店铺。建国后，公寓改名为“西湖公寓”。1982年房屋大修时又在原建筑上加建了2层，成为11层。从大楼背面仰视，整幢建筑气势显得格外宏大。

后来，衡山路525号矗立起了一座9层高的凯文公寓。据说，这幢由法国人建造的公寓最初是一位名叫奥尔加的俄国皇室公主在上海的避难官邸。真假如何，没有经过考证，却不失为一个浪漫的故事。受当时建筑思潮的影响，凯文公寓也属于外形简洁的装饰艺术派风格建筑。立面采用中间高起，两侧逐步跌落的阶梯式手法，与马路对面的毕卡第公寓在轮廓上形成了一个间断式的连贯。层间墙面的凹凸处理和横向间墙的红褐色面砖贴面强调了水平线条，立面局部有褐色耐火砖贴面装饰，与大面积浅黄色粉刷墙面形成材质对比。公寓阳台栏杆与门框上的花纹图案大气简约并富有装饰性。建国后这幢公寓改建成运动员宿舍。20世纪90年代，凯文公寓成为全上海最早被改建成的酒店式公寓，并将底层锅炉房、水泵房改建成沿街商铺，开设了欧洲风格的凯文咖啡餐厅和美容厅。咖啡餐厅自制的凯文咖啡很有特色，转角处摆着原木桌椅的露天咖啡座，在法国梧桐的掩映下，充满了浓郁的欧陆街头风情。常见老外们在这里聚会闲聊，昏黄的灯光下人影幢幢，让人想起梵·高的名画《夜咖啡馆》。2009年，酒店又进行了一次装修，在客房内的设计融合了现代中式元素与1930年代老上海风情。大堂有贯穿两楼的天井式吊顶，结合古典吊灯、老照片及当代艺术家的作品，令人有梦回昔日老上海的感觉。

1936年，在今衡山路700号又有了一座以当时路名“贝当路”命名的贝当公寓。公寓高7层，一梯两户，按对称方式组织空间和立面。为了经济实用，公寓的南立面中央摈弃了装饰艺术派惯用的垂直装饰线，大凸窗，大房间。不过，装饰艺术派风格特征依然在公寓的外立面和细部充分展现。公寓外墙为绿色拉毛水泥粉刷，南立面窗下墙上以白色的圆形或圆弧形组成几何装饰图案，这些装饰与檐口和阳台下的装饰线既呼应，又形成对比。内部简洁优美的弧形楼梯井形成6层通高垂直空间，富有韵律感。该公寓于抗战期间一度曾为日商占有，1946年由国民政府苏浙皖区敌伪产业处理局收归国有，现为居民住宅。不久，高安路路口的衡山路288号又矗立起了一幢5层公寓，这幢公寓曾被称为“康绥公寓”、“康脱公寓”、“乔奇公寓”等，新中国成立前因楼下曾设沙利文糖果店，故习称“沙利文公寓”。

衡山路311号至331号坐落着的集雅公寓，原名“会斯乐公寓”，一度又称“乔治公寓”，建于1942年。公寓造型简洁大方，整体属现代派公寓，局部带有西方装饰艺术风格,当时设计的房型是专供简单家庭和单身者独居的住户，类似今天的酒店式公寓。大楼沿衡山路建造，底层为商店，二楼以上为公寓住宅，每户都有阳台。建筑平面根据不规则地形设计成T字形，恰好留出进出口车道，在东南角还设置了露天停车场。立面中部高7层，两翼高4层，两侧对称逐步跌落，楼层立面简洁明朗，中部垂直的白色水泥装饰带与黄色外墙面搭配协调，呈现出现代建筑风格。20世纪80年代房屋大修时，沿街立面被改为土黄色马赛克贴面。集雅公寓是上海近代著名建筑师范文照继1941年完成美琪大戏院设计后的第一个项目。这个时期，范文照考察了欧洲各个国家，悟出“一座房屋应该从内部做到外部来，切不可从外部做到内部去”，“首先科学化而后美术化”的设计理念，使其设计水平上升到一个全新的境界。范文照的早期作品多为西方复古式样，后受西方现代装饰艺术派的影响，作品有了转向，这所公寓是其代表作之一。公寓的背立面纯粹是现代派建筑风格，没有任何细部装饰，与其东邻的西湖公寓形成良好的对比关系。

如今，这些公寓建筑绅士般地静静屹立在法国梧桐下，虽然年老却不色衰，依旧风度十足，令路过的人驻足回眸。

衡山路也有年轻的公寓，比如衡山路41号。这幢公寓从1993年始建，历时整整6年才建成。整幢大厦为新古典主义的弧形结构，并借鉴了古希腊的爱奥尼克和科林斯建筑风格。外墙采用法式模制挂石和意大利微孔抹灰材料，质感古典，高耸的罗马柱和穹顶则给人带来一种庄重而又神圣的感觉。它的正门是用黄铜铸造的拱形门，上面雕着精致的花纹，有几级石阶通向它。

在建成后的较长一段时间里，衡山路41号是颇为神秘的，它不显示门牌号，也不标示大厦的名称，进入大厦需事先预约。人们只能透过底层的大玻璃窗，悄悄窥视一眼大堂里典雅精致的中国家具和西式沙发，以满足一下好奇心，于是，有关它的传闻也越来越离奇。神秘是由距离产生的，一旦走近，也就不足为奇了。衡山路41号其实是那种“拎个皮箱就能入住”的酒店式公寓，除了各种设施一应俱全外，所有选材都是世界各国的顶级品牌。门厅走廊上悬挂着的从法国进口的Bacarat水晶灯把银箔拱顶映照得熠熠生辉。地上铺设着由中国风水图案组成的黑白大理石，地中海黄墙面是用大理石粉合成的石膏装饰，给人一种回家的温暖感觉。套房的锁来自美国，地板上铺着的是加拿大榉木，主卫生间里的地砖和墙砖用西班牙的虎黄大理石铺就，客卫生间以意大利大理石贴面，家具按Art Deco风格定制。如此选材是为了让来自各国的宾客在看到家乡的产品和品牌后，有一种亲切感，墙上挂着老上海的月份牌和老照片则给人带来一种浓浓的上海味。站在阳台上望出去，美国领事馆绿色的庭院、国际礼拜堂的尖顶和衡山路的时尚酒吧尽收眼底。与一般的高档酒店不同，这里的管理人员、服务人员来自中、法、英、德、美、丹麦、澳大利亚、马来西亚等国家和地区，所以这里入住的客人都能用自己的母语同管理人员交谈，客人们在里面一住至少两三年。每当有新的客人入住，工作人员还会花几个小时陪主妇逛街，帮助她熟悉周围的环境。每月月初，还会安排一个太太会，让太太门互相认识交流。房子背面是有着大片草坪的后花园，这里是业主们举行PARTY和圣诞节举行烧烤晚会的地方。

管理这幢公寓的是嘉道里家族企业：香港半岛酒店集团。门前花丛中竖着一块横匾似的白色牌子，中间柔美的花纹中镶嵌着白底黑字的“41”,下面用中英文刻着“衡山路41号”,这就是酒店的名字，算是把衡山路的品牌用到了极致。

除了公寓，衡山路上还坐落着一些年代久远的花园洋房。衡山路9弄是一条曲折的弄堂，沿墙进入弄堂深处，见一覆盖着黛瓦的传统中式屋檐下是一扇大铁门，铁门两侧是高高的粉墙，铁门里的4号坐落着一幢清水红砖的独立式花园洋房，它被掩盖在高大茂密的树荫下。这幢花园别墅建于1923年，我国现代妇产科奠基人之一、著名医学家林巧稚20世纪五六十年代就寓居在这幢小洋楼里。衡山路249号是一幢建于1946年的花园别墅，原为沪上一张姓实业家的住宅。这是一幢精致的住宅，建筑沿街布置，南北都有宽敞的庭院，南首庭院按中国式庭院布置。建筑立面为活泼简洁的现代式，转角处有弧形长窗，厨房和浴厕透气管组合成圆弧形筒体，建筑沿街面作切角处理，有刚柔相济之美。由大门入内通过台阶步入门厅，左侧是明亮的大客厅，两边有通往室外大平台的落地门，右侧厨房的左边连着餐厅，餐厅开设转角大窗，将庭院风光引入室内。二层南向阶梯式布置起居室、书房和卧室，转角窗和大面积窗使每间房间都阳光充足。三层主卧室连着阳光室和阳台。现在这里是徐汇公证处。又如衡山路300弄1—8号的丽波花园，是建于1928年的新式里弄。弄内的建筑外观细部具有装饰艺术派特征，立面简洁，顶层出檐较大，檐下有水平装饰带，拉毛墙面，开窗规整，窗洞四周有浅色几何形装饰，窗楣为折线形拱券，立面凸出部分的窗台上有精美的铁质栏杆。室内黑白瓷砖铺设的地坪颇有特色。

风光不再的酒吧一条街

衡山路酒吧一条街曾是上海著名的地标之一，沿街各国情调的酒吧鳞次栉比，晚上，在灯光的照耀下，路边的法国梧桐也退去白天的幽静，在幽暗中显出几分鬼魅。泡吧的人当中有很多老外，灯光、欧式建筑、鬼魅的法国梧桐，这些元素混杂在一起，调出的是一股浓烈的欧美情调。

衡山路是上海最早成为酒吧一条街的地方。

20世纪90年代初，衡山路上还没有什么酒吧。1985年，在衡山路1号一所老房子的底楼，开出了改革开放后上海第一家私营咖啡馆，就叫“衡山咖啡屋”。一开间的门面，质朴的外表有着家常的温馨，进去喝咖啡就像到了朋友家里一样。一杯咖啡10元钱，还可以带自己喜欢的CD来放。坐在临窗的小桌前可以看到窗外的法国梧桐以及来来往往的路人，一会儿心就会被咖啡屋里弥漫着的温暖气息所包裹，变得暖暖的。不知从什么时候开始，这间咖啡屋不见了，里面成了青蓝工舍，橱窗里陈列着漂亮的瓷板画，一幅瓷板画上画的是《京剧贵妃》，画中雍容华贵的贵妃娘娘一双媚眼轻飘飘地抛向衡山路，令过往行人销魂。

1993年，整条衡山路还只有两家酒吧，从1994年开始，这条马路开始热闹了起来，衡山路核心地区迅速聚集起了大大小小几十家酒吧，成为沪上年轻人休闲必去的地方。1999年9月，衡山路被列为“上海市十大专业特色街”之首，这也是它最为辉煌的年代。欧陆风情与上海怀旧情调的巧妙融合，是衡山路海派酒吧的显著特色。衡山路上的餐馆都不大，但汇聚了各国美食，尤其是许多设在老洋房内的餐厅，隐身于大树和花园后背，以风味独到、富有情调而著称。

衡山路桃江路路口的香樟花园被称为“上海最有气质的餐饮场所”。门口的一棵大香樟种植于1923 年，树龄至今已有90多年。这棵年迈的香樟树被隔离和保护在一道巨大的落地长窗里，然后从建筑上面的圆形天台中穿出继续长大，宽阔的树冠华盖般地罩在屋顶上，为酒店增添了浓浓的田园风味和野趣，绿意盎然的香樟使得灰白的建筑显得格外清雅。香樟花园的空间不像别的酒吧那样逼仄，特别是楼下沿街的一排，有明亮通透的开放式玻璃窗，显得通透流畅。在它还只是一家咖啡酒吧时，我常常到那里要上一杯卡布基诺，静静地坐在窗前，听头发长长的流浪歌手弹着吉他唱歌，享受喧闹中的孤独。不过，如今的香樟花园早已不是酒吧，也没有了歌手驻唱，成了一家火锅店，真怕火锅的烟气会熏坏了那株枝叶繁茂的香樟树。

衡山路5号是一家名为Zapata’s Mexican Cantina的酒吧，面积不大的两层楼，通体透出美洲的浪漫。建筑外墙中间一幅面向衡山路的画像占据整整两层楼面高，画上的小胡子外国男人有点西部牛仔的狂野味道，十分引人注目，晚上在灯光的照射下，令人不敢正视，反倒增添了一种想进入酒吧里面一窥究竟的欲望。这个小胡子外国男人在衡山路上站了很多年，至今雄健依旧。这里不但是酒吧，还经营墨西哥美食。酒吧的设计别具匠心，里面有演出，花园里有露天位，可以跟着音乐跳舞。酒吧的氛围很不错，从一进门的啤酒桶上散乱放置的杂志，到每个桌上积成一堆的蜡脂，无不让人感到随意和轻松。走上二楼的露天餐厅，头上就是法国梧桐的浓荫，四周露出花园洋房的红瓦坡顶，使人恍若置身异域。

名为“梧桐树”的酒吧落户于一幢别致的洋楼内，房子呈多角形，有一个角恰恰对着马路，几株壮硕的法国梧桐将洋楼包围，给它裹上了一层浓浓的绿色。这个不大的酒吧有着欧陆式转角风格，给人以法国里昂或西班牙瓦伦西亚小镇上某一转角处酒吧的感觉，酒吧的名称看似信手拈来，却是十分切合衡山路的风味。

领馆广场曾是衡山路最为优雅的一段，这座被十数家酒吧、咖啡馆和餐厅分割的两层楼房子因其周围聚集了各国领事馆而得名。这里以具有欧陆风情的特色餐饮为主，兼营娱乐和休闲。曾经，领馆广场一溜都是高档的酒吧和餐厅，门前都有廊檐，廊檐外是露天的酒吧或咖啡座。那里摆着一张张带硕大遮阳伞的八角形木头桌子和椅子，因为有了廊檐，那些堂皇的店面变得深邃，并带上了一点神秘的意味。每当华灯初上，衡山路领馆广场一带，坐满了喝酒聊天的中外人士，他们舒心惬意地坐在梧桐掩映的月色之中，让人想起巴黎街头的露天咖啡座，欧陆风情和上海风情悄然融合在一起，充满了优雅迷人的海派味道。每年的4月到11月，都会在领馆广场沿街举办啤酒节，还有露天乐队，欢腾而又热闹，成了衡山路一道独特的风景线。随着衡山路酒吧的日渐萧条，原本热闹的领馆广场一整排店铺现在基本上都大门紧闭，有的已经被拆除，竟然找不到一家开门营业的酒吧。

衡山路10号的虹蕃主题音乐餐厅吹来的是大都会的波希米亚风。这家主题音乐餐厅以音乐为卖点，并舍得花钱请一些在上海有一定知名度的歌手来演唱，如今门口挂出了暂停营业的牌子。寒舍玫瑰园是台湾人开的大众化的红茶坊，气氛轻松悠闲，里面提供画报、象棋、纸牌和智力小玩意，客人花一点小钱可泡半天。耕读园书香茶坊是一家具有古典中国特色的茶坊，大堂布置古色古香，里面还有一些和式风格的独立包厢，座位比较宽敞，绘有水墨瘦竹的长圆吊灯透出的是静谧的艺术气息；还提供漫画和小说，很适合情侣在里边读读书，说说悄悄话。这两家茶坊在灯红酒绿的衡山路上有点另类，消费也很平民，至今在衡山路上安之若素。

真爱迪吧是一家Disco酒吧，很多广告在这里取过景。“去真爱跳舞！”曾一度成为上海时尚的口头禅。里面分为上下两层，设计各异：上层有点像法国乡村的小酒馆，灯光是昏黄的；下层却五彩缤纷，设计前卫，是跳热舞的场所，还有14间卡拉OK包房，这里曾是上海时尚青年最喜爱的场所之一，可容纳600人的真爱迪吧每逢周五、周六都挤得满满当当。迪吧对面的“波钵街”是一家3层高的英式酒吧，名字看起来有点土气，读起来却像时下最为流行的“BOBO”。它最大的特点是里面有一个透明的3层舞台，地下是乐队演奏、歌手唱歌的位置，上两层是舞者跳舞的舞台，客人可点唱，歌手唱歌时有风格各异的伴舞。在酒吧的后面有一个很大的、封闭式的花园，花园里摆放着一个个小圆桌和铁制的欧式镂花椅子，坐在那里，可以看见树影和星星相间的夜空；还有一小片一小片的草坪，人造假山上还有个小瀑布，大树的枝叶随风摇摆，发出沙沙的声音，把花园衬托得更为幽静。也许是怕坐在花园里的客人寂寞，二楼的领舞台也被做成了全玻璃的，坐在花园里的树荫下，领舞小姐美妙的舞姿照样可以一览无余。

衡山路吴兴路路口原来是专供运动员训练的风雨操场，现在这里是一家五星级酒家：富豪环球东亚酒店。门前没有一般五星级酒店的张扬，高大的法国梧桐连绵如盖，犹如一道浓绿的屏风，把宾馆隐蔽在它后面。这幢楼是衡山路区域最高的一幢楼。富豪环球东亚酒店里设有上海第一流的网球场，还有设施完备的健身房、乒乓室、棋牌室以及室内游泳池。“酒神巴克斯”是富豪东亚酒店的豪华西餐厅，为圆环形格局，布置豪华精致。在这家酒店的一楼还有一个巴赫酒廊。这里几乎每隔3个月就要举行一次主题活动。

衡山路在与宛平路、建国西路、广元路相交处形成交叉路口。20世纪80年代中期，这个交叉路口的街心绿地辟建了菱形喷水池，并配以城市雕塑、半圆形花架长廊，添置了水磨石凳，种植冬青、棕榈等常绿树，这些景观多少消解了一些交叉路口的繁忙嘈杂。在衡山路237号坐落着的“西界”是衡山路上极具特色的一间酒吧。歌迷们都知道《西界》是新加坡歌手林俊杰一张专辑的名称，它的歌曲着力于表达“在爱与恨、黑与白、善与恶之间，每个人心中都有西界，通往那个未知的自己”的概念。“西界”酒吧现代几何造型和纯粹黑色的门面设计看上去很酷，很多慕名而来的客人都是冲着里面驻唱的优秀歌手和他们的歌声。林俊杰的《西界》所表达的那种时空阻隔的感觉，就在驻唱歌手的歌声中慢慢回荡。坐在里面，听任现实中的种种烦恼在音乐和酒精带来的迷醉感中一点一点地被释放。

1999年衡山路167户商家中，酒吧就占了近100家，在全市休闲街中几乎无其他街能相媲美。每天晚上10点左右，衡山路是出租车生意最好的地方，一直会持续到凌晨两三点。1999年9月，衡山路被列为“上海市十大专业特色街”之首，衡山路的辉煌达到了顶点。随着新天地、田子坊等处的酒吧兴起后，衡山路逐渐摘下了耀眼的光环，原先的一些大型酒吧人气剧烈下滑，曾经一位难求的波钵街也改名QUBE，开始重新装修寻找新客户。褪尽浮华的衡山路终于变得优雅了，清静了，感觉这才是它的本真。

奏响城市慢生活乐章的衡山坊

随着衡山路酒吧一条街的风光不再，原本有些冷清的衡山路西端倒是逐渐热了起来，再现了1930年代海派建筑风情的历史建筑精品街区衡山坊被称为“徐家汇的后花园”，其倡导的慢生活理念似乎更符合现代人的精神需求。

衡山坊坐落在衡山路天平路交会处，整个坊区由11幢独立花园洋房和两排典型上海新式里弄住宅组成。这里原名“树德坊”,曾是上海滩颇具知名度的高档住宅区。北部的新式里弄建于1934年，属于上海典型的弄堂住宅；南部花园洋房建于1948年，有着西方建筑的特色。新建的衡山坊对原有建筑的位置、体量、形体不作变动，只对门窗、屋面与墙体等在保留原貌的基础上小心翼翼地进行了更新改造。衡山坊的布局汲取了老上海里弄的特点，创造多入口的口袋广场，合理的动线和业态搭配巧妙，里面集合了艺术画廊、时尚精品店、特色餐饮酒吧、创意办公等多种业态，在欧陆风情的衡山路上打造出了具有独特上海魅力的城市慢生活街区。重新修缮后的地面，间隔的彩色地砖点缀在青灰色块中，时不时会看到一些铭牌记录上海历史。而在衡山坊入口处的地上，一幅微缩地图展示了从这里出发到徐汇区甚至上海的一些知名地标的行走方向和距离。重修之后的衡山坊不但保留、传承了老上海文化历史的精髓，还通过具有现代感的设计重塑了摩登时尚的生活格调。

衡山坊是上海近代海派民居的典型样本，里面的建筑建于20世纪三四十年代，正是民国建筑发展的鼎盛时期，堪称东西方建筑文化融合的缩影。衡山坊的特别之处在于其南部和北部不同样式的建筑并存，创造了灵动的空间变化。北部新里集合了创意办公、艺术空间及异国美食，南部花园洋房主要以精品零售为主。

20世纪初，这里是许多上海滩文人雅士的聚居之地。著名电影艺术家、电影导演费穆先生自1932年起就居住在这里，在此期间，费穆与电影明星阮玲玉、金焰等合作，拍摄了具有独特人文情怀的影片，电影《小城之春》更是开启了中国诗化电影的先河。费穆曾任联华影业公司导演，当年，费先生在树德坊的家经常有艺术界人士来访，费先生家的座上客有京剧大师梅兰芳、姜妙香以及著名电影演员刘琼等。炎炎夏日的傍晚，费穆常常在家门口举办自拉自演的文艺晚会。费穆提携过不少有志向的文化青年，其中有一位是中国第一位独立执业的女建筑师张玉泉女士，她当年也居住在树德坊。张

衡山坊

玉泉与同为建筑师的丈夫费康创办了“大地建筑师事务所”，在长乐路上留下了西班牙建筑风格的“蒲园”等杰出的建筑作品。与冰心、庐隐、凌叔华、萧红、沉缨、施济美、冯沅君、陈衡哲等齐名的民国十大女作家之一的罗淑女士，也于1937年旅居于此。

如今的衡山坊街区有着较高的颜值，在衡山坊的一个入口处可以邂逅外国艺术家以10个苹果为主体的雕塑，在里面还可以看到只在乡村生活记忆里出现过的打水井，在某幢洋房上可以发现绘满整个墙壁的老上海地图以及颇有特色的立体绿化等。多人群的口袋式广场根据里弄街巷的特点布局，重现了旧上海居民喜聚于弄堂口，表现融洽邻里生活方式的公共空间。大面积的花岗岩铺石间巧妙融入寻游光带，引领追寻老上海历史人文特色，这些精巧的布置丰富了空间的肌理，充满了浓郁的上海地域特色。夜晚的衡山坊也有惊喜，白天普普通通的一幢房子，夜间却能魅惑炫目，奥秘则是洋房外立面贴的墙砖会发光。

在完整呈现原有建筑的肌理与空间形态下，衡山坊巧妙地融入了现代商业元素，糅合了时尚精品店、高端餐厅酒吧、创意办公、艺术空间等休闲与商业空间，打造出一处独具上海魅力的城市慢生活街区。衡山和集由4幢独立建筑构成，具有书店、展览画廊、论坛讲座、生活时尚等功能。这儿有一家杂志博物馆，里边囊括1万种品类，总计2.5万册图书及500种国际杂志，是我国第一家影像主题专业书店，也是中国大陆最全最专业的进口杂志书店。华东地区第500家星巴克，也是星巴克High-profile主题概念店也在衡山坊里安营扎寨。始于1913年的AIDA咖啡馆，将传承100多年的手工咖啡与甜点带到了这里。气氛温暖又带有浓浓西班牙风情的西餐厅里，以充满工业感的设计风格，色彩缤纷的喷绘壁画带来现代艺术感。我比较喜欢马克华菲生活概念店，店内的鲜花和创意生活家居颜值极高，三楼有许多限量版进口书籍，可以喝着咖啡坐着阅读。衡山坊内的Pasty Grimaldi's是美国社会名流追捧的披萨品牌，如今驻扎在衡山坊的2层老洋房内，里面充满纽约街头元素，明星照片墙、地铁线路图、手绘城市街景，来自曼哈顿的大厨亲手秘制手工面团制成霸气侧漏的乳酪饺，脆韧且带有淡淡烟熏味的披萨，配上一杯布鲁克林的啤酒，味道自然是妙不可言。TIKI CHINA是沪上第一家有着开放式厨房的烧烤西餐厅，也是第一家开在中国的Tiki风格酒吧，轻松的异国海滩度假氛围，Tiki雕塑、竹制家具和热带植物都融入其中。坐落在独栋小洋房内的AIDA CAFE，则散发着一种令人迷恋的老上海和欧洲的混合风情。

在现代化设计理念的重塑下，衡山坊里的这些曾经的花园洋房、新式里弄，华丽转身为独具魅力的城市慢生活街区，怀旧与现代的元素在老洋房里激情碰撞，堪称上海花园洋房及里弄文化传承的成功典范。

最具上海情调的花园影院

衡山路838号坐落着的衡山电影院，不大，却有着足以自豪的历史。这座筹建于1951年的电影院是新中国成立后上海新建的第一家电影院。当时徐家汇一带远没有如今这么热闹繁华，周围没有一家电影院，住在那里的居民看电影很不方便，区人民代表提议在衡山路靠近徐家汇的地方建造一家电影院，并动员各界人士投资建造，由当时的上海市长陈毅亲笔批建题名。衡山电影院于1951年8月17日奠基兴建，1952年1月5日落成开幕。衡山电影院创建时所需的30万元资金里，三分之一是由周边银行、工厂和市民共同集资参股的，可谓开创了国内影院的先河。不少电影圈人士参与集资，上影集团总裁任仲伦笑称，自家也是衡山电影院“小小的股东”。著名电影表演艺术家秦怡说：“衡山电影院是我的老影院，我的老朋友。”

20世纪60年代起，沪上影院按新片拷贝放映先后次序，分为三轮级次，那时上海只有大光明、国泰、新华等首轮电影院，建成不久的衡山电影院也有幸跻身其中，因为它满足了有冷气、软沙发座位、容纳观众数量上千这3个当时首轮电影院必须具备的硬件条件。在老上海人的记忆中，这座梧桐树下的影院沉淀了浓厚的历史文化底蕴和浓浓的海派怀旧情结，几十年来以其独特无二的庭院式氛围，享有沪上唯一“花园影院”的美誉。衡山电影院也是沪上首个自行举办电影节的影院，并在沪上首创了开设生日包场的经营模式。20世纪90年代，衡山电影院每年春天还会举办为期一周的“花苑电影节”，除了展映多部中外优秀影片，影院还会在宽敞的庭院里摆放数百盆杜鹃，花团锦簇地迎候观众。入夜，庭院的草坪上还会亮起珠玉般的彩灯，整座衡山电影院便越发显得花影绰绰，别有情趣。

然而，随着时代的发展，衡山电影院建国初期的建筑风格与陈旧落后的影院设施，显然已经不符合新时代观众对影院的高品质需求。2009年，借着迎世博的契机，衡山电影院进行了一次由表及里的全面翻新，于2010年9月正式落成开业。名字也改成了“新衡山电影院”。“新”，除了是指影院硬件上的提升，也体现了衡山电影院作为申城最具上海情调的影院力求创新的理念。

衡山电影院面朝着绿意葱茏的徐家汇公园，影院门前是一片开阔的庭院，有着别具风情的草坪和景观绿化，露天院子里摆放着休闲座椅和遮阳伞，为衡山路上的游客和等待进场观影的观众提供了驻足小憩的地方，观众在欣赏电影之余，亦可悠然流连于绿草如茵的草坪上品味咖啡，感受衡山路独特的浪漫风情。新衡山电影院建筑以装饰艺术派风格融合包豪斯设计元素，在外立面上采用了竖状线条，棱角分明的几何形状与圆滑曲线完美结合，能随着人们在行进间的视角不同，配合自然光影的交错，产生一种静态的韵动，黑白两色的大块面分隔使影院充满时尚感。新衡山电影院是历届上海国际电影节的指定放映影院，里面有3个不同风格的放映厅，均配置先进的音响设备、舒适的座椅，可以满足不同层次观众的欣赏需求。正门进去的1号厅设有500个坐席，不仅能举办电影首映礼，还能满足时尚走秀和特色演艺的需要。其他两个厅都建造在庭院里，分别是法式风格的中厅和小厅。2号厅有104个情侣坐席，是恋爱中的人理想的约会圣地。只有52个座位的3号厅集花园、咖啡、电影为一体，颇具欧陆风情，3号厅的私人包场如今已经成为新衡山电影院最著名的特色项目之一。

在衡山电影院一侧有一家墨西哥连锁餐厅。一楼不仅有个很大的就餐区，室外还有个熊熊的火炉；楼上则有一个相对私密的酒吧，氛围轻松惬意，看完电影到这里来吃点喝点倒也不错。影院旁边衡山路840号的英式酒吧，是公认看球赛最惬意的花园酒吧。室内沙发位子旁有取暖的壁炉且正对着吧台，在体育比赛的沸腾气氛中，品尝地道的炸鱼薯条、鸡肉卷和牛肉汉

新衡山电影院

堡等英伦美食，再喝上一两杯鸡尾酒，是许多年轻人的最爱。

艺术公寓里的艺术家

衡山路近乌鲁木齐南路路口，有一条曲折宽敞的弄堂，它就是衡山路17弄。弄内高大茂密的树木隔绝了市声的喧闹，使这条处在衡山路中心的弄堂显得格外宁静安详，走在路上只听得见风吹树叶的沙沙声。进去后走一段路再往左拐，弄堂底部驻扎着上海京剧院，锣鼓声、二胡声伴随着国粹京剧演唱声荡漾在衡山路上空，给欧陆风情的衡山路注入了中国传统文化之风。上海京剧院的对面是沪上名气很响的艺术公寓，楼高12层，清水红橙色相间的砖墙面，部分立面是柠檬黄色，白色窗棂，黑色铸铁栏杆，一派简洁清新的现代感。庭院围绕建筑而设，有葡萄架，四周种植着芭蕉、桂花、雪松、铁树等。公寓一楼是大堂和车库，二楼以上是住宅，有着宽阔豪华的门厅，超广阔的景观阳台和空中露台。在法国风情浓郁的衡山路上，能拥有这样的一套大居室，是大多数上海人的梦想。因为这幢公寓里住着许多上海一流的艺术家，在普通人的眼中，便多少带着点神秘。

2016年元月，一个温暖的冬日，我走进艺术公寓。开阔的大堂里有一个装置艺术作品，两侧各挂着一幅抽象画，无意中传述着艺术公寓的内涵。我拜访的是一对艺术家夫妇，他们是著名京剧演员李军和他的夫人、上海电视台编导郭素娟。这对艺术伉俪来自山东，是上海引进的专门艺术人才，如今在海纳百川的上海安居乐业，成为典型的新上海人。

开门的是郭素娟，清爽的短发，一袭灰色长袍点缀着传统图案的花饰，显得优雅知性。放眼望去，客厅足有六七十平方米，中间一张长长的画案，画案上文房四宝一应俱全，一边的一只瓷缸里插着宣纸。正对画案的墙上是一横幅山水画。一侧是雕花红木圆桌、椅子、琴几等。窗前摆着一套明式茶几，上面是一套精致的功夫茶具，四周围着明式桌椅,窗外绿树摇曳。四壁墙上处处可见悬挂在红木镜框里的国画、书法，顿时，一股浓郁的文人气扑面而来。都说李军酷爱书画艺术，有“菊园儒将”之称，看来此言不假。落座后，郭素娟一边为我泡茶，一边告诉我李军在练功，一会儿就回来。我心想，休息日也没闲着。当俊朗的李军出现在我面前时，我心底不由得生出了几分敬重。

郭素娟毕业于山东省戏校，原是山东柳子剧团的青年演员。出身于梨园世家的李军从中国戏曲学院毕业后进入山东省京剧院。1986年，山东省成立青年演员联合会，每个团推荐一位，两人都入选了。一次南腔北调的演出中，有一出由京剧、柳子戏和吕剧组成的《智斗》，郭素娟演阿庆嫂，李军演刁德一，就这样两人认识了，情愫暗生。1989年，郭素娟考上了上海戏剧学院影视导演专业，一对恋人两地分隔，全凭鸿雁传书。也许是天意，那时上海京剧院因言兴朋和关怀的离团出国，一时间缺少好的老生演员，便在全国招考优秀老生演员。郭素娟让李军来考，没想到一考竟考上了。可团里不放，李军自己也不大想来，觉得在上海举目无亲，人生地不熟的，语言也不通。可郭素娟却坚持要他来，于是，两人在李军下榻的美丽园大酒店扔硬币，结果郭素娟赢了。李军说，这就是命运吧。1992年，李军告别双亲，迈进了上海京剧院的大门，团里安排他住在东平路上一间10平方米的小屋里。条件虽然艰苦，离京剧院却很近，李军觉得已经很满足了。进了剧院不久，团里就指派他参加《扈三娘与王英》的演出。这是一出有着浓厚海派风格的戏，剧中李军扮演的祝彪戴着一副黑眼罩，有点佐罗的范儿。这让长期浸染于传统京剧艺术的李军有点措手不及，一时难以接受，但他在排练过程中很快悟到了海派京剧塑造人物不受程式化束缚的理念，便迅速进入了角色，并从此对海派文化萌生了感情。

1993年，李军以一出《郑板桥》参加梅兰芳金奖的角逐，他不但成功地塑造了这位怪才的儒雅、傲骨铮铮的形象，而且凭着多年练就的书法出其不意地在舞台上即兴写出了板桥体的经典名言“难得糊涂”四个大字，令观众和评委惊喜有加，就此一举夺得了梅兰芳金奖的榜首。而郭素娟从上戏影视导演系毕业，进了上海电视台文艺部。事业上尘埃落定，两人便正式结婚了。郭素娟说，我们是标准的裸婚。当时，东平路上的房子已被改建为藏珑坊酒吧。他们的婚房设在上海京剧院后面的一排临时搭建的铁皮房子里，大概只有9平方米，冬冷夏热，却成了两人的伊甸园。好在夫妻俩都是事业型的人，婚后，一个忙于演出，一个忙于编导，事业红红火火。1996年，李军参加了第二届中国京剧之星的角逐，以不俗的实力当选为中国京剧之星。同年10月，李军被选拔为首届中国京剧研究生班学员，这是我国京剧史上第一个研究生班。李军告别娇妻前往北京就读，郭素娟内心虽是不舍，却是鼎力支持。

三年后李军以优异的成绩毕业于首届研究生班。也就在这一年，艺术公寓竣工，由上海艺术家协会以福利分房的性质分配给上海的艺术家居住。上海京剧院把其中的一套分给了李军，他可能没有想到，这是上海最后一批福利分房，幸运的他竟赶上了这趟末班车。从9平方米的铁皮房子搬进将近150平方米的艺术公寓，李军夫妇感觉自己真的是在上海扎根了。海纳百川的上海以宽厚的胸怀接纳了这对齐鲁儿女，怀抱感恩之心的李军夫妇更是以全身心投入了各自的工作中。李军在上海京剧院的培养下迅速成长为该团的当家老生，他广拜名师，博采众长，成为具有自己特色的京剧艺术家。之后，李军连续多年参加了中央电视台的新年京剧晚会和春节戏曲晚会，让全国各地的观众们领略了这位具有儒雅书卷气的上海京剧老生的风采。2014年10月15日，中共中央总书记、国家主席、中央军委主席习近平在北京人民大会堂主持召开文艺工作座谈会并发表重要讲话。出席这次会议的文艺界代表总人数为72人，李军作为全国戏剧界的9位代表之一，也荣幸地出席了这次座谈会。这次会议让他深感自己肩负着振兴传承京剧艺术的重任。2015年6月12日，李军在上海长宁区创建了自己的艺术工作室，对此，李军表示，中国传统文化要焕发新的生机，需要有新形态文化产品融入老百姓的日常生活之中，他希望能通过工作室这个平台广聚各界精英，把好的艺术家及作品推向社会。也许是做惯了幕后英雄，交谈中，郭素娟一直在旁边默默地用欣赏的眼光看着李军，听着他侃侃而谈，自己很少插嘴，那种深深的爱意却是明明白白地写在眉梢眼角了。

走出艺术公寓，天差不多黑了。衡山路上的梧桐树叶已经落尽，对面的领馆广场也不见了闪烁的霓虹，虽有些清冷，却是安静的，暗香浮动的。突然对衡山路有了新的理解，以前我一直把它视作欧陆风情的代表，并在我所有的文章中都极力张扬这条路的异国情调，但现在看来，实在是以偏概全。因为衡山路上还浸染着浓浓的中国传统文化，不管是上海京剧院的笙箫管笛、二胡大鼓还是艺术公寓里艺术家们对中国传统文化的深情挚爱都早已融入了衡山路的空气中，异国文化和中国传统文化的相互包容和融合铸就了衡山路特有的海派风情，也让衡山路成为了最具上海气质的马路。

康平路：繁华深处的隐士

康平路东起高安路，西至华山路。该路修筑于1922年，以法国侨民麦尼尼的名字命名为“麦尼尼路”。1943年，正式改名为“康平路”。

康平路所处地块原是乡野地带，坐落着两个自然村，分别是北侧的许家宅和南侧的袁家宅。范围较大的许家宅西边接近天平路，东边接近吴兴路。范围较小的袁家宅主要分布在宛平路两侧。在康平路吴兴路交叉路口东北面还有一个名为周家宅的居民区。随着法租界内的华人人数激增，在租界内的住房、交通问题日益突出的情况下修筑了这条路。在1946年之前，这条长度近1公里的马路就有4种路面：泥土路、煤屑路、碎石砂屑路和柏油路。其中只有华山路至天平路路段的路面铺的是柏油，直至20世纪50年代后期整条路才全部铺上柏油路面。

不通公交车的康平路从一开始就以隐士般的姿态藏匿于市井繁华深处，旁边的华山路一日日地热闹起来，它却始终宠辱不惊地兀自安守着一份宁静，甚至到了20世纪60年代，上海也鲜有人知道它的名字。1966年12月下旬，上海发生“康平路事件”后，这条路才为上海市民广为知晓。90多年的岁月弹指一挥间，上海的变化令人咋舌，但这条路却奇迹般地始终保持着本真的原貌，久经风霜的梧桐树叶隔绝了城市的喧嚣和躁动，路上几乎看不见一家商店，闻不到半点市井气息，却深藏着不少历史悠久的老房子。这些老房子因建造年代不同，各自呈现出不一样的风格。它们中既有20世纪20年代初建的类似官邸的宅院和平民住房，也有20世纪20至40年代中建造的欧美风格的花园洋房和成片的西式里弄住宅，还有在20世纪80年代以前建造的高楼和平房式洋房。有一点倒是相似的，那便是整日重门深锁。行

康平路街景

人路过，惊起鸟儿喳喳地飞过墙头上伸出的枝叶，平添了几分热闹，却是蝉躁林愈静的感觉。

康平路1号的“第一大案”

康平路在20世纪30年代建造的房屋以西班牙式楼房为主，住房和花园面积都较大，这一时期的代表性建筑是188号、189—191号、192—198号。20世纪30年代后期到40年代的建筑以现代派式样为主，住房和花园面积明显小于前一时期。其代表性建筑是康平路1号，康平路4弄2号、4号和康平路141号。

康平路1号是一幢建于1938年的西班牙式兼具现代风格的花园洋房。住宅为2层楼，浅黄色墙面，缓坡红色筒瓦屋顶，出檐较深，高挑洗练的烟囱以弧形收口。平面长方形，转角处弧形处理。底层局部架空，形成小巧精致又大方得体的入口门廊，半墙与单根圆柱结合的形式围而不合，一块薄薄的圆角混凝土板作为雨棚，让住宅悄悄地带有了一种现代气息。这幢住宅被掩映于人行道上的梧桐树后神秘的围墙之中，显得安详、宁静。但这里却发生过新中国成立后上海的“第一大案”。

1948年，出身于闻名沪甬的著名金融实业家族——“小港李家”的李祖夔入住康平路1号的洋楼里。李祖夔系上海社会名流，此人青年时代曾参加过辛亥革命。第二次直奉战争时，李祖夔奉孙中山先生之命，在驱逐军阀齐燮元的战争中出过大力。第二年孙中山大元帅莅临上海时曾当面赞扬李祖夔并与之合影留念。为此，李祖夔被举荐出任上海县知事一职，时年仅29岁。李祖夔平生最爱收藏文物字画，其收藏物多为律绛丝与田黄印章。外界传说此人有“千黄百绛”即一千方田黄，一百幅绛丝。由于李祖夔精于经营，故有人背后送他一个绰号，叫“老犹太”。殊不知，就是这个绰号，竟使他招来杀身之祸，命丧黄泉。

1949年11月下旬的一天晚上，北风凛冽，寒意袭人。康平路1号门口走来了一高一矮两位身穿解放军服装，头戴军帽的人，他们揿响门铃后走进客厅。屋里一家人正在围炉取暖，看到这两个不速之客很愕然。只见那个矮个子从口袋中摸出一张名片，递给女主人，那名片上印着“公安局侦察员——

李祖夔旧居

吉英民”字样。并以调查一件案子为由，要求与主人李祖夔谈话。不巧，李祖夔尚未回来。矮个子表示，那就等一等。不一会儿，李祖夔回来了，矮个子把自己的名片交给了他并说明了来意，又故作神秘地说：“这是件机密案子，我看还是到楼上去谈吧!”言毕他径自率先登楼，李祖夔相随其后上了楼。半个多小时过去了，略感不安的主妇就让侍者送两杯茶上楼去，但当即被高个子制止了。高个子走到楼梯口问道：“吉组长，完了吗?”过了一会儿，矮个子从楼上掷下一支鸦片烟枪，并厉声对楼下的高个子说：“你好好问问他们，烟土藏在什么地方?”楼下一家人一个个被吓得目瞪口呆，大约又过了20多分钟，矮个子提着皮包匆匆下楼，并命令楼下的高个子：“看着他们，我回局里去报告。”说完便打开大门，扬长而去。高个子紧随其后，夺门而出。家人赶紧走上楼去，打开卧室大惊失色，只见李祖夔双手被歹徒缚着侧卧在床上，脸上罩着一大块厚厚的纱布，口鼻间塞着一大块饱蘸氯仿的药棉，人已气绝身亡。家人惊惶之余赶紧报了警。

在陈毅市长的亲自过问下，康平路1号发生的案件很快告破，杀害李祖夔的犯罪嫌疑人周占平及同伙赵某最终伏法。

曾担任过华东师范大学党委书记、上海美术家协会党组书记、上海社科院哲学研究所所长兼党委书记的哲学家、教育家周抗于新中国成立后居住在康平路1号，周抗还曾创作过一幅名为《康平路一号》的油画。现这里为居民住宅。

康平路141号是旧上海市长吴铁城旧居。《支部生活》创刊后编辑部就设在康平路141号，“文革”后，支部生活社搬至汉口路解放日报大楼。现在这里是中共上海市委党史研究室，不远处的康平路189号，则是旧北平市长袁良的旧居。

西式平房和私人园林的传奇

康平路4弄3号内有一幢西洋式平房，室内卫生设备、上下水的管道、壁炉等一应俱全。这类建筑不仅在康平路是唯一的，在旧上海法租界内可能也是罕见的。这幢平房建造于1940年，这里过去的主人是上海纺织大王吴昆生。当时法租界当局规定，在康平路一带一律不准建造中国式住宅，西洋式住房也要盖3层楼以上。这幢平房便是以“私人花园休息、管理用房”名义申报的。房屋建成后连同周围土地，一起出租给了著名园艺家黄岳渊。

1909年，园艺行家黄岳渊先生在上海真如镇桃浦三千里村创建了占地280余亩的黄氏畜植场。黄氏畜植场以培植龙柏、雪松、杜鹃等名贵花木著称，在菊花新品种培育方面也闻名上海，而且还能按客户要求设计营造不同风格的庭园。1937年11月，日本侵略者占领上海后不久，突然将黄氏畜植场查封，理由是“中国不可能有这么大规模的私人园艺农场”，并派日军驻守，场主黄德邻全家10余人被迫迁居。时任上海申新第九棉纺厂总经理的吴昆生先生知道此事后，主动向黄岳渊、黄德邻父子提出，他在当时法租界内的康平路有一块不到2亩的空地，黄氏一家可以在那里建房安家，并将真如黄氏畜植场内的一些珍稀盆景和名贵树木移植到那里。经商议，由吴昆生出资建房，黄家以租赁方式使用，并负担园田的地价税。康平路4弄3号的平房就是吴昆生于1940年出钱建造的，由此，真如黄氏畜植场在康平路设立了一个分场。之后，黄氏父子用了3年的时间在这块土地上设计建造了一座私人庭园“黄园”，并兼黄氏畜植场的分场。黄园是一座以中国江南园林风格为主，兼容西方园林风格的庭院。在庭园东区，通过精巧的设计，使中国古典园林的几个典型要素悉数展现在人们视野中，呈现出咫尺山林的意境。在庭园西区为别墅建筑和缓坡草坪，这一区域显得较为开敞，具有西方园林的风味；同时，将住宅地基下的通气孔通道置以碎石，构成枯山水溪流式景观。在黄园的设计建造中，还运用到当时较为先进的造景技术手段，比如瀑布的夜间灯光照明，使水景变得更加生动多彩。另外，设计者还十分注重游人的视觉和空间感受，在植物的搭配以及假山走势及高度的处理等方面都独具匠心。在庭院北面东西两侧，分别有一个孔雀棚和仙鹤棚。

黄园建成后，很快享誉上海。每逢秋季，园内都要举办盛大的菊花展览。黄园成为上海园艺爱好者经常光顾的地方，陈景韩、郑逸梅等上海文化名人也都是康平路黄园的常客。抗战期间，梅兰芳蓄须明志。1944年10月梅兰芳生日前，日寇企图借为梅兰芳作寿，诱逼他重登舞台。梅兰芳为了躲避日本人纠缠，在朋友的帮助下，和夫人一起到康平路黄园以赏景观花方式“过生日”，并在花园内的仙鹤棚前与主人一起合影留念。

1955年，黄园园地被征用，建造上海高安路一小和上海五十四中学。黄园迁往伊犁路，1959年被合并，从此在沪上销声匿迹。康平路4弄3号曾经成为“申新”九厂休养所，给被评为先进工作者的工人们休养。

从1941年到1948年，房地产开发商进入康平路，现康平路81号的独立式花园住宅、康平路203弄（原安乐新村）和康平路154—168号都建于这一时期。其中住房和花园面积最大的是建于1946年的康平路71号荣家独立式花园住宅。荣家大院是附近面积最大最气派的宅地。荣家三代人声名显赫，是中国近代历史上一个商业传奇。20世纪50年代，毛泽东评价说：“中国在世界上真正称得上是财团的，只有荣家一家。”荣德生、荣毅仁、荣智健三代商人中最出名的当数曾被陈毅副总理誉为“红色资本家”的荣毅仁。荣毅仁后来担任中华人民共和国副主席。“文革”后，荣家把康平路71号推平后，进行了大规模改建，但建筑外貌依旧和原先的一模一样。

小巨人姚明青少年时代的寓所

建于20世纪80年代的康平路95号是上海体委的家属楼，体委的总部也在附近。家属楼周围是体委的风雨操场，也是上海田径队的训练场地，当年刘翔他们就是在这里面练习的。不过，现在风雨操场所在地早已建成了东亚国际网球中心，田径队的训练场地也已迁往莘庄。走进康平路95号的大门，发现里面共有3栋楼房。中间的一栋6层楼房里曾是名震中外的小巨人姚明的家。姚明1980年出生于篮球世家，身高2.08米的父亲曾致力于上海男篮；身高1.88米的母亲在20世纪70年代是中国女篮的主力队员。父母身高的特征和对篮球酷爱的基因，都毫无保留地遗传给了姚明。

姚明在他2岁多时跟随父母从上海东北部的江湾搬进了这栋楼的602室，这位体坛巨星的童年岁月就是在这里度过的。据说他从小饭量惊人，是一般人的两倍。这好像没什么可奇怪的，长得那么高当然要吃得多，否则营养怎么跟得上呢？听说姚明个子虽高，性格却很乖巧，从来也不会依仗自己的身

康平路上历史悠久的老房子

爱丽公寓

高欺负人，倒是会老老实实地听从小伙伴的指挥。9岁那年，姚明在上海徐汇区少年体校开始接受业余体育训练，他对篮球的悟性逐渐显露出来。5年后，姚明进入上海青年队，17岁入选国家青年队；18岁穿上了中国队队服。

1985年前，康平路上最高的大楼，是位于康平路182号的爱丽公寓。这幢公寓建于1934年，10层楼高，是以房屋设计师之女爱丽的名字命名的。公寓基本为现代建筑风格，局部装饰带有装饰艺术派的影子。其形体简洁，有转角钢窗，白色粉刷墙面，窗间墙有灰绿色色带，入口门洞及平台边缘外墙有多重平行线条装饰，阳台栏杆也强调水平线条。这幢公寓最大的特点是一层楼为一个狭长形火柴盒状建筑，全部为汽车库，面积约占整幢大楼面积的三分之一；二至十层住房建造在汽车库的北端，所以周围居民都叫它“九层楼”。整幢大楼看上去就像一只高筒“皮靴”，入口平台位于车库之上，设计十分巧妙。

震动全国的“康平路事件”

写康平路，不得不提“康平路事件”，虽然它发生在“文化大革命”中，但其影响远远超越了马路本身。康平路事件源于“文化大革命”。它是指上海“工总司”和“赤卫队”1966年底在上海市委所在地康平路发生的一次大规模武斗。

1966年11月，时任中央文革小组副组长的张春桥来上海处理“安亭事件”，公然支持拦阻铁路运输等破坏行为的“上海工人革命造反总司令部”（简称“工总司”）。一时，冲击党政机关成风，群众对此十分不满，反对的人也日益增多，随之酝酿成立了“捍卫毛泽东思想工人赤卫队上海总部”（简称“赤卫队”）。张春桥为此坐立不安，在接见“工总司”代表时攻击“赤卫队”是“老保”，蓄意制造矛盾，挑起他们的对立，引起赤卫队员的愤慨。12月28日，大批赤卫队员闻讯来到康平路余庆路路口的上海市委机关办公大院“爱棠大院”，要求市领导接见，讨个公道。张春桥得悉后，却下达了攻击“赤卫队”的命令，封锁康平路路口，并于12月30日凌晨2时，在其策划、唆使下由造反派头头王洪文指挥“工总司”调动10余万人马，围攻殴打聚集在市委机关附近的2万名赤卫队员，当场打伤91人，制造了“文化大革命”开始后的第一起大规模武斗，酿成震动全国的“康平路事件”。

事后，张春桥毫不掩饰地说：“我们打电话叫造反派赶来参加战斗，这次较量是个转折点，这一仗一打，市委瘫痪了，垮了，讲话没有人听了，上海的桃子熟了。”进而，他们从幕后跳到台前，直接导演了夺取上海党、政、财、文大权的“一月风暴”。“康平路事件”成了全国大规模武斗的开端。

这一事件让康平路这条无声无息的小马路在一夜之间名满全国，恪守本分的上海百姓也知道了上海原来藏着这样一条有来头的马路。如今，那个时代已经渐行渐远，曾经的沧桑也已灰飞烟灭，康平路依旧以它固有的宁静气质展现在世人面前。

小小花园的人间烟火气

康平路上的建筑大多很低调，它们静静地伫立在马路两侧。坐落在康平路118号和变电室之间的那幢类似官家大院式的宅院，原门牌号为120号。宅院正门上有一块碑，镌有“清庐”两字，也不知道这个名字缘何而起。现在里面是民居。康平路203弄安乐新村建于1941—1947年间，为新式里弄住宅。因此弄系安乐地产公司等单位建造，故名。内有砖木结构3层楼房27幢，2层楼房一幢。安乐新村旁的康平路205号，建于1923年，是一幢通体白色的带有巴洛克建筑风格的花园住宅。外墙面水泥砂浆粉刷，底层突出的敞廊由白色爱奥尼柱支撑，二层和三层为带有宝瓶式白色栏杆的2层露台。建筑层间有水平齿形装饰带，窗上三层女儿墙中部突出，饰有精致的雕刻图案，整幢建筑给人以古典的艺术感。住宅南面有草坪花园。这栋建筑现为徐汇区老干部大学和徐汇区老干部活动室。

再走过去一点便到了康平路、天平路交叉口，东南角的康平路207弄1号是一幢建于1923年的具有法国文艺复兴时期风格的花园住宅。建筑南立面中部底层有半圆形出挑敞廊，二层为露台，有古典式栏杆。建筑层间有水平多重线脚，局部山墙伸出屋檐，上有巴洛克图案雕刻。1918年，梁启超为了纪念蔡锷，在上海成立松社，社址就设在207弄1号内，同时，在楼内还建立了一个松坡图书馆。1923年，松社迁到北京，松坡图书馆也随之迁到了北京北海公园内的“快雪堂”。

在天平路与华山路之间的康平路220号开出了一家欧式田园风格的咖啡馆，称为“小小花园”。这家3层美式田园甜品屋，由老房子改造而成，天蓝色的屋顶，苹果绿的外墙，十分引人注目。推开古旧的门扉进去，眼睛一亮，仿佛走进老上海人家的客厅。满屋子的欧式古董家具，墙上挂着古典油画，消防梯改成的书架上摆着英文书籍，古典风味的台灯、椅子和餐具。据说这些家具摆设都是店主从国外掏回来的宝贝，每一样都有自己的故事。铺着格子桌布的桌上摆着玻璃花瓶，里面插着盛开的鲜花，雏菊、玫瑰、薰衣草，花朵小小的，颜色也是安安静静的粉色、浅紫色。沙发上摆着刺绣靠垫，背景音乐轻轻地在屋子里回荡。洒满阳光的天井里，摆满各式盆栽，随风荡漾的吊兰、散发幽香的草花带来闲适之感。上面有透明的玻璃顶，坐在软软的长沙发上晒太阳或是看书听雨都很享受。

小小花园为神秘的康平路增添了些许烟火气，使这条路变得可亲可近了。

华亭路：从喧嚣归于沉静

华亭路南起淮海中路，北至长乐路。该地块原为农田及荒地，穿越毛家浜、狄家浜等沟浜，1919—1921年间辟路，原名“麦阳路”，是以第一次世界大战中阵亡的法国旅沪商人麦阳的名字命名的，1943年更名为“华亭路”。

华亭路很安静，安静得有点不食人间烟火的味道。它优雅地横卧在淮海中路与长乐路之间，有点落寞，却分外安静，感觉像是人迹罕至的欧洲小镇。从淮海中路一脚踏入，正好抖落一身的世俗尘埃。

这条小路地处高档花园住宅区，沿路两旁多为花园住宅，本来就是不被打扰的路段，虽然也曾经热闹过，喧哗过，但那毕竟和它与生俱来的安宁气质太不相容，于是在吵吵闹闹了将近20年后，现在又回归于原先的沉静，恢复了那种遥远华丽的欧洲风情，就像走了一个轮回一样。

林立的洋房遗世独立地落寞着

华亭路的味道是由路两旁鳞次栉比的小洋楼熏染出来的。每每从淮海中路走进华亭路时，都会对路口的那几幢尖顶红砖的法式小楼多看几眼。这些楼房都有连续的拱形门窗，高高的台阶下是带草坪的小花园，小花园里种着玫瑰和月季。虽然是在弄堂里出入，可窗户和花园都对着淮海中路。小花园隔断了闹市的喧嚣，这里的居住者既可享受大都市的繁华，又能安静地守在自己不被打扰的小窝里。这里的主人若是在家里看书写字累了，就到小花园放一把椅子，看看淮海路上的热闹风景，要的就是那种雾里看花终隔一层的感觉，真的走入其中怕是烦了。我更爱看小花园里晒

华亭路街景

出的各种花花绿绿的棉被和衣服，主人让它们汲取够了阳光的香味后收进去，那种寻常生活的感觉很温馨迷人，令我常常生出几分羡慕来。后来，这里建起了地铁站，小花园消失在地铁站口，这种味道就消失了，让我禁不住扼腕叹息。

好在华亭路里面的洋楼还基本上保持着原样。那些有着卵石外墙的3层楼房，底楼的窗台几乎贴着地面，宛如洞穴的出口，矮窗里常常会传出大提琴苍凉的乐声，很少有人会注意到拉的是什么乐曲。不过拉的人好像并不在乎有没有人听，也不管是否有人会听懂，只是自顾自地在拉。就像华亭路上的这些老房子遗世独立般落寞着，尤其是在华亭路最为风光的时候，它们被遮掩在万丈红尘的喧嚣中，几乎不为人知。

华亭路的洋房体量多半不是很大，路上随处可见的是一些3层地中海式风格的小洋楼。如沿路成行排列着的建于1934年的华亭路72号、74号、84号和86号的洋房都是四坡瓦顶，南立面左右对称，灰色、明黄色或是棕色的拉毛水泥墙面。这些洋楼屋前都带有柱廊或是半圆形的敞廊，在二层设柱廊或半圆形敞廊，并有室外楼梯通向花园，三层为阳台，小楼的背面则有直通二楼的室外楼梯。华亭路花园洋房的围墙大多是用尖尖的黑铁柱栏杆围合，栏杆间隔着由红色条瓦装饰的三角形水泥柱，欧陆风情十足。还有一些洋楼前围着高高的竹篱笆墙，显得神秘森严。

地中海风情比较浓郁的是华亭路71弄1号花园住宅，现门口挂着“上海维亚幼儿园”的牌子。这是一幢3层洋楼，左右两侧室外折线形楼梯直接通向二层主入口。主入口为半圆拱券敞廊，连续券由类似塔司干式柱支撑。敞廊上部为露台。建筑墙面为明黄色，局部如女儿墙边、柱体和窗台用白色点缀。在华亭路与延庆路的相交处，有一幢外墙为柠檬黄色的法国古典主义住宅。该楼建于1928年，主立面为对称设计，底层前有凸弧形柱廊，3层的住宅，却层层往后退，二层退为露台，三层退为阳台，平拱窗锁石上饰浮雕头像，整幢建筑显得纷繁复杂，暗藏着奢华。据说这幢带花园的洋房原先为一个英籍犹太人所有，当时房子二楼宽大的走廊上曾有大幅的壁画，现在自然是看不到了。

华亭路上的建筑之一

华亭路上的建筑之二

华亭路上的建筑之三

名噪一时的华亭路旧货市场

以前在华亭路上生活的人家，大多是职员出身，这使这条路始终飘散着旧日中产阶级生活安闲自得的氛围。那些花园洋房里则大多是旧时上海大户人家的私人住所，门掩梨花深院，把所有的秘密锁在里面。据说在华亭路72号的法式花园别墅里住过一个姓朱的老板，他的公司设在江西路、福州路路口的汉密尔顿大楼（今福州大楼），可见身价不菲。这幢洋楼共3层，外墙灰褐色，正面的窗设计为别致的椭圆形，二楼的露台是圆形的，露台两侧有弧形楼梯通往花园。花园里还有个大理石喷水池，水池中间有个外国儿童雕像。三楼起居室外有面向花园的宽大阳台。主人或客人从北边的露天楼梯到二楼进门，经过小门厅，再进入主人房。佣人及送货的，只能走底下的边门。楼下楼上的功能，完全不一样。新中国成立前夕，朱老板将资产转到巴西，把房子工厂托给亲戚管理，自己带了老婆儿女逃亡到巴西去了。新中国成立后，洋房被政府没收。华亭路上的洋房大多有着和72号差不多的故事，现在，这些花园洋房里住着的大多是普通百姓，因住户多，房子被分割得七零八落，花园也因疏于料理变得衰败不堪了。

1957年前后，在华亭路路口自南向北逶迤近百米搭建起了一排洋铁皮长棚，一些走街串巷或是居家摆铺的旧货商就在长棚里设摊，贵族的华亭路和旧货市场显得格格不入，一点也不搭调。每天早上8点多钟，一些货主慢吞吞地打开简易棚的门窗，摆出旧货，面无表情地看着来往行人。因为行人不多，整条马路显得冷冷清清的，货主自然也提不起什么精神来。光线昏暗的旧货店里堆放着许多旧式的家具和西洋的餐具以及家用杂品，这里面有20世纪30年代的留声机，有西洋女人雕像的台灯，灰蒙蒙的旧钢琴，各种西式家具器皿摆设以及日常旧货等。这些东西中暗含着旧时租界的上海向新中国的上海过渡中戛然而止的生活方式，只是用过这些东西的人们大多已离开了上海，离开了华亭路，这些满载着故事的旧物被抛进了和它们原先的身份一点不符的粗陋的洋铁皮屋，命运未卜，不知道带走它们的主人是否能懂它们。好在这些沿马路的铺面虽然破旧，但是时不时地会有被行家看走眼的精品出现，在沪上很快名声鹊起，成为名噪一时的华亭路旧货市场。

“文革”期间，旧货摊货源激增，红木家具、照相机、钢琴、沙发等价格低得不可想象，却很少有人问津。据说，当时花百余元人民币就可购得一套完整的前清红木家具。于是，这里成了沪上喜欢淘旧货的收藏者流连忘返之地。后来，旧货市场迁至襄阳南路南昌路路口，华亭路才又恢复了昔日的宁静。

引领上海滩时尚的服装市场

华亭路一池春水般的宁静没有延续多久。

1984年9月，上海第一个个体服装市场在华亭路悄然诞生。那时的摊主都是从别的地方搬迁而来的，总共就50来个，只占了淮海路到延庆路的一半路段。摊位虽不过50来个，声势却不小。进驻不久，摊主们便联合举办了一次别开生面的服装展销会。这些摊主连夜坐火车到广州进货，有的干脆在家中看着日本和港台地区杂志上刊出的最新时装款式自选面料、自行设计制作。展销会上这些“新式衣服”，对于当时的年轻人来说犹如打开了一扇扇美丽的窗户，一时间，“华亭路的服装样子就是漂亮”的说法迅速传遍上海滩，华亭路就此名声大振。

华亭路的服装摊位越来越多，从淮海路到长乐路两边排满了400多个摊位，摊位前每天都挤满了人群，窄窄的马路常常被挤得水泄不通，路人行走困难。那些聪明能干的小老板不仅是出色的经营者，还善于随机应变。一开始，他们还只是从石狮、厦门、深圳等沿海地区进货。之后，也打出过“出口转内销”的牌子。渐渐地，他们开始自己设计、制作服装。他们善于准确判断流行趋势，抓住销售时机，适时进行各季服装的定样生产并迅速制成服装产品投放市场，华亭路的服装逐渐形成了“新、奇、特”的风格。摊主们争奇斗艳，想方设法地变换着服饰花样，通常欧美流行的款式在几个月之后就会被复制出现在华亭路上。吊带衫、马裤、松糕鞋……

无数时尚、新潮的商品从这里诞生，又将时尚潮流延伸到上海滩的大街小巷。从1985年到1987年的3年间，华亭路的个体户平均每人每年投放新产品达数十种，整个服装市场就有几千种，其款式之新颖令南京路、淮海路上的国有名店望尘莫及，引得上海十大商场的经理纷纷慕名前来向这些个体小老板们取经。原本默默无闻的小马路成了上海滩人气最旺的地方，一年365天，没有一天不是人声鼎沸、人头攒动。华亭路上的新潮服饰引领着整个上海服饰的流行，一位著名时装设计师说，许多模特儿、设计师和青年男女到华亭路去，就是感受最“酷”的流行趋势。上海的华亭路，已经不仅仅只是一个市场，而是折射出了上海人对生活品质的追求，它代表了上海特有的一种文化、一种情结、一种生活态度，是海派文化孵化的结果。

可惜，华亭路服装市场的好日子并没有维持多久。

2000年1月起，为了还路于民，华亭路服装市场开始整体搬迁，那个曾经主宰过一代人服饰品味的华亭路服饰市场不得不移居到了襄阳路上。华亭路与众不同的热闹繁华只不过延续了短短16年，又复归于以往的沉寂。也许是为了承袭当年服装街的遗韵，华亭路的一些洋楼里悄悄开出了一些服装店，比如离路口不远的成衣坊，就以“私人裁缝设计、式样独创、只此一件”的风格吸引顾客近悦远来。

华亭路就这样从安静到嘈杂，再重新回归安静。这让我想起了很多年前，当真锅咖啡馆的第一家门店在上海华亭路开张时，我就喜欢上了。它的咖啡与众不同之处是在喝咖啡前服务员会送上一杯冰水，先让你纯净口感，以便更好地品尝咖啡，接着侍者会耐心地用无漂白滤纸冲泡，以减少对原味的破坏。最喜欢的是这家店的炭火咖啡，这种用坚木炭火烘焙出来的咖啡，保留了咖啡的原汁原味，是别的地方没有的。后来，真锅的连锁店在上海遍地开花，不知为什么，无论我走进哪一家，都找不到在华亭路上那一家喝炭火咖啡的那种感觉了。

余庆路：交叉树影间的小道

余庆路，北起淮海中路，南至衡山路。该路辟筑于1920年代初期，以曾任法国驻沪总领事爱棠的名字命名为“爱棠路”。1943年10月正式命名为“余庆路”。

余庆路原名“爱棠路”。“爱棠”两个字让人想起海棠花，其实这是一个法国男人名字的中文译音。这个叫爱棠的法国人，原是法商利明钟表行的一名职员，1853年6月署理法国驻上海领事，是法国第二任驻沪总领事，此人组织和领导了法租界公董局和巡捕房的建设。1861年法租界扩张，余庆路就是在法租界向上海西面扩张过程中修筑的马路。爱棠因扩张有功，便以他的名字来命名这条马路。

这条路以居民住宅为主，马路两侧是一幢幢南欧风格的房子，梧桐叶丛中的交叉树影间隐隐露出暗红色的屋顶和浅黄浅绿的墙壁，窗子两边有螺旋状的柱子。罗马式的阳台上，攀满了枝叶纷披的长春藤，洋溢着古老欧洲的典雅与浪漫。

余庆路两头分别连接着淮海路和衡山路，这两条路都是上海的顶级繁华热闹之地，余庆路却管自安安静静地蛰居一隅，完全无视于毗邻的灯红酒绿。因为不通公交车，很少有人会特意拐到这条路上，偶尔有人走过，也大多步履匆匆。

不过当你有缘踏入其中，立即会被包裹在温情脉脉的氛围中。路上的法国梧桐热情地舒展着它们柔美的枝叶，张扬着固有的魅力。夏日浓浓的树荫仿佛一张张绿色的大伞，唯有点点光影从交错的树影间漏入，过滤了炎炎烈日。这里没有喧嚣的市声，却听得见此起彼伏的声声禅鸣。深秋季节走在这

余庆路街景

条路上，但见片片落叶铺满空寂无人的马路，一片金黄，犹如踏进了法国画家柯罗的风景油画之中，让人无端生出相见恨晚的感慨来。

80号里命运多舛的帅哥

余庆路上的建筑和这条路一样深藏不露，却都暗藏着一个个不与人说的故事。

走过余庆路80号，只见高高的围墙上扎着黑色的竹篱笆，使住宅显得神秘幽深。走进去，只见1000余平方米的花园里坐落着一幢形体简洁的白色现代建筑风格3层住宅。受当时西欧各国住宅设计影响，这幢洋房多注重功能，设计平面布局自由。建筑以连续的阳台遮阳板强调立面水平线条，平屋顶上有简洁的铸铁栏杆围成100多平方米的屋顶平台。住宅底层宽大的敞廊面向大花园，花园内有平展的草坪，周围种植着香樟、玉兰、石榴及各种花花草草。二层有两个半圆形的阳光房，为主人的起居室和卧室，还有较大的露台。三层东、西两头各收进一间，也形成露台。这幢楼还有个名称叫“飞机楼”，之所以这么称呼，主要是主楼有一扇雨廊又尖又斜地伸向大门，其后的楼身雪白如飞机。除了主楼外还有3幢洋房和一些附属建筑。

这幢楼最早的主人是老上海大名鼎鼎的邵式军。邵式军出身名门，其祖父是清末上海道台邵友濂，母亲是盛宣怀的四女儿盛樨蕙，大哥是20世纪30年代闻名上海滩的新潮诗人邵洵美。邵式军是邵家六兄弟中的老五，他大哥邵洵美的岳父是盛宣怀的长子盛昌颐。邵式军的妻子是老同盟会会员、民初担任浙江都督的蒋百器的女儿蒋冬荣。邵式军是在复旦大学读书时邂逅这位豪门千金的，他相貌堂堂、一表人才，很快赢得蒋冬荣的芳心。但此时邵式军已家道中落，为顾全面子，蒋家将一批首饰偷偷送至邵家，第二天白天，邵家再送回蒋府作为给女方的聘礼。此事使邵式军对夫人深深感激，百依百顺，导致他此后一生在时事转换中跌宕起伏的命运都和夫人紧紧连接在一起。

邵式军婚后经蒋冬荣的舅舅吴启鼎向孔祥熙推荐，到福建省任税务局稽查官，任职后，他初步尝到了办税务的甜头。抗战爆发后，邵式军返回了上海，但很快缘于其岳父的关系，做起了日伪苏浙皖税统局局长，就此“落水”

余庆路80号邵式军旧居

成为汉奸。这期间他大发横财，自己开办了银行、工厂、商行、当铺，还在1937年为自己建造了这幢花园住宅。太平洋战争爆发后，日伪营垒风雨飘摇，圈内人物纷纷寻求后路。此时，正好蒋家一位远亲来到邵家，他就是中共地下党员冯少白，当邵式军得知冯少白来自苏区，便向他表示了归顺中共的意愿。为表示诚意，邵式军交给冯少白3万法币，并派手下护送冯少白出关，使他顺利回到苏北根据地。之后，邵式军就经常为新四军办理购置药品、文化用品、被服装备等事宜。1941年底，冯少白受刘少奇、陈毅的指派再次到上海开展策反工作，陈毅亲笔书函表示感谢邵式军对解放区财政经济的支持，同时，希望他继续支持革命。在冯少白帮助教育下，邵氏夫妇决心投奔中共，多次帮助新四军在上海秘密采购药品，余庆路的邵家也成了新四军在上海的秘密采购供应站。此事被蒋介石察觉后，邵式军于1945年投奔解放区，带去黄金数百条，现钞10多亿元，还有大批新式武器和枪支弹药，从此进入革命营垒，走上了革命道路。

抗战胜利后，这幢住宅被国民党没收，新中国成立后被解放军接管，曾是部队招待所、上海市精神文明建设委员会办公室等所在地，现在是家餐厅。

爱棠新村里的如歌往事

余庆路146弄弄口一侧墙上的牌匾镌刻着“爱棠新村”几个大字，弄内是毗连式楼房和花园洋房并存的新式里弄，共有3层楼房24幢，其中5幢是花园住宅。这条弄堂至今依旧保存着当初的外观和格局。

抗战胜利后，大批进步民主人士和文化艺术界人士从重庆返回上海，周恩来及时指示党内有关同志：“在上海建立一家电影制片厂，作为党在上海和在国统区的文艺阵地。”遵照周恩来的指示，重庆昆仑锯木厂的老板、爱国人士任宗德买下了爱棠新村13号，名义上是自己的住宅，实际上是当时进步文化界的活动据点。这是一幢颇有现代气息的3层小楼，建于1940年。呈阶梯状的外形简洁大气，缓坡瓦屋面，外墙为米色水泥砂浆粉刷拉毛，门框、窗间墙及顶层部分墙面以红色砖装饰，中部出挑的阳台板、铁质栏杆以及颇具特色的转角窗体现出现代装饰艺术派建筑的特色。楼前有宽敞的花园，环境幽静。

爱棠新村13号

1946年3至4月间，由阳翰笙主持，在这栋小楼内多次举行商讨电影机构筹备事宜的会议。他们和曾摄制过许多进步影片的联华影业公司合作，第一次准备拍摄的影片便是由该公司主要创作人员史东山、蔡楚生两人分别筹划已久的《八千里路云和月》和《一江春水向东流》。1946年9月《八千里路云和月》开机拍摄，次年2月即完成全片的后期制作，上映后一炮打响。田汉撰文称赞该片“替战后中国电影艺术奠下了一个基石，挣到了一个水准”。紧随其后拍摄的《一江春水向东流》在拍到一半时，投资最多的章乃器因故退出了联华影艺社。在中共党组织的直接领导下，1947年5月，在原联华影艺社的基础上成立了昆仑影业公司，由投资人任宗德任经理。“昆仑”二字源自任宗德的昆仑锯木厂。《一江春水向东流》原本并没有打算拍成上、下两集，由于蔡楚生和郑君里在拍摄过程中边拍边改，细节越拍越丰富，于是干脆将影片剪辑成了《八年离乱》和《天亮之后》上、下两集。《一江春水向东流》上映后，迅速轰动整个上海滩。之后，昆仑影业公司建立了编导委员会，汇集了多方面的电影人才，先后拍摄了《万家灯火》、《关不住的春光》、《丽人行》、《希望在人间》、《三毛流浪记》等影片。这些影片内容进步、艺术精湛，获得广泛欢迎。特别是在解放战争末期拍摄的《乌鸦与麻雀》成为中国电影史上的精品。

同时，任宗德还经营大孚出版公司。大孚是在周恩来亲自指导下成立的第三线出版社，作为生活书店一旦被国民党封闭后继续进行文化斗争的一个据点。在国共大决战的日子里，张澜、沈钧儒、章伯钧、章乃器、史良等民主人士先后来到上海，积极投入民主运动。他们是任宗德的挚友知交，经常聚集在任宗德家商议工作，爱棠新村13号成了国统区民主运动的一个据点。当时，民盟被国民党宣布为非法组织，强令其自行解散，党组织要求大孚出版公司出面在上海接待中国民盟创始人之一的罗隆基，并将其安置在爱棠新村13号三楼，引起了国民党特务的注意，经常有骚扰电话打进13号来。1948年秋，国统区物价飞涨，货币贬值，经济全面崩溃，昆仑影业公司陷入了巨大的财政危机。为了完成周恩来的嘱托，任宗德四处筹措资金，最后毅然变卖了爱棠新村13号寓所，使昆仑影业公司得以维持。1950年，昆仑公司与其他私营电影企业联合改组为上海联合电影制片厂，1953年并入上海电影制片厂。

爱棠新村13号还是被毛泽东誉为“伟大的人民教育家”的陶知行先生的旧居。1946年7月22日，为摆脱国民党特务的监视，陶行知住进了好友任宗德先生购置的这处寓所的三楼，以静心写作和整理诗稿文稿。这位“捧着一颗心来，不带半根草去”的人民教育家在这幢楼里只住了短短3天。7月25日清晨，才55岁的陶行知因劳累过度突发脑溢血，抢救无效，于中午12时30分在此寓所里逝世，周恩来专程赶来悼念。

爱棠新村11号，曾是大中华造币厂副经理的寓所，这是一栋颇有现代气息的住宅，建于1940年。建筑外观简洁，形体组织多变，立面洗练。外墙为米色水泥砂浆粉刷拉毛，窗间墙、门框及顶层部分墙面用红色砖装饰，中部轻薄的出挑阳台板、铁质栏杆以及醒目的转角窗，都是当时流行的装饰艺术派风格的体现。

中国第一所外汇公寓——华侨公寓

余庆路186号的华侨公寓虽然临街，但在余庆路上一点也不显山露水，掩映在梧桐树下的外墙一片洁白，底层为砖红色，大门前设置台阶，大门上方镌刻着暗红色的“华侨公寓”4个字，不大的字似乎有点羞涩地看着过往行人。这幢看起来和一般的高层建筑没有什么区别的公寓大楼，身世却不一般，它是中国第一所外汇公寓。

20世纪50年代末，由于国家外汇紧缺，通过国务院审批，由华侨投资公司于1959年开始在上海余庆路建造一幢华侨公寓。华侨公寓建成后，需用外汇购买，以支持祖国建设事业。

华侨公寓的建造标准规格很高，地板是专程从国外进口的，这与当时新建住宅多为水泥铺地迥然不同。在当时7层高的公寓住宅楼中华侨公寓是唯一安装了电梯的公寓，并且一幢楼里安装了两部电梯，公寓中每户人家都安装了暖气片。这些设施在当年是绝对称得上奢侈的。华侨公寓建成后，华侨们踊跃购买，借此表达爱国之心。到1960年3月8日，整幢公寓35套房子仅剩下三四套没有售出。这幢公寓也一度被称为“爱国大楼”。如今，外表低调的华侨公寓，里面的电梯、防火栓等公用设施依然保持完好，绝大多数住户仍是当年的华侨、归侨、侨眷或他们的后代。

曾为两任市长府邸的花园住宅

余庆路与衡山路相交的拐角处有一幢立面简洁的花园住宅。这幢楼建于1936年，曾是两任上海市领导陈毅和柯庆施的住所。这幢花园住宅有主楼和附楼，主楼3层，附楼原为2层。在住宅的主入口通过柱子架空一角形成门廊，朝南的二、三层退有平台，入口柱身上的菱形几何装饰图案以及室内楼梯的铸铁几何花饰栏杆具有装饰艺术派风格。住宅底层大厅有将近2层楼高的空间，这在花园住宅中并不多见。室内还有呈半圆形突出的阳台，楼梯间有相连的嵌入墙内的3列大型彩绘玻璃画。画面是一群群在水里自由自在游来游去的各色鱼儿，还有绿色的水草和红色的珊瑚，在阳光下显得绚烂夺目、艳丽动人。在玻璃画的下部刻有“上海徐家汇土山湾孤儿院出品”字样，可见这是当年土山湾孤儿们亲手绘制的，不难想见其珍贵的历史价值。

因爱棠路而得名的除了爱棠新村，还有一所爱棠大院，它们一个在路西，一个在路东，相安无事地对峙了半个多世纪。爱棠大院曾是中共上海市委办公地，故素有“上海的中南海”之称。在余庆路上，行人只能看见高耸的围墙，以及从围墙里不安分地伸出枝杈的玉兰树。爱棠大院由3栋5层的公寓组成，公寓的南侧是8栋别墅。20世纪50年代初，爱棠大院也是市委机关干部的宿舍。1960年，爱棠大院北侧盖起了一栋3层的小楼，成为上海市委书记的办公室。由于正门在康平路上，爱棠大院渐渐就被人们称为“康平路大院”。

安亭路：乌柏树下的美丽

安亭路北起永嘉路，南至建国西路。该路辟筑于1930年代，初名“国富门路”，后改名“亚田南路”。亚田是法国人，沪地产公司女老板。1943年10月取消亚田名字，改名“南路”。1946年改为“安亭路”。

短短的安亭路似乎一眼就能望到头，这条路在上海马路中名气不响，连一些老上海人也未必到过这里。也许是因为这条玲珑小路悄悄躲在永嘉路和建国西路中间，逛街的人很少会拐到这里，所以是很容易错过的，但凡是有缘邂逅这条路的人，无不为之惊艳。

与昔日法租界以法国梧桐作为行道树不同，安亭路两侧种植的却是乌柏、香樟等行道树。尤其是乌柏，在上海的马路中很少见到。乌柏树冠整齐，叶形秀丽，春日绽放细黄白花，深秋，叶子由绿变黄变紫变红，至经霜时叶色如火如荼，有“乌柏赤于枫，园林二月中”之赞誉。冬日里叶落籽出，白色的葡萄大小的乌柏子挂满枝头，经久不凋，犹如梨花满枝，古人就有“偶看柏树梢头白，疑是江梅小着花”的诗句。

乌柏树，让安亭路一年四季拥有了不一样的美丽。

安亭路的安谧、宁静是与生俱来的。这条路从来没有通过公交车，甚至连一家商店都看不见。安亭路是传统的花园住宅区，不少住宅是旧上海的法商电车、电灯管理公司的产业，当年低价提供给公司高级管理和技术人员使用。这些住宅的建筑风格主要为西班牙式，建筑细部多带有巴洛克风格，现在这些花园住宅不少挂着“优秀历史建筑”的铭牌，只是别墅的主人身份大多无从考证，这也许是这条美丽的路始终默默无闻的原因之一了。

安亭路街景

不同凡俗的新式里弄和公寓

在安亭路上的联排式花园住宅和公寓有着别一样的风景，虽然现在都已成了普通民宅，但昔日的风情仍能透过其斑驳的墙面窥见一二。

在永嘉路安亭路西南转角处的安亭路2—14号是一排建于20世纪30年代的联排住宅，沿马路的立面连续而统一。这是当年充分利用马路转角的不规则平面而设计的，因此，它与周围大片布局疏朗的花园住宅相比略显局促。虽然每一户住宅的面宽有限，却都是独立的假3层洋楼。底层为红色清水砖墙，屋顶覆盖红瓦。二层以及折线屋顶的山墙为浅色拉毛墙面，窗洞周围以及墙面转角处装饰不规则红色砖隅，老虎窗与折线屋顶交替出现，形成节奏。户与户之间由突出屋顶的风火墙予以分割，烟囱就设在风火墙上。这组新式里弄住宅原为盐业银行所有。盐业银行于1915年3月创办于天津，由袁世凯的表弟、“民国四公子”之一的张伯驹之父张镇芳任经理。此人清末时曾任盐运使，民国初曾任河南督军、总统府顾问。1917年张镇芳因参与张勋复辟而被捕，总经理改由当时天津造币厂厂长吴鼎昌担任。盐业银行在北洋政府时期，营业发达，存款吸收甚多。1934年6月银行总部由天津迁到上海后在安亭路上筹建了这排住宅。1940年代初，这排住宅一度由上海银行同业公会使用。

建于1939年的安亭路81弄2号和4号是西班牙风格的联立式花园住宅，原名“安第纳公寓”。住宅左右两个单元完全对称，围成亲切的半私密三合院空间。两边各自的主入口直通室内楼梯间，门旁连续通透的一排窗户直对三合院空间，让人联想到传统西班牙住宅院落中的楼梯与外廊。红色筒瓦坡屋面，黄色水泥砂浆糙面墙面。住宅在细节上西班牙风格的特征也相当显著，如连续半圆圈窗和窗间的螺旋柱，无线脚的门窗券，红色筒瓦的缓坡顶，浅黄色粉墙等。两个单元的主入口门头曲线强劲流畅，与三合院端部的山墙曲线相呼应，凸窗与楼梯间窗的排列错落有致，透着西班牙式的巴洛克神韵。

安亭路上除了幽雅的西班牙风格小楼，还矗立着2幢公寓。一幢是位于安亭路71号的公寓。这幢4层公寓建于1936年，原名“增您智公寓”，1955年改名为“安亭路71号公寓”。另一幢是位于安亭路43号的6层楼高的现代式公寓。这幢公寓建于1935年，曾名“金司林公寓”。其外形方正简洁，构图规整，具有英国乔治时期风格。深褐色泰山砖贴面，局部水平向的白色水泥饰带将立面分为横向3段，带凹槽装饰。公寓入口设对称简化的古典双壁柱装饰，底层窗洞带仿石圆拱券，红色木窗，窗下有巴洛克式石刻垂花图案，楼上统一矩形开窗，窗带仿石平券，白色券心石，局部窗间有几何装饰图案，檐口和二层做连续水平向白色线脚，色彩对比强烈。公寓南边设置小花园。因其坐落在安亭路上，故后来被称为“安亭公寓”。这幢如镇纸般立在路边的公寓为安亭路添加了沉稳而厚重的一笔。

花园住宅改建成的别墅酒店

和联排、联立式花园住宅比起来，独幢西班牙风格的安亭路44号花园住宅要显得气派得多。这幢建于1936年的花园住宅为2层，局部3层。建筑体形繁复而独特，东南转角处的第二层房间平面为圆形，第三层平面为四周略为收进的正八角形，八角攒尖顶。坡度平缓的屋顶上铺设西班牙红筒瓦，有老虎窗，二层连续圆拱圈窗间有螺旋状小柱。入口门洞及部分窗户上部有托架支承出檐，上面铺设着与屋顶一致的西班牙红筒瓦。现在这幢楼是明轩楼餐饮管理有限公司安亭路店。

安亭路46号现在是“安亭别墅花园酒店”1号楼。这幢雄伟华丽的典型西班牙式3层楼房建于1936年，南立面采用对称式构图，局部女儿墙顶部有连续的小圆券。檐下和窗洞口周围有装饰，底层中央采用券柱式门廊，前有露台，露台前有宝瓶式栏杆，露台两侧有扶梯通往花园，与开敞花园环境形成呼应关系。另一侧立面强调转角塔楼和主入口，构图相对自由，采用券柱式窗洞，连续拱券窗间有螺旋柱，局部有敞廊，与室外优美的环境形成良好的交融，公寓入口门洞及部分窗户上部有托架支撑出檐。住宅内部设计富丽堂皇、精美绝伦。门厅外，装置了一盏古铜色壁灯，客厅、餐厅、起居室采用硬木平顶，斜纹檀木与大理石或橡皮地板，踏步用花岗石。花园里设有花房、网球场、喷水池等。据说此别墅的主人是原国民党交通部部长，新中国成立后此楼收归国家安全局所有，曾接待过许多外国领导人，

安亭别墅花园酒店1号楼

如赫鲁晓夫、安德罗波夫、胡志明等。

这幢别墅至今保存完好。从大铁门进入，一侧矗立着一尊西洋女神骑马跃起的青铜雕塑，旁边的墙上镌刻着“胜利之神”4个字。大门两侧是大草坪，绿草如茵，草坪周边种植各种花木，有玉兰、樱花、桂花、梅花、桃树、枇杷树等，四时花香不绝。草坪一侧有数十根罗马柱支撑着的一个个白色拱形连廊，上面有精美的雕刻，不但可以遮阳避雨，还增添了无尽风情。门前蹲着两只石狮子，室内有宽敞的大堂和精美的包房，墙上突出的鹿头、猫形烛炬的装饰融古典与时尚于一身。

有着居家温馨的棉花酒吧

安亭路126号是一幢建于20世纪20年代中期的法国式别墅。别墅分东、西两侧，西侧部分高2层，底楼采用粗壮的柱墩及支托装饰，二层内阳台宽敞，四角饰有变形的塔斯干立柱；东侧部分高3层，圆拱形开口外接弧形小阳台，顶部则作跌檐处理。整幢建筑上覆盖高低错落的四坡顶红色机平瓦，出檐较深，檐下有部分支托。拱圈口、窗间墙及窗台、勒脚等皆以勾缝红砖排布装饰，底层窗台以混凝土方格花架装饰。主入口门廊为人字坡顶的红砖拱券结构，厚实的水泥支托成为独特的装饰。室内楼厅通高3层，设置方旋梯，硬木扶手。庭院内一株枝繁叶茂的广玉兰已有近百年树龄，四季常绿，冠大如盖，初夏时节开出的花大如荷花，熏得周围清香四溢。现在这里是浙江省人民政府驻上海办事处招待所。

在安亭路上还有一对犹如孪生姐妹般的独立式花园洋房，虽然各自独立，却共享一座花园。它们就坐落在安亭路130号和132号。这两幢花园洋房建于20世纪30年代。糙面水泥砂浆墙面，窗间柱、烟囱等为清水红砖砌筑，色彩对比强烈。南立面顶部设折线形屋面，檐下设半圆券窗并挑出曲线形阳台，山墙露木构架，具有德国青年学派建筑特征。132号的长期住户是法商电车公司通讯处主管鲁贝克夫妇，鲁贝克是比利时国际远东公司的电气工程师，他1924年来到上海，长期担任法商电车电灯公司的电气和通讯主管。

现在132号住宅已成了沪上出名的棉花酒吧。在铁门一侧石墙上一块黑色

棉花酒吧

的木牌上犹如印章般竖刻着嫣红的“棉花酒吧”4个字，书卷气中夹着一点脂粉气，却是轻轻软软的，有点棉花的感觉。走进大门，是一片草坪，酒吧的3扇小门包围在绿树青草间，这就有了“小径红稀，芳郊绿遍，高台树色阴阴见”的感觉。草坪旁有浪漫的秋千架，白色的椅子，院子里播放着轻柔优雅的音乐，显得宁静安详。另一侧茂密的树荫下一排排原木的吧台和吧凳又给人带来置身于森林的清新感。室内摆设着红木家具，旧式立柜、挂钟，放置花瓶、瓷器的博古架。正中墙上挂着一幅“泉后天伦情，松竹清荫”的字画，颇具意境，仿佛踏入中国古代大户人家的厅堂。而浅黄色的墙壁，轻柔的纱帘，枣红的地毯，壁炉，花边桌布等西洋元素，又带来了异域感。曲折有致的楼梯间挂着古代仕女画，各个包房的色调和摆设都不一样，最上面一层像是阁楼的墙壁刷成浅蓝色，墙边是明式桌椅，中间放着红木小圆桌、圆凳，墙上挂着的老上海美女画让人感觉来到了老上海小姐的闺阁，西方的优雅和中国传统的意境完美地融合在一起。也许，这样的环境老外更喜欢，所以在棉花酒吧多的是白皮肤、黑皮肤的外国人。

精致玲珑的小洋房小花园，带给人温馨的感觉，和安亭路本身的气质非常切合。在这里跟朋友喝喝酒，聊聊天，吃吃饭，有一种在家里的感觉。棉花酒吧的露台是整座老洋房的一部分，宽敞开阔，尤其受到客人追捧。月白风清的夜晚，坐在露台上数数星星，看看月亮，吹吹风，任乌桕树叶飘洒一身，是很浪漫的。上海的酒吧中带花园的不多，有大型露台的更是鲜见，棉花酒吧算是把这些元素都凑齐了，老洋房的资源被用到了极致，受到青睐自然是情理之中的事了。

五原路：融优雅与市井于一体

五原路东起常熟路，西至武康路。该路辟筑于20世纪30年代，原名“赵主教路”，赵主教是旅华法国教士玛勒斯卡，取汉姓赵。1943年10月改名为“五原路”。

五原路很短，却很耐逛，因为这条路有着悠久而丰富的历史。在这条路上，建筑风格迥异的老式花园洋房混杂在新式里弄和高层住宅之间，使这条马路显得跌宕多姿。春夏之际，两旁茂密的法国梧桐搭起绿色屏障，把马路衬得幽远深邃，一眼看不到尽头似的。走在五原路上，仿佛回到了20世纪三四十年代，空气中弥漫着静谧慵懒的气息，连脚步也变得很轻，怕是一不小心踩碎了半个世纪前飘落的梧桐树叶。

以乌鲁木齐路为界，五原路可以分为东段与西段。东段散发出浓浓的市井气，沿马路一字排开烟纸店、米面店、房产中介店以及弄堂门口的杂货店，招牌简朴的理发店等，充满了日常生活的琐碎及油盐酱醋味。与乌鲁木齐路相交的路上曾有个露天菜场，能买到不少其他菜市场买不到的高档食品，尤其是虾、蟹、鱼等海鲜，不过，菜市场的喧闹嘈杂以及难闻的腥味毕竟和这条路是不搭的。现在菜场早已撤离，原先被遮雨棚遮盖得严严实实的那段天空也已显现，但那种喧闹嘈杂的气氛似乎很难完全褪尽，那一段路仍然显得有些杂乱，特别是两边散落着的一些不太齐整、体面的烟杂小店也还保留着菜场残余的庸常气息。从乌鲁木齐路往西的五原路就安静祥和得多，梧桐树丛中隐隐露出花园洋房的尖顶，都市的浮华在繁茂的树丛中被悄悄滤去。这些洋楼的主人固执地坚守着自己的布尔乔亚生活方式，即使是在“文革”期间，小楼深处还会有人在做上海色拉，紧闭的门缝里，伴随着轻轻的

五原路街景

西洋古典音乐声，悄悄飘浮出一丝现磨咖啡的浓香。“文革”刚刚结束，这里的一些小楼里就有人暗暗举办了私人舞会，而作为现代通讯工具的BP机、手机，也是最早在这一段的五原路上出现的。

这一切酿就了五原路固有的气质，纵然经历了万种磨难，依旧挥之不去。

曾经藏龙卧虎的老洋房

五原路的老洋房，大多低调地站立一角，但仔细看去，却发现每一幢都带着宁静的表情，它们集结在一起，熔铸出整条五原路的云淡风轻。人们未必知道，这些历史悠久的老洋房大都藏龙卧虎，几乎每一幢都藏着不俗的背景与故事。我们不妨慢慢看去。

靠近常熟路的五原路71号曾坐落着一座红砖小教堂，那是建于1939年的中华圣公会救主堂。建筑式样按基督教堂格局，前后两端系3层建筑，中间部分是礼拜堂，呈长方形。圣台两侧上方建成假层“追思阁”，内悬挂教徒遗像及安放骨灰盒，人民音乐家冼星海的遗像也挂列其中。小教堂的院子里种满了冬青树，一年四季绿油油的。教堂倒塌于一次火灾，1989年，在废墟上盖起了灰色建筑的华东神学院校舍。每到傍晚，住在附近的人总能听到里面传出唱赞美诗的声音，那是学生在做晚祷。如今，神学院已搬迁到青浦淀山湖畔，现在这里变成了一所民办的进修学院，再也听不到有圣歌传出。

五原路东头除了52号的中波大厦建于1959年外，其余住宅几乎全部诞生于20世纪三四十年代。如建于1940年的191号住宅，就住过抗日名将郑洞国。沿路还可以看到建于1937年的新式里弄华村，它是由国华银行建造的。还有建于1936年的混合3层楼房大来村以及建于1936年的3层砖木结构楼房天一村等。

五原路205弄的来斯南村是建于1938年的花园里弄住宅，5幢排成一行，式样大体相同。立面简洁，四坡顶，三楼屋檐下有券齿带饰，水泥砂浆压花墙面。南、东、西窗为小拱弧形钢窗，北面一排长方形小钢窗。南面二、三楼有阳台，建筑南面是树木茂盛的大花园。建于1947年的大华新村坐落在五

中波大厦

来斯南村

原路212弄，里面共有十几幢花园住宅。弄内7号居住过原国民党高级将领张发奎，还曾是中共地下党迎接上海解放的地下指挥部。1949年5月，人民解放军向上海郊区发起进攻时，中共地下党上海市委刘长胜、吴克坚、沙文汉和张承宗等人就在这里指挥迎接解放军。弄内16号的独立式花园住宅建于1945年，它和弄内18号原先都是上海大新百货公司创始人蔡昌为他的子女所建的，蔡昌在1947年时携家眷移居香港。从20世纪50年代起，16号2楼成为著名交响乐指挥家陈传熙的寓所。陈传熙于20世纪30年代考入上海国立音专，抗日战争爆发后，开始从事话剧、电影的配音工作，又兼任国立音乐学院常州班和上海音专副教授，成为我国最早的双簧管教员。新中国成立后，陈传熙在上海交响乐团及上海音乐学院两处任职。陈传熙的指挥生涯中，共完成各类影片音乐达200多部。2012年1月27日，陈传熙因病在华东医院去世，享年96岁，算是高寿了。

建于1939年的五原路251号为英国式独立花园住宅。建筑为假3层，形体简洁，错落有致。双坡顶，较为平缓，有棚屋形老虎窗。墙面采用红色清水砖，强调山墙面的构图和比例，山墙面底层为凸窗，上面是二层的阳台，栏板作实体围护，没有花饰。局部门廊等重要部位采用石材，并进行重点处理。如入口处雨棚处理成波浪形，由雕刻精美的巴洛克式涡卷支撑，内部装饰为西式风格，彩色玻璃窗、楼梯栏杆及门框上部券心石也雕刻成卷涡状，具有新艺术运动时期建筑特征。现该住宅为商务部驻沪办事处使用。五原路253—267号、269—271号为建于1933年的协发公寓，其平面为一字形，立面简洁，水泥拉毛外墙面。呈弧形的楼梯间半平台悬挑，不占用地，又美化了立面，并设置了大片玻璃窗，为建筑亮点。通往阳台的起居室设置6扇落地长窗，中间的天井具有良好的采光通风功能。这幢4层公寓，在1982年底被“挖潜”加了2层。

五原路283号的花园住宅，建于1946年。抗战前这里是意大利俱乐部，抗战后“上海钢铁大王”朱恒清将其买下，重新翻造，直到1948年才建成这幢4层楼高、钢筋混凝土结构、马蹄形的独立式花园洋房。朱恒清的人生充满传奇色彩，他家祖辈是无锡的有钱人家，太平天国时，一场大火烧了整个

五原路251号英国式独立花园住宅

村子，朱家从此败落。朱恒清出生8天后，母亲就因产后感染撒手人寰。祖父朱士川在朱恒清七八岁时，就离开了无锡老家，到上海谋生，朱恒清在十几岁时也追随祖父到上海学做生意。1930年，朱恒清在上海开了一家铁号。他善于经营，生意做得不错，但总感觉单纯经营铁号未免仰人鼻息，看外国人脸色吃饭。1940年，朱恒清联合了几十家大小铁号，在武宁西路成立了茂兴钢铁股份有限公司，成为老上海最大的私有钢厂厂主。1942年，他因将钢铁供给新四军而被日本宪兵司令部逮捕，其妻陆英娣托人用一包金条将其赎出。一怒之下，他索性关掉钢铁厂，并将厂房出租。抗战胜利后，他重操旧业，生产竹节钢和扁钢，并操洋泾浜英语周旋于生意场中，以非凡的魄力购买了3条沉没的旧船，生意越做越大，开了一分厂、二分厂，成为上海滩钢铁行业的龙头老大。朱恒清发迹后在五原路上建造了这幢气派的花园住宅。建筑南面为主楼，主楼底楼分东、中、西3间房，高敞明亮的房屋之间均有活动移门隔开，拉开来就是个漂亮的大厅，可以跳舞，也可以举办宴会。二楼是佣人住房，三楼为主人卧室。四楼有一间40平方米的玻璃房。下面还有地下室以通风防潮。西面为厨房，北面为汽车间。屋外有一个大花园，两个网球场。花园内有大片草坪，草坪中间种着几棵香樟，两侧为瓜子黄杨和冬青，清新淡雅。通过花园里的旋转楼梯，可直达三楼平台或四楼。房子建成后，朱恒清全家于1949年元宵节搬入。朱恒清在这幢房子里一直住到1986年因病去世。

建于1930年的五原路289弄1号和3号建筑原为外侨公寓，是英国传统风格的联立式假三层花园住宅，它们犹如一对孪生姐妹般并排站在一起。住宅沿弄堂立面上、下两段以不同材质区分，既显出形式的丰富，又呼应了居住空间的使用方式，底层是辅助用房，而住宅的主要入口是由围在清水红砖墙内的楼梯直接引入二楼才能到达。楼梯侧墙处理在立面上引人注目，梯段上弧形砖砌扶手与锯齿形的上升折线组合起来，显现了一种动态的韵律。住宅较陡的双坡屋面，高耸的红砖砌筑烟囱，门上的铁饰，还有面向花园立面底层尖券门廊和扶垛，与半露木架形式的结合，充满着英国乡村住宅的气息。

五原路370弄里有4幢英式风格的民宅，均建于20世纪30年代，属于典型的英式设计，房屋为尖顶并有烟囱，每幢房子均有室外楼梯通向大门。在靠近武康路的五原路上，坐落着一幢白色3层楼洋房，一楼到三楼的阳台没有半点弧度，而是一长条矩形，显得十分规整，使整幢房子显得方方正正。这幢房子的主人曾是昔日上海滩有名的“蔡仁茂”牌玻璃的老板，号称“玻璃大王”。这里便是蔡家旧宅。那时房子前面曾有一个大花园，如今的花园只是一小块。原先靠近马路的那片草坪上建起了门卫室，残余的草坪上种着几棵有年头的树，至今也已枝繁叶茂，亭亭如盖了。只是这幢华屋早就几易其主，改了别姓了。

自由公寓和大通别墅

在五原路永福路路口矗立着一幢体形瘦长的自由公寓，它是犹太人留给上海的一个“宝贝”，取名“自由”似乎也寓意着当时犹太人的心态。这幢9层公寓建于1933年，是上海滩著名的袖珍公寓。公寓处于狭长的地块中，前方布置大片绿地，使公寓藏身于深院之中，幽静雅致。院内一株苍劲的老榆树伫立着，高大的枝叶探出低矮的围墙，时有点点榆钱飘落在门前的水泥地坪上，风情独具。建筑整体为简洁的现代风格，外墙镶嵌深褐色面砖，平、立面都是左右对称的。中间部分的窗套和两侧部分的窗下板为白色，建筑立面中央有一白色垂直装饰带为构图中心，顶部向后退，向中间收缩，形成阶梯状，带有装饰艺术派特征。底层以粗粝石块作为基座，使建筑带上了一些古典色彩。内部以中央电梯和楼梯为轴线，两边对称。每层设两个三室户，南边大间为客厅，南、北各设一个卧室。卧室与客厅相接的阴角处设置封闭式转角阳台，既可作为两个房间的通道又可作为阳光房。这幢一梯两户公寓规模虽小，但小中见大，细节完美，不愧为公寓设计的精品。

这栋由犹太人建造的公寓，不知什么原因后来落到了德国人手里。第二次世界大战结束后，德国人纷纷回国，房屋转卖给中国人。至今，还经常有一些德国人到这里来寻找自己的昔日足迹。一代京昆艺术大师俞振飞曾寓居在自由公寓第三层的一套四室户内，朝南有一间32平方米的卧房，中间为30

自由公寓

平方米的大客厅，西侧有并列的两小间，一作餐厅，另一为起居室，生活上非常舒适、方便。

五原路252弄是建于1938年的大通别墅。大通别墅弄底11号，是爱国实业家、民主斗士包达三的旧居。青年时代的包达三追随革命的先行者孙中山先生，加入中国同盟会，参加辛亥革命，后因故弃政从商。解放战争期间，这里还是国统区民主人士星期聚餐会的举办地。在20世纪40年代中期，沪上著名的爱国民主人士陈叔通、马寅初、马叙伦、盛丕华、周建人、许广平等人，每隔两周都要聚集到包达三的大通别墅居所，研究上海爱国民主运动，史称“大通别墅星期聚餐会”。周恩来也经常在此约见民主人士，大通别墅逐渐成为中国共产党团结上海社会贤达、开展爱国民主运动的重要场所。包达三还曾邀请董必武、李维汉到星期聚餐会上演讲。“大通别墅星期聚餐会”一共举行了100多次，在这个聚餐会的巧妙掩护下，中国共产党领导人团结国统区爱国民主人士开展了一系列正义斗争。包达三由此再度“从政”。他积极投身中共领导下的国统区“反内战要和平”的爱国民主运动。新中国成立后，包达三荣幸地参加了开国大典，之后他被国务院任命为浙江省副省长，曾任浙江省民建主任委员。1952年，包达三将自己的所有财产，包括在上海、杭州等地的房地产全部捐献给国家，支援社会主义建设。1957年4月6日，包达三在杭州病逝。

包达三旧居是一幢3层楼花园洋房，南面有3个阳台。花园内除花草树木外还有一座假山和喷水池。现在这幢花园别墅的原汽车库已改为住房，屋前喷水池改为自行车棚，里面住进了许多人家。

“三毛之父”张乐平旧居

五原路上名气最大的莫过于有“三毛之父”之称的漫画家张乐平了。他所创作的三毛形象，妇孺皆知，名扬海内外。五原路288弄3号就是张乐平的旧居。从1950年到1992年，张乐平先生在这里度过了整整42个春秋。现在，张先生已经仙逝，但他的艺术印迹却永远留在了五原路上。走进五原路288弄，只见一侧墙壁上并排陈列着一幅幅装在木头镜框里的以三毛形象为主题的浮雕画，浮雕上的三毛活跃而快乐，看了让人忍俊不禁。浮雕墙之首是柯灵先生于1993年写的介绍张乐平生平的《三毛永生》，文章右下角是戴着贝雷帽的张先生漫画像，诙谐有趣。浮雕墙对面就是三毛的“爸爸”张乐平的旧居。如今，两扇黑漆斑驳的大门紧闭着，里面再也不会走出始终面露微笑的“三毛爸爸”了。

三毛的诞生并非偶然。1910年11月，张乐平出生在浙江海盐，他在兄弟姐妹中排行老三，按当地习俗被称为“三毛”。他父亲是小学教师，而擅长刺绣和剪纸的母亲却是张乐平最早的美术启蒙老师。在小学老师的指导下，13岁的张乐平创作了生平第一幅漫画《一豕负五千元》，讽刺当时的军阀曹锟贿选。14岁那年，因家境贫困，张乐平无奈辍学到上海一家木行当学徒，但他对画画的兴趣却丝毫未减，只要一有空就在纸上涂涂画画。18岁时，张乐平在亲戚资助下进入一家私立美术学校，接受了一段时期正规的美术教育，同时开始向上海各报刊投稿。20世纪30年代初期，《时代漫画》等刊物上经常发表张乐平的漫画作品，年轻的张乐平逐渐成为上海漫画界较有影响的一员。那时中国还没有以儿童为主角的漫画，25岁的张乐平瞅准这个空缺，推出了“三毛”系列漫画作品。张乐平早期创作的三毛形象酷似上海弄堂里调皮而喜欢恶作剧的小男孩，但又带点正义感。这些以三毛为主角的作品采用四格漫画的形式，以讲述市井故事为主。从1946年起，张乐平开始在《申报》连载《三毛从军记》，这是中国首部无文字的长篇漫画，虽带有讽刺意义，但总体风格是活泼的、快乐的。这个乐呵呵的小三毛形象在1948年的一个冬夜被突破了。那天晚上，北风呼啸，寒意袭人，走在马路上的张乐平突然看见3个衣衫褴褛的流浪儿围着一个小炉子在烤火取暖。第二天早晨，他再次经过那里时惊讶地发现，3个孩子中的2个已经冻死了。张乐平顿时非常难过，他回家后就连夜开始创作连环漫画《三毛流浪记》。这部作品里的三毛一改原先的快乐形象，成了流浪儿童的化身。《三毛流浪记》在《大公报》连载后，小三毛的苦难深深打动了读者，当时上海人醒来的第一件事就是去购买一份《大公报》，赶紧看三毛的遭遇。“流浪儿”的形象定格了几代人对三毛的印象，同时，也将张乐平的艺术事业推向了巅峰。1949年4月，在宋庆龄的支持下，张乐平举办了三毛原作画展，并义卖三毛原作及各种水彩、素描、写生画，来筹款创办“三毛乐园”，以收容上海滩的流浪儿童。

新中国成立后，张乐平全家定居于五原路288弄3号。这幢2层楼房建于1947年，是独幢英式小洋楼。这间洋楼里，除了张乐平和他的夫人冯雏音，还有他的7个孩子。上官云珠的堂兄韦布和张乐平是邻居，他们家里孩子也很多，有8个。张家住楼上，韦家住楼下，正好是“七上八下”。于是，他们那幢小洋楼，成了五原路288弄里著名的“儿童乐园”，家里整天都是孩子们的欢声笑语。张乐平将二楼一间十几平方米的屋子辟为画室，在这间小小的画室里，他创作了《三毛迎解放》、《三毛爱科学》、《小萝卜头》等脍炙人口的漫画。这些漫画影响了几代上海孩子，他们几乎都是伴随着三毛长大的。1957年后张乐平的画风有了转向，开始偏重于儿童漫画、民俗画、古装人物画等，还为民间寓言配插画。“文革”时期，张乐平是上海美术界最早一批受冲击的。他被加上“毒害青少年”、“美蒋特务”、“漏网右派”等罪名，日复一日被改造、批斗。那段时间，弄堂口的小学生们看到他，不再喊“一——二——三——张伯伯好！”或“三毛爸爸好”，而是喊“一——二——三——打倒张乐平”。当时张乐平的妻子冯雏音瘫痪在床，而子女们工作的工作、下放的下放，只留下最小的儿子张慰军。是邻居帮着照顾冯雏音，喂她吃饭，照顾小慰军。邻居之所以会对他们这么好，是因为他们敬重张乐平的为人。这些普通的上海人温暖了张乐平的心，使他得以度过近10年的痛苦岁月。1977年6月1日，阔别10年的三毛以系列漫画《三毛学雷锋》形象复出。之后，张乐平又创作了《三毛爱科学》、《三毛与体育》、《三毛旅游记》、《三毛学法》等系列连环漫画。

1980年代，海内外读者纷纷来探访“三毛之父”，张乐平在这间屋里接待了来自世界各地的读者。其中影响最大的当数台湾女作家三毛。三毛原名陈平，幼年时深爱《三毛流浪记》，遂以此为笔名。1989年仲春时节，长发飘飘，身穿拉丁风格大花裙子的三毛来到了五原路张乐平先生的家。一进门，这位特立独行的女作家就一口一声“爸爸”，张乐平乐呵呵地认下了这个女儿。三毛在张家住了三四天，张乐平像对待亲生女儿一样对待她。那几天，五原路的房子里充满了三毛和张乐平一家的谈笑声。

造化弄人，张乐平怎么也没想到，不到两年，就传来了三毛在台湾自缢身亡的消息。那是1991年1月的一个寒冷的冬日，身患帕金森症的张乐平欲哭无泪，一夜无眠，清晨，他爬起来步履蹒跚地挪到画桌前，屏住呼吸，用颤抖的手捏住毛笔，以极慢的速度在纸上写下“痛哉平儿”四个字。1992年9月，张乐平先生与世长辞。之后，随着子女星散，这栋双层洋楼逐渐冷落了下来。

2015年1月8日，张乐平子女重聚一堂，捐出了父亲的285件遗物，囊括了张乐平的手稿、书信、收藏等，品类繁多，年代跨度大，基本能反映这位卓越漫画家的生活与艺术历程。

有半个世纪历史的中国福利会会址

五原路314号是中国福利会会址。中国福利会是由孙中山先生夫人、中华人民共和国名誉主席宋庆龄创建的一家致力于妇幼保健和少年儿童文化教育事业的慈善组织。其前身为保卫中国同盟。保卫中国同盟是1938年6月，由宋庆龄在香港成立的一家国际抗日统一战线组织，由当时中国国民党内一批知名人士和国际友人共同参与，其中包括宋子文、廖承志、廖梦醒、爱泼斯坦、邓文钊、贝特兰、诺曼·法郎士、赛尔文·克拉克等人。由宋庆龄担任保卫中国同盟中央委员会主席，宋子文担任会长。当时主要任务为宣传抗日，争取外援。开展的活动包括出版双周刊《保卫中国同盟新闻通讯》；争取华侨支援参与抗战事业；开展战时儿童福利事业和受难儿童的救济；设立孤儿院与儿童收容所等。抗战胜利后的 1945年底，保卫中国同盟由重庆迁到上海，并更名为“中国福利基金会”。中国福利基金会以“哪里需要援助，哪里的人民在自力解决困难，我们的援助就到哪里”为准则，对内战中的民众提供帮助。其中，利用对外宣传，从联合国善后救济总署提供的救济资金和救济物资中，为解放区的普通民众争取到一定的份额。此外，还从美国、加拿大、英国、新西兰、澳大利亚等援华机构和联合国救济总署处获得大量资金和物品，并利用国民政府行政院善后救济总署的运输机构将物资输送到国统

中国福利会大楼

区和解放区。其中，仅上海一处，中国福利基金会便成立了3个儿童福利站和一个儿童剧团，并且通过美国战灾儿童义养会为将近5000名儿童提供了学习和生活上的帮助。1950年8月，中国福利基金会更名为“中国福利会”。中福会下属中福会少年宫、上海宋庆龄基金会、中国福利会国际和平妇幼保健院等慈善机构和团体。

这是一幢建于1932年的欧式白房子，建筑为3层独立式花园住宅，哥特复兴式风格，双坡屋顶，入口处有宽大的门廊，装饰着白玉石雕花柱子，粗壮的柱子配合弧拱，令门廊简洁有力，门前的石狮憨态可掬。楼上有圆形的罗马式小阳台。立面的门、窗洞多采用弧拱和平券，四周有白色线脚，墙面浅灰色涂料平整，门、窗口有白边，三层窗有坡势，二层窗下有多种几何图案。室内外细部装饰具有装饰艺术派特征。庭院里假山上有一座江南风格的亭子，由鹅卵石砌筑的石阶通往。假山上搭建一座石桥，下有花瓶式的门洞。院子里还有很大的草坪，漂亮的鸽子在上面旁若无人地漫步。这幢充满欧陆风情又带有江南庭院风格的洋楼原先是属于宋庆龄的，中国福利会成立时，宋庆龄就把它拨给了中国福利会。1949年，宋庆龄在此创设了“中国福利会托儿所”，1950年迁出，1959年又迁回，此时已改名为“中国福利会幼儿园”。园内山石亭台，池塘竹树，布置精巧，绿草如茵，还有儿童游泳池和多种幼儿体育活动设施。现这幢欧式洋楼为宋庆龄基金会、中国福利会的办公所在地。花园里的草坪上矗立着宋庆龄雕像，雕像上的宋庆龄身穿旗袍，披着披肩，温婉地望着来访的人们，令人感觉十分亲切。

在五原路的末端坐落着一幢漂亮的法式洋房，门前两扇黑色铁门深锁着，从外面可以看见房子的尖顶和探出墙外的绿树枝丫。这座洋楼有一个很大的院子，院子里太湖石做的假山上有座红色柱子的木头凉亭。新中国成立之初，这幢住宅里住过潘汉年，以后这里成了中共上海市委机关用房。

延庆路：暗藏华丽的梧桐深巷

延庆路东起东湖路，西至常熟路。该路路基一带原为农田、坟丘，仅有小道自东湖路通至华亭路，其后行人日多，路面渐宽。1919年左右，法租界公董局在原有泥土路的基础上，拓宽延伸至今常熟路，成为今天的延庆路。该路原名“格罗希路”，是以旅沪法国侨民格罗希的名字命名的。1943年10月改名为“延庆路”。

延庆路大概是上海马路中最默默无闻的一条小马路了。同样是小马路，它旁边的那些路或多或少有过辉煌的时候，但延庆路好像一直没有什么可以拿得出来炫耀的，即便在华亭路最为热闹的年间，那些提着大包小包收获满满的人群也很少有人会有兴趣拐过来看它一眼，延庆路就这样宠辱不惊了将近一个世纪。

这条路从一开始就是卓尔不群的。20世纪初，延庆路所在的地块还是人烟稀少的荒僻之地，那里沟渠纵横，到处是农田、荒丘，仅仅散落着以金氏子孙世居的金家宅等自然村落。1919年，法租界公董局在其中一条原东（北）西走向的泥土小道的基础上，拓宽成现状的马路，并以在第一次世界大战中战死的旅沪法侨格罗希的名字命名为“格罗希路”。延庆路不像与它毗邻的马路那样是笔直的，而是一条带弧形的小路，它与常熟路相接，经过华亭路，拐了一个幽深的弯与长乐路相交。路两旁种植了成行的法国梧桐，大约在20世纪20年代开始，一些外侨陆续在这条路上兴建房屋，至20世纪30年代后，这里成为一处集中了花园住宅、新式里弄的幽静的高级住宅区。

如今，偶尔路过这条路，人们会突然发现这条宛若深巷一般寂廖无闻的小马路上居然藏着许多令人惊艳的风景，那些悄悄遮掩在梧桐树下的灰白斑驳的洋房，西洋铁栏里的幽静庭院，一如既往地美丽着、宁静着。

延庆路街景

扑朔迷离的老房子

在延庆路上行走，不时会邂逅一些颇有特色的花园别墅，梧桐树丛间隐隐可见的骑楼山墙上有着精致的雕饰，显示出它们原本不凡的身世，还有一些建筑精良的新式里弄也常常引得路人驻足凝望。它们大都建于20世纪10至30年代，岁月沧桑，这些临街的老房子犹如藏在深闺中的旧日美人，虽然岁月的风沙蒙面，曾经演绎的故事也早已尘封湮没，但仍然执拗地流露出高雅的贵族气质和特有的异域风情。

延庆路4弄是联排式花园住宅，面朝马路的后门有扶梯直通二楼，朝南每幢房子前面都有一个大花园，电影演员高博晚年就住在这条弄堂里。延庆路4弄口和东湖路拐角处坐落着一幢西洋风格的3层公寓，据说20世纪30年代时曾为外侨、犹太人居住。延庆路11弄的哥伦比亚公寓大概可算是延庆路上最老的建筑了，它始建于1912年，为混合4层结构。公寓里面曾经居住过一位著名的张医生，他为了解X光的性能，拿自己作为实验对象，结果两条腿残废了，只能靠拐杖度过大半生，这种献身精神实在令人感佩。延庆路11弄1号在抗战中曾一度成为浦东中学的校园。浦东中学创办于1907年，是近代上海的第一所完全中学，首任校长黄炎培。这是一所曾蜚声海内外的历史名校，20世纪二三十年代享有“北南开，南浦东”之盛誉。抗日战争爆发后，浦东中学遭到日机炸毁，被迫迁往浦西，在延庆路11弄1号内继续上课，1951年返迁废墟之上的校园。现在这幢公寓住进了好几位外籍人士。延庆路18弄内藏着11幢联排式花园楼房，门前都有各自独立的小花园，环境十分幽静。弄底的一幢大型花园住宅原是一个富豪的住所，那幢住所的楼梯全是大理石的。后来，留德回国的丁惠康博士在这里办了一所私人疗养院，因地处格罗希路，故一开始就叫“格罗疗养院”，后改名“剑桥医院”。这所针对富人的疗养院，设施极其豪华，花园内树木繁茂，草坪碧绿，环境宜人。新中国成立后这里归属上海市卫生局。

延庆路29弄是著名的大福里，门牌楼两边的墙上镌刻着像浮雕似的“大福里”3个小小的字。门墙二楼伸出外挑的雕花阳台。一眼望去，弄堂幽深，弄内建筑一式红墙，木头窗户的框架却是绿色，这种红绿搭配，并不乡气，反倒显出一种特殊的品味。这条法式里弄很有历史底蕴，1930年8月，邓演达在这里成立国民党临时行动委员会，并任中央总干事。他在大福里生活了一年多，直至被秘密杀害。据说该弄内曾有过一家私人西餐馆，以“洋葱汤”闻名遐迩，如今，早已影踪难觅。再往前便是延庆路52号那幢大型的东南亚殖民地风格的外廊式建筑了，原主人在新中国成立前夕去了国外，现为72家房客分而住之，自然是面目全非了，昔日的辉煌无可奈何花落去。

延庆路96弄的花园住宅里，住着不少越剧界名人，如周宝奎、竺菊香等。周宝奎是上海越剧院著名老旦演员，她在越剧电影《红楼梦》中演活了老祖宗贾母一角，享誉海内外。而她在《碧玉簪》中演唱的那段“手心手背都是肉”更是脍炙人口。这条弄的弄底曾是日本老太太久保玛莎的住宅。在上海文化界提起久保玛莎这个名字，很多人都不会陌生。久保玛莎是中国蓝印花布收藏家，因为她的努力，使濒临消失的中国蓝印花布重新回归，并且成为后现代的时尚。1955年秋天，久保玛莎参观中国外贸企业在日本东京首次举办的商品展览会，蓝印花布那种素雅高洁的格调和浓郁的乡土气息一下子就迷住了这位温婉的日本女性，她开始正式研究中国的蓝印花布，并深入华东及西南一些省份的农村去收集蓝印花布。为了研究蓝印花布的工艺，她还上山去采集过“蓝草”——印染花布的植物。1990年，久保玛莎拿出她收藏的实物档案———一共有十几箱，还包括纺车与织布机等工具，与上海纺织品进出口公司联手在上海长乐路上创建了一家中国蓝印花布馆。2011年5月，80岁的久保玛莎在日本东京去世，上海的延庆路上从此再也见不到这位痴迷蓝印花布的日本老太太的身影。

犹太富商的豪宅变身医院

延庆路上最夺人眼球的，大概要数130号那幢明黄色的法国文艺复兴风格的大型花园住宅了。这幢建于1923年的建筑共3层，南立面对称，构图呈横3段、竖3段。底层设计为大厅，两端略向外凸，以装饰效果极佳的古典柱式支撑，并分割窗户；二层为阳台，阳台内是房间。二层檐下的平拱窗锁石上

延庆路130号花园住宅现为肺科医院门诊部

有欧洲人头像浮雕。阳台栏杆立柱的上面装有固定的石刻花盆，扶栏板则以3个菱形重叠组成装饰图案。三层阳台略向后退，三楼的两端设计有介于山墙与屋顶窗之间的窗，窗架为短而粗壮的方柱，上面架以平弧顶，窗锁石两侧配以西式山花图案。整体建筑呈现出强烈的巴洛克风格。

原房主是个英国籍犹太人，早年他带了不多的钱闯荡上海滩，凭借智慧很快成为富商。当时，一些有钱的英籍商人大都喜欢在繁华的英租界做生意，在安静的法租界建造别墅安居，这个犹太商人也同样如此。他在环境优美但地价昂贵的延庆路和华亭路的拐角处，建造了这幢漂亮的花园住宅。此人后来离开中国，便将别墅委托一位老人代为看管。新中国成立后，老人将这幢别墅出售给政府，不久便去世了，有关这幢别墅的故事就此成了永远的谜。据说，庭院里曾种有不少玫瑰，如今，那些玫瑰早已凋落，芳踪难觅，被粉刷成暖黄色的建筑外墙也远远不如原先的柠檬黄色那样柔和。幸运的是"文革"中被泥巴糊没的券心石上的雕刻头像，在前几年的大修中被房修工人小心翼翼地除去覆盖在头像上的灰浆，沉思的西洋古人浮雕头像又重新显露出来，雕像脸上低垂的目光似乎有着说不尽的忧伤。

现在这幢洋楼是上海市肺科医院延庆路门诊部，医生们在里面为病人诊疗，在这里来去匆匆的病人们想来也没有闲情欣赏这幢建筑的华美了。

延庆路151—157号4幢建筑建于1936年，为假四层联排式花园住宅。1930年代后期，租界已充分城市化，土地日趋昂贵，这幢住宅在有限的范围内提供了4户联排独用的花园住宅，可谓一种创举。建筑沿延庆路紧贴马路一字排开，每个单元形式相同，传统的上、下三段式构图，干粘卵石墙面和墙面上开出的椭圆形木窗显得颇有质感。建筑最精彩的地方是每户沿街立面的主入口，从造型到材质和色彩的搭配都显现了设计的功力。宽幅出挑的混凝土雨棚做成微微突出的曲线，下面是曲线同样优美的红砖砌筑的平拱门，拱券逐层内收，形成立体感，而支撑雨棚的两侧墙垛下部又以青石板砌筑成舒缓的曲线为收头，这一组看似不经意的曲线形成了建筑风格的关联性，从中可以窥见西方20世纪初新艺术运动风格的一些影响。室内楼梯间有彩色马赛克铺地。从马路进入住宅步入进深不浅的花园，会给主人带来一种都市村庄的宁静感。

程十发伉俪住了30年的旧居

延庆路135号至149号是花园式里弄住宅。这种由新式里弄住宅演变而来的花园式里弄，既有里弄形式，在单体的样式上又接近独立式花园住宅，楼房前面围有规模较大的庭院。这几幢住宅建于1934年，与其南面的华亭路71弄合成同一个小区，建筑风格也一致，都是3层4坡顶的小洋楼，米黄色水泥拉毛墙面，外表简洁方正。建筑的扶梯很有特点，沿马路的室外楼梯直接进入二楼住宅的入口，建筑南面左右对称、曲线柔美的室外楼梯也直达二楼，楼梯中间突出为弧形。

延庆路141号是著名画家程十发先生的旧居。程十发先生1941年毕业于上海美术专科学校中国画系，新中国成立后从事美术普及工作，1952年进入华东人民美术出版社（上海人民美术出版社的前身），程十发在出版社里担任创作员，1956年参加上海画院的筹备工作，并任画师。之后，长期担任上海画院院长。程十发在人物、花鸟画方面独树一帜，在连环画、年画、插画、插图等方面也都具有一定造诣，是一位成就斐然，享有中外盛誉的艺术家。

程十发先生原先居住在兴国路，那里环境幽雅，但房租昂贵，后来搬到新华路211弄26号甲“新华别墅”居住。1956年程十发举家迁入延庆路141号。此楼原为上海人民美术出版社的连环画工作室，后辟为家属居住处。该住宅一楼为半地下室，二楼由程十发、韩和平居住，三楼为王仲清、罗盘居住。程先生一生中最有成就的作品几乎都是在这里创作出来的。在这里程十发创作了《儒林外史》和《红楼梦》的插图，年画《歌唱祖国的春天》，水墨连环画《阿Q正传》、《孔雀公主》等也都相继创作于此。程十发的妻子张金锜是程十发在上海美专读书时的同学，两人于1942年结为夫妻。张金锜的叔叔是著名画家张子固，张金锜从小跟着叔叔学画画，考入上海美专后，师从王个簃。她画花卉取吴昌硕重墨大彩，别具风骨，颇得其师王个簃赞赏。她的画作后来受程十发影响较深。婚后，两人养育了一个女儿、两个儿子。1985年，张金锜进入上海文史馆工作。这对画坛伉俪在延庆路上一住就

程十发旧居

是整整30个春秋，他们在这里一起切磋画技，一起挥毫创作，接待朋友，真可谓是“谈笑有鸿儒，往来无白丁”。不难想象，当年延庆路的这幢洋楼里曾留下过多少画坛名家的足迹。

1986年，程十发乔迁至吴兴路，该寓所归某杂志编辑部使用，后又成为一家装潢设计公司总部。如今的延庆路一如既往地平和，默默地蛰伏于闹市中心。只是现在整条延庆路上已有不少外籍白领在此居住，据说他们就是喜欢延庆路那种低调中暗藏华丽的氛围。

太原路：低调中蕴涵着奢华

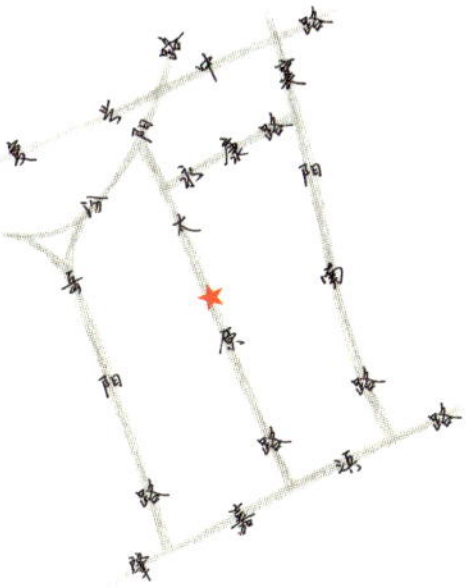

太原路南起肇嘉浜路，北至汾阳路。该路筑于1918至1921年间，以旅沪法侨台拉斯脱之名命名为“台拉斯脱路”。1943年10月正式改名为“太原路”。

太原路两侧植有茂密的法国梧桐，这些绿荫如盖的树仿佛一条灵动的线把呈南北向笔直延伸的整条太原路串联了起来。20世纪40年代，“潜伏”战打响时，福履理路（今建国西路）台拉斯脱路（今太原路）一度是秘密电台的发报处。如今，那段硝烟弥漫的历史，早已交予路旁默默伫立的法国梧桐，唯有点点日光从斑驳的树影间洒落。

太原路是老上海的高档住宅区，沿路两侧多为3～4层的新式里弄和花园住宅。太原路上最早的房子当推建于1923年的121弄和139弄，为钱姓人家所造，故名钱家宅。177弄和181弄为建于1930年的新式里弄，因建在台拉斯脱路路侧，故以路名命名为台拉别墅，弄内共有3层楼房10幢。此外，还有建于20世纪三四十年代的双梅村、大陆新村、莹瑞村、友宁村等。这些花园洋房，没有桃江路花红柳绿般的艳丽，也不像汾阳路那样文艺范儿十足，而是安安静静地站在城市一隅，一派与世无争的模样。走进太原路上任意一个小弄堂，以为到了尽头，转角却又有惊艳的发现。那些老房子的屋前都有一个绿树茂密的庭院，庭院里有一块绿茵茵的草坪，四周建筑物神采各异，错落有致。浓密的树荫掩映着这些被岁月浸染得越发动人的老房子，那些满墙满墙的爬山虎，不知疲倦地攀附着老房子，纠结缠绕，初春绽放嫩芽，夏日浓荫一片，秋季红叶斑斓，把老建筑衬托得风情万种。过往的印痕留在爬山虎的爪子里，狠狠地抓住了老房子，不离不弃。冬日萧条，春风一

太原路街景

吹又满壁新绿，真真有死生相契的情义。

一路走去，发现这条路上好像没有什么商店，于是，便少了许多市井味，而且似乎与时尚无缘。在这条路上漫步，恍若一脚踏进世外桃源，令人尘俗顿消。

沪上最大的西班牙式住宅群

上海的西班牙式建筑不少，但有规模的唯独在太原路上才能见到。这些西班牙建筑或成片或独立，却无不顽强地表现出它的西班牙建筑特色。

太原路25弄、45弄、50弄、56弄、63弄、64弄通称为“太原小区”，它们共同组成了上海最大的西班牙式花园住宅小区建筑群。太原路自50弄起向南连续有3个大门，50弄、56弄、64弄属于西班牙式花园里弄住宅，建筑有简洁的西式古典装饰，立面大都为对称构图，南向中央为敞廊和平台，红瓦屋顶错落有致，形体组合丰富，开窗自由，窗下有窗台，墙面平整，没有过多装饰，外观局部使用简化的古典柱式，檐口部位有水平向的装饰线脚。整体感觉建筑形体厚重丰富，内部的木装修等室内设计与外部风格统一。太原路63弄和永康路175弄共同组成的永康新村，是一大片隐藏在弄堂深处的西班牙建筑群。它们是由新式里弄和花园住宅两种类型的房屋所组成的，沿永康路为新式里弄，沿太原路以花园住宅为主。尤其是一些联排式建筑门前由西班牙筒瓦构成的半圆券门饰罩住左右两个门牌号码各异的门洞，既分割清楚，又悄然暗合，十分别致有趣。每户屋前都有一块绿茵茵的草坪或绿树茂密的庭院，庭院前围起来的竹篱笆有点拒人于千里之外的感觉，于不经意间就把市井气息不屑地撇向了一边。

这里最早的居民主要为法国侨民，加上少数英、美等国侨民，只有2户华人，因此俗称“外国弄堂”。太平洋战争爆发后，太原路上的外国侨民纷纷回国。那些官员、洋行买办、银行职员和大型工商企业业主等就向法商建业地产公司租住腾出的房屋。新中国成立后市军管会接管旧政权房地产，1950年后改为市人民政府公共房屋管理处，没收来的房产租给一批干部和工商企业职工。

太原路45弄包含4排西班牙风格的建筑和1个小小的汽车间广场。著有自传体小说《生死在上海》的作家郑念曾在弄内1号2楼居住。跟郑念寓所同处一排，但相隔着几幢房子的一幢洋房内，住着中国胸外科奠基人之一、上海胸科医院院长顾恺时。民国鸳鸯蝴蝶派的代表人物、《秋海棠》的作者秦瘦鸥曾住在太原路25弄。太原路87号是国府警署总署长唐纵旧居，太原路89号是国府中央党部秘书汪公纪旧居。

太原路63弄2号是著名翻译家方平先生的旧居。方平原名陆吉平，高中毕业后，入银行当职员，由业余自学走上文学翻译道路，1949年后转调到出版社工作。方平是邵洵美的女婿，据邵洵美的女儿邵绡红在《我的爸爸邵洵美》一书中介绍，方平先和邵洵美的大女儿小玉相爱，正当谈婚论嫁之时，小玉于1956年9月2日因哮喘病发作去世。几年后，小玉的妹妹小珠由贾植芳的夫人任敏牵线，与方平结合，方平终于实现了“娶一个洵美先生的女儿为妻”的愿望。在邵洵美晚年，方平与他交往甚深，回忆岳父的晚景别有一番滋味。方平翻译了大部分的莎士比亚作品，是中国莎士比亚研究会会长、公认的莎学权威。读者也许不知道方平的名字，但是喜欢文学的人一定读过他翻译的莎士比亚作品《仲夏夜之梦》、《威尼斯商人》、《捕风捉影》、《温莎的风流娘儿们》、《暴风雨》、《奥瑟罗》、《李尔王》等，以及《呼啸山庄》、《勃朗宁夫人十四行诗集》等世界名著。这些作品大都是在太原路的这幢寓所里翻译出来的。

建于1942年的太原路200号是西班牙风情浓郁的花园住宅。这幢形体规整的3层建筑建于1942年。南立面三开间，构图左右对称，两边一、二层呈半圆形突出墙面，开连续钢窗，形成一排，具有良好的室内观景效果。中间突出部分的顶部为三层的阳台，有曲线花饰铸铁栏杆。三层窗间设置两根螺旋状小柱子，一、二层间墙面有菱形通风小口镶嵌的绿釉格栅，顶部檐下有连续小拱券。室内楼梯间圆拱形窗户部分窗扇镶嵌彩色玻璃，木制楼梯及护栏、扶手与栏板间连接件雕刻中国传统特色的回形图案。这幢住宅在民国初期，由中国国民党政府要员、行政院长周佛海居住，以后又成为上海警备司令汤恩伯的公馆，1949年10月后由上海市人民政府接管，现由中国科学院使用。

方平先生旧居

法式建筑的经典：太原别墅

太原路地处老上海的法租界。当年，怀揣梦想的法国人野心勃勃地闯荡上海滩，试图在这里复制法兰西的浪漫、奢华与挥霍、享乐。太原路160号那座粉墙灰瓦的太原别墅就是依照当年路易十四的一座皇宫建筑的样子于1928年建成的，堪称旧上海最豪华的花园洋房。它是低调的太原路上的华彩乐章，不论是建筑本身的美轮美奂，还是建筑中蕴藏着的故事，都足以使它成为太原路上最光彩照人的一笔。

太原别墅门前是黑灰色的篱笆墙，密不透风的篱笆使别墅看上去十分私密，一扇高高的黑铁门更是把尘俗挡在了别墅外。推开铁门进入，会有豁然开朗的惊讶。里面绿荫一片，透过高大浓密的树冠，一幢红墙的西洋建筑兀立眼前。除主楼外还包括4幢副楼，当然最具历史感的是主楼。这是一幢完整的文艺复兴时期法国宫邸式建筑，建筑为假3层，以正中为轴线，两侧形成对称。墙体为橘红色机制砖，墙隅以灰白色石板作锯齿状贴面，白色窗架，较陡的四坡屋顶用深灰瓦铺设，屋顶的冷色调与墙面的暖色调形成强烈反差，增强了建筑的立体感。屋顶前檐口设置有5扇拿破仑头盔式的老虎天窗，屋下小券式装饰，流线形的窗楣和窗架留有巴洛克风格的痕迹。西北向立面有城堡式圆锥形屋顶，使住宅染上了几分庄严和神圣的色彩，尽显其内敛的张扬。建筑朝南的主立面面向大片修建得异常整齐的绿色大草坪。大草坪上栽种着参天雪松，四处点缀着无名野花。法式园林中常见的喷泉和六角亭也能在草坪上轻松找到。底层入口处，用3根古希腊风格的陶立克柱支撑着宽敞的门廊，以避免太阳直晒大厅。门前站着一对明式风格的石狮子，竟使洋楼染上了几分晚清风情。门廊上面是大露台，主人可以在露台上小憩，冬日沐浴阳光，夏日领略清风，极目眺望花园草坪。

太原别墅的所有建筑材料均来自法国，家具等也是法国打造。但太原别墅的内部装饰却并不是纯粹的法国式，而是具有折中主义特点，局部装修如玻璃门、窗上的铁花装饰，楼梯栏杆等还带有20世纪初欧洲“新艺术派”的特征。从底层东侧自动落地玻璃门进入楼内，便是华丽、高贵而又典雅的

太原别墅

大厅，两侧夹墙中设有庞大的几近天花板高的风格古朴的花岗石壁炉，窗框与屋角四周均有隅石装饰。地上铺着大理石地坪，四周墙面铺设着柚木护壁，雕花的柚木顶角线和大理石柱头花饰，繁复而不乱。大厅顶上的特制铜质花纹巨型水晶吊灯是法国运来的，墙上镶嵌着巨幅彩色陶瓷壁画。在会客厅和客厅中间是一扇极具文物保护价值的中国传统工艺拉门，正、反两面阴刻填漆，描绘的是郭子仪拜寿这个古老的故事，与大厅的风格形成了有趣的对比。由盘旋形楼梯拾级而上，二楼是卧室，布置典雅的室内放置着一套明清风格的红木家具。从卧室穿过一扇小门，隔壁就是书房，深褐色硬木制成的一桌一椅，是20世纪30年代旧上海的遗物。一架大理石壁炉，简朴中透着华贵，铁质的炉架和火钳也是老物。

其实，太原别墅最早的名字是狄百克花园，它源自一位名为狄百克的法国律师。狄百克毕业于法国的一所大学，获法律和经济学双学士学位。19世纪末，狄百克来到上海，开了一家“狄百克律师事务所”，多年的代理诉讼使狄百克成为上海的名律师、大律师。因为能辩善讼，狄百克打官司几乎每场必赢，但要价极其昂贵，所以在法租界有“强盗律师”之称。但因为他与法国公董局、驻沪领事馆的官员都很熟，打官司赢面甚多，钱包也鼓了起来，这幢私家洋房的资金就是他靠打官司赚来的。1912年，旅沪的法国商人们注册成立了万国储蓄会，这是上海出现的第一家专业的商业储蓄机构，狄百克应邀担任了储蓄会的经济顾问和法律顾问，报酬是分得相应的股份并成为董事会成员。狄百克花园就是由万国储蓄会下辖的中国建业地产公司投资兴建的。狄百克的妻子是英国贵族后裔，别墅建成后，狄百克和他的妻子、两个儿子便住进了里面。室内装修的奢华自不必说，卫生间里还放置了一个当年上海滩绝对独一无二的由五彩马赛克镶嵌而成的浴缸。

1933年，狄百克突然从上海滩上销声匿迹。后来传闻，狄百克应海上闻人杜月笙之邀赴杜家作客，从此就消失得无影无踪。据说是这位强盗律师在法庭上不给杜月笙面子而被种了荷花。“种荷花”是黑道切口，即将人捆绑后插入江底。此说是真是假，不得而知，但狄百克从此确实没有在上海滩出现过却是事实。之后，狄百克夫人将这幢豪宅卖给了国民政府总理唐绍仪的女婿岑德广。岑德广是时任国民党宣传部长周佛海的密友，每星期周佛海从南京回沪两人都要在这里会面，以便从岑德广那里了解日本上层的情况。抗战胜利后，岑德广被判汉奸罪，后逃到香港。这幢房子被国民政府接收，归军统使用。

1945年12月，已退休的美国五星上将（美军最高军衔）乔治·马歇尔应杜鲁门总统之邀，担任赴华特使，下榻在此处调停中国国、共两党的冲突，所以当时上海人称这幢花园住宅为“马歇尔公馆”。二楼是马歇尔特使的卧房，室内，隔着一扇小门与卧室相连的书房内当年贮藏过重要的书信文件。二楼朝北的3间是侍从办公室、起居室。当年马歇尔将军在沪期间天天在这里办公，他在书房找美国驻华军事顾问魏德迈将军交谈，或请沃尔特·罗伯逊代办随时汇报国、共两党和谈的情况。1946年11月8日，国、共两党和谈破裂。翌年1月7日，这位五星上将怀着遗憾的心情对太原别墅作了最后一瞥，黯然神伤地悄然离开了中国。他回国后出任美国国务卿，在20世纪50年代推出旨在援助欧洲经济复兴的“马歇尔计划”。在20世纪50年代的前5年里，他还担任过美国国防部长。1959年10月16日，马歇尔在华盛顿病故，终年79岁。马歇尔走了，但马歇尔公馆的名称却流传至今。

马歇尔回国后，这幢建筑又成了军统的秘密机关。

新中国成立后，太原别墅由上海市人民政府接管，1956年改为内部高级宾馆——太原宾馆，主要用于接待政府官员和国宾。这里曾接待过刘少奇、朱德、董必武、周恩来等国家领导人，还接待过外国元首如印度尼西亚的苏加诺总统、印度的尼赫鲁总理、越南的胡志明主席和朝鲜的金日成主席等。

20世纪80年代后，太原别墅悄悄地揭开了它神秘的面纱，对社会开放，现在这里是瑞金宾馆的分部。

除太原别墅外，太原路上还有一幢法国古典主义建筑，它就在太原路50弄3号。这是一幢5层楼高的建筑，建于1930年。该建筑在立面上按照法国古典主义建筑构图原则，在横、竖两个方向均做三段式划分，但建筑上的古典装饰则被大大简化甚至取消，表现出现代建筑崇尚简约的理念。这里原为上海犹太医院，现在是上海眼耳鼻喉科医院。

太原路50弄内的法国古典主义建筑

永福路：梧桐浓荫下的浪漫

永福路北起五原路，南至湖南路。该路辟筑于20世纪30年代，原名“古神父路”，以曾在西藏探险的法国人名命名。1943年改名“永福路”。

永福路沿路林荫夹道，优雅静谧。马路两侧林立着花园住宅、公寓和少量新式里弄。花园住宅的围墙大多为实墙，把住宅保护得严严实实的，不让路人窥见。东侧有德意志联邦共和国驻上海总领事馆和上海教育出版社，西侧有英国驻上海总领事馆、上海电影制片厂文学部。路上的法国梧桐都很有些年头，夏天经过永福路会有一阵阴凉拂面而来。一路小鸟啾啾，梧桐树叶缤纷，轻轻地就把喧嚣隔绝了。那些深藏在高墙后面的建筑，犹如风华绝代的美人，真是国色天香，美艳动人，却又轻易不为人见。20世纪80年代末的上海出国热中，这条幽静的道路骤然热闹起来。两个领事馆门口常年有人排队，等待一周一次与签证官的面谈。后来，德国领事馆迁走了，但官邸依旧还在，英国领事馆成了顶级会所雍福会。

永福路复兴西路转角处是一幢颇为雄伟的6层公寓，整体呈现代派建筑风格，红色的外墙非常漂亮，这里就是建于1948年的良友公寓。这幢公寓里住过不少文艺界名人和科学家，其中有著名外国文学翻译家、上海电影制片厂厂长、驾机投奔祖国的飞行元老、纺织界科学院士等，有子女在国外发展的亦不在少数。良友公寓的对面有一幢4层楼豪宅，属于新中国成立前“上海滩报业大王”史量才的私宅。这幢建筑外立面为灰色，看上去既端庄又带着点异国风情。宽阔的前厅，明亮的中厅，玻璃屋顶天棚，显得十分气派。据说这里的主人常年旅居国外难得回家。永福路123号是上海教育出版社。出版社门口有个

永福路街景

书店，每年中小学开学前，门前都会排起长长的队伍，那是家长们在为自己的孩子购买参考书。

如今的永福路，静谧与繁华并存。白天依旧保持着固有的幽静，到了夜晚就不那么“安分”了，梧桐浓荫下藏着腔调十足的餐厅和酒吧，使永福路正悄悄成为上海的时尚潮流之地。静谧也好，热闹也罢，那份浪漫却是挥之不去的。

曾经的电影佳片策源地

永福路52号是上海永乐电影电视（集团）公司所在地，镂花的黑色大铁门，迎面是一片碧绿的草坪，大树掩映下有一幢典型西班牙风格的洋楼。建筑高2层，有地下室。外立面为鱼鳞状水泥拉毛米色墙面，主立面朝南，两侧不严格对称，立面中部略向外凸，设计了中间略大、两侧稍小的5个连续半圆拱券的敞廊，显得气势宏伟。在两侧小拱券的上面设计了平缓的坡顶，而中间部分则为露台，露台上设有棚架。露台栏杆正中部位及局部窗下有突出墙面的花台，可以摆放花盆盆景。底层西侧为多根螺旋柱装饰的5扇排窗，以红色筒瓦做装饰檐；东侧的底层墙面中间设一半圆拱券壁龛，下有跌落状花台。壁龛周边及花台外表墙面均有菱形花格绿釉贴花装饰。二层设计了由两根螺旋柱支撑的3扇相连的拱形细窗。北立面入口弧形券门洞上部有西班牙筒瓦铺设的弧形券出檐。墙面局部有几何镂空图案，部分墙面及窗台有连续小拱券支托挑出面层。底层大厅对称设置的4扇落地门与外面的拱廊相通，门楣上都有精美的铁花装饰。门厅入口内墙立面中间，砌筑了一座花岗岩壁炉，上面雕刻的是一只长着弯弯犄角的羊头图案。突出屋面一侧的烟囱，带有奇特的哥特建筑风格。住宅内部装修豪华，中间的客厅地板上铺设着进口大理石，客厅顶棚为木制方格吊顶，古味浓浓。客厅中间设计一对大理石螺旋状柱子，柱头雕刻精致。柱子和墙之间有铸铁隔扇，上面雕刻着精巧复杂的动物图案，显得十分豪华。大厅北墙的东、西两侧，4个小螺旋柱装饰的镂空墙洞，成为大厅最抢眼的陈设。大厅南接花园，东、西面连着设置宽大书架和置物架的书房和餐厅，餐厅顶部与四周墙壁的衔接处都有并列式的西班牙小券作装饰，北面由科林斯柱和

永福路52号西班牙风格洋楼

铁皮雕花组成的门廊通向楼梯。整幢住宅建筑内部设计、装饰与室外空间的形象特色一脉相承。

据说这幢豪宅最早的主人是美国人盘根。盘根早期在上海一家“华革和服鞋行”做推销员，主要推销和销售进口鞋袜。1924年，她与该鞋行的经理爱纶合作开办了“爱纶盘根洋行”，行址设在九江路69号的住友大楼内。据说20世纪30年代美国杜邦公司的“玻璃丝袜”对华销售的大部分都是这家洋行代理的，同时，这家洋行还涉足外汇、股票经纪业务。1932年，盘根购进古神父路（今永福路）52号的地块兴建了这幢住宅。住宅面向一个大草坪，草坪周围种植着花草树木，尤其是一棵高大的香樟树，四季常青，满园的鸟语花香。花园里还有一个宽敞洁白的游泳池，在当时的上海滩洋房中极为罕见。

新中国成立后这幢洋楼归上海电影制片厂所有，先是作为幼儿园，后来又成为上影演员剧团。白杨、张瑞芳、秦怡、王丹凤、赵丹、孙道临、陈述、刘琼等如雷贯耳的大明星在这里进进出出。经常会有一些影迷在门口翘首以待，想要和自己心仪的演员合影并索要签名。“文革”浩劫开始，这儿一度成了“造反派”的天下，南下的红卫兵、“造反派”组织把洋房当成驻扎地，游泳池也被当作“四旧”埋掉。“文革”结束，52号成为上海电影制片厂文学部的办公处，建起了放映厅和创作楼。电影解禁后，外国参考片陆续进来，但只限“内部”，而52号是这个“内部”的重要一站，到永福路52号看内部电影成了当时年轻人最为时髦的一件事。朴素简陋的上海电影制片厂创作楼当年是全国名导、名家的聚集之地。上海电影制片厂拍过许多经典电影，其中有不少剧本策划于52号的创作楼内，故52号被称为“佳片策源地”。《天云山传奇》、《苦恼人的笑》、《小街》、《人到中年》、《庐山恋》等剧本就是从这里诞生的。当年52号内还有个电影沙龙，沙龙最浪漫的是周末舞会，艺术家们跳的是优雅的三步、四步交谊舞，美轮美奂的客厅里张灯结彩、轻歌曼舞，创作火花在旋转的舞步中诞生。

这幢住宅就这样由外而内地浪漫着。

20世纪90年代后期，使用单位上海永乐电影电视（集团）公司投资100万元对其重新装修，基本保持原貌。因为这幢房子与影视机构有紧密联系，它的出镜率也特别高。其别致气派的外表和装饰豪华的内景经常出现在影视剧中，改头换面后就成了剧中富商的豪宅。

用线条谱写的圆舞曲

永福路151号为德国驻沪总领事官邸。高高的围墙下，线条柔美的黑色铸铁大门深锁，围墙上绿色筒瓦孤傲地伫立在顶部，冷若冰霜地傲视着试图走近它的人们。高墙里面一幢西班牙式建筑风格的3层花园住宅静静地建造在绿茵茵的大草坪上。这幢建筑始建于1941年，1942年竣工使用。关于这幢建筑的故事不多，但建筑本身却是美得无与伦比。住宅集西班牙建筑平面紧凑、造型活泼、线条流畅之大成，被誉为“用线条谱写的圆舞曲”。

住宅立面采用水泥拉毛墙面，色彩明朗柔和，平缓的双坡屋顶上覆盖着绿色筒瓦，下有连续小拱券装饰，连续圆拱窗之间饰有螺旋状立柱和窗间柱，立面上曲折多变的线条和硕大的浮雕花饰，使建筑充满灵动之感，洋溢着浓浓的西班牙风情。

这幢建筑平面为三开间，层高错落有致，南面有宽敞的露天大阳台，面向一个大草坪，其西面的半圆形平面与北面中部楼梯间半圆形平面前后呼应。从建筑东面的台阶进入门厅，中部是楼梯间大厅和通往庭院的大平台，西面是餐厅、厨房和汽车库。二层南面布置3间卧室，中间卧室外是大阳台。三层南面设两间卧室，其中一间连着梳妆间，另一间连着半圆形大阳台。楼梯间圆弧形的长窗和螺旋形楼梯相得益彰，营造出柔和变幻的空间。阳台、楼梯等均采用花纹柔美精致的铸铁栏杆，室内立面装修采用绿釉镂空花饰。绞丝花纹立柱和螺旋形窗间柱,宽窄不一的窗户直线，造成向上升腾的美感。半径不同的圆弧和大小各异的方形组成了丰富多彩的天花板。这种变化随处可见，如拱形的窗户配以方形的天花，方形的门窗镶嵌在弧形的墙面上，变幻莫测的空间表现出建筑内在的韵律。

这幢建筑突出居住功能，注重立体构图，讲究建筑的几何形态和立面虚实对比，强调室内空间流动和内外空间的结合，力求使住宅接近大自然，堪称近代上海建筑的一件精品。

日贵族气息。一副用琉璃烧制的对联“东鲁雅言诗书达礼；西京明训孝弟力挂在大厅中央，既浸染了浓浓的书卷气，又暗示了这里不同凡俗的华贵。面到处充斥着杂陈糅合的各种东、西方元素，客堂间里的牌匾、对联安在了式壁炉上，印有毛泽东头像的陶瓷杯和大红底色的喝英式下午茶的杯子并排放。用餐区采用金黄色墙布，铺着白色手工绣制台布的餐桌前摆放着各种古欧式的欧式座椅。顶上垂下水晶吊灯，案上台灯是镶拼玳瑁壳的，墙纸是深色丝绒，垂幔是深红色手工缝制的孔雀毛，墙上13块椭圆镜子仿自主人收藏一块维多利亚时期的镜子，在意大利精心打磨、做旧后运来。

雍福会的创办理念是：复活在上海曾遗失的“浪漫的、神秘的、传说中的情调”。主人以“中西合璧”的宗旨对室内重新装修并精心布置，展示了上千件名贵的艺术品和古董，使会所俨然成了一间博物馆。

雍福会是上海中西合璧奢华生活的具象版。这里的餐饮也是中西结合的，正餐是本帮菜，下午茶则是英式范儿。雍福会在细节的处理上无不充分了设计者对昔日上海市民文化的理解以及对品味的一种个人诠释。这种海盛行的中西结合环境，对外国客人是很有吸引力的。他们喜欢这样的，这让他们有一种梦回昔日冒险家乐园的满足感，因此雍福会的消费也称作是环境消费。2004年开业后，雍福会就被世界权威时尚、设计杂志allpaper》评为“2004年全球最佳设计会所”。亚洲《华尔街日报》对它的评：“给你了解二三十年代上海豪门的奢华生活。”法国前总统夫人贝尔纳黛希拉克，欧盟执委会副主席帕拉希奥，前NBA球星、中国著名篮球运动员，香港商界名流关裕彤、李泽楷以及影星成龙、张曼玉等都曾是这里的座。

暗香浮动的时尚潮流

人们也许会注意到，在百年法国梧桐的掩映下，低调的永福路正慢慢地改自己，时尚、潮流、个性这些充满当代艺术的形态正悄悄地在这条路上暗动。永福路就是有这种本事，外表传统的建筑物转瞬间就成了最前卫、最的化身，看来是与素来安静、低调的永福路一点不搭，却悄无声息地拼贴

还原老上海豪门生活的雍福会

永福路200号，建于20世纪30年代，是一幢西班牙风格的独立花园住宅。住宅的一些局部形式源于西方传统建筑，如朝向花园的南立面底层敞廊，柱廊的圆柱有着凹槽和高高的柱基，柱头上以柱帽承托等，而敞廊上面的露台却体现出了很现代的形式特征。此外，住宅外墙橘红色面砖拼缝显出坚硬笔挺的质感，东立面有大面积的钢窗，白色窗框与橘红色面砖形成对比，都使建筑显得现代气息浓浓。室内楼梯线条流畅，扶手端部作螺旋状，转弯处曲线优美。这幢建筑在20世纪50年代曾是当时中国驻苏联大使刘晓的官邸。刘晓是我国著名的外交官，1949年出任华东局常委兼组织部长，1955年出任中国驻苏联大使。后来这里又曾驻扎过苏联、德国、越南领事馆；1980年后的21年间这里是英国领事馆。21世纪初，上海第一代服装设计师汪兴政先生把它租下来后，用了整整3年时间精雕细琢，将其打造成一个私人高级会所——雍福会。

这幢典型的西洋传统建筑隐在永福路上。大门两侧似乎随意栽种的冬青和松柏犹如一道曲折的屏障。从一扇古色古香的小门走进去，是一条有近5米高的绿色植物夹成的甬道，穿过锈迹斑驳的绿色铁栅门，沿着一条小径走进去，便见普普通通的红墙灰瓦，墙上写着“雍福会”3个字和The Yongfoo Elite的英文名，下方的浮雕是寓意吉祥幸福的传统“蝙蝠莲花图”。甬道尽头便是雍福会主楼，虽是西洋建筑，门楣上却挂了一幅中国的匾额，上书“聚德堂”3个字，令人仿佛到了旧上海某大户人家的公馆。推门而入，湖蓝色的雕花墙布与上方的铜质西式顶灯发出的黄色光晕，让不大的门厅充满了奢华的味道。门厅左边有一个西洋古典壁炉，壁炉上方则是匾额，上面是乾隆年间刘墉的真迹“履无咎龠”。匾下放着清乾隆十七年（1752年）吉日造的香炉。壁炉前，安置着一张黑漆剥落的大圆桌，圆桌周围是同样黑漆剥落的椅子，这个让等座的客人休息的地方充满着旧日风情。

穿过一段玻璃回廊，便是庭院。2500平方米庭院的设计，袭用了清代的江南园林风格。池塘里悠游着一条条美丽的锦鲤，十分养眼。草坪上高大的玉兰树下摆放着古老的鸦片床。庭院里一道深色花岗岩砌成的墙上有一扇门，门

雍福会

楣上方的墙上镶嵌着一幅写有“密训堂”3个字的大匾，据说
“不与外人语”的地方，而入口却是一扇现代化的自动门，走
左边是摆放祭祀用品的地方，被巧妙地设计成吧台。酒吧里摆
家具，吧台上有1930年代大美烟公司的招牌和1950、1960年代
窄窄的酒吧走进去，两边相对而立着维多利亚时代的椭圆形镜
供堂，一旁西式的贵妃榻静静地挨在中式红木雕花窗边，柔
国古代雕花大门上镶嵌着西洋的彩色玻璃，20世纪60年代初
冰箱静静地立在后门口，据说除了声音有点大，其他运转都

穿过木质回廊，走到庭院南侧，便是被题名为“六艺堂
据说这个六艺堂完整迁移自清初江南一座木造大宅院的厅堂
一扇红木雕花大门，门上方是一块由明代书法家杨逸书写的
所谓六艺，指西周时的礼、乐、射、御、书、数6种技能。
国传统文化的意味了。从浙江东阳“搬”来的楠木木雕饰顶
鸟虫鱼、人物故事，屋顶上还特意为院子里那棵老柿子树留
对应的墙是大老远从西藏运来的藏布墙面，上面的纹饰用油
穿了餐厅和其他几个厅堂。距六艺堂不远处矗立着一块石碑
沿着石碑表面缓缓滑入石碑下的小石潭里。潭边正对石碑的
里摆着一口形状古朴的大缸，想来是旧时灭火所用。石碑正
着数盏烛台，水帘从烛台外面飘然而下，跳跃的烛光透过水
着“水能容火”的哲理。旁边随意摆放着几张供客人们闲坐
的花园中品尝鸡尾酒成了上海精英们心仪的一种消遣。花园
剧，让人尽情享受国粹艺术的魅力。

只对会员提供的顶级雪茄吧菜香书屋，主要以英式下午
为主。步入这间雪茄吧，中国古代的天然“冰箱”映入眼帘
绿色GUCCI沙发据说是成龙、张曼玉每次来必坐的地方，
代的太师椅和八仙桌，上面铺着清代的金绣。明代千金小姐
发，墙上、天花板上、桌上的灯盏盏不同，在轻柔的音乐下

欧式风格的装修，纯中国式的老家具、老摆设，处处

出了一幅色彩斑斓的今日上海浮世绘。

靠近复兴西路的永福路5号开出了一家音乐集中营，即“Shelter庇护所”酒吧。据说这是“全中国独一无二的非主流音乐的集结地”，号称“地下酒吧NO.1”。这里拥有很专业的现场DJ，音乐风格也很丰富，可以说是老外的根据地，现场十分火爆。这家酒吧是由两位喜欢音乐的主理人Gaz&Gary共同经营的，他们不仅仅有自己的乐队还会自己做DJ，就连负责对外宣传的Olivia也是因为之前常常参加庇护所的演出，太喜欢这些音乐而随即成为庇护所的成员之一。这家酒吧的特别之处还在于进门需购买门票，不过酒的价格好像并不贵。这里的地下室原本是“二战”期间的防空洞，顺着楼梯下去像是走进了一个大大的山洞，从长长的通道进入，仿佛穿过时空隧道，里面别有洞天。酒吧里是黑黑的，除了吧台部分的壁灯，只有边上的几只烛台可以照明。晚上10点，主厅里音乐已经开始强劲起来，到处是兴奋的表情，外国的、本土的，年轻的、成熟的，让人感叹上海竟然有这么多人喜欢地下派对。这个酒吧的开设是为了开创一个自由的音乐交流空间，几乎所有的音乐类型这里都可以找到。除了发掘更多的本土DJ，他们也在努力邀请一些国外的DJ带来最新的音乐。这里每月一次集结上海各大DJ团队举办慈善基金的派对，所有的门票收入用于资助贫困儿童、环境保护和支持本土音乐的发展。届时也会有整月派对活动的展品和本土设计师的创意产品出售，如海报、T恤之类的。

永福路的时尚在47号的小洋楼里可谓做到了极致，里面聚集了许多餐厅酒吧。每当暮色降临，这一潮流地标便活跃了起来。

《加勒比海盗》中颠颠倒倒、放荡不羁的Jack船长令无数人迷恋，大航海时代的自由冒险精神令人心驰神往。除了说话的腔调，模仿海盗的道具莫过于手提一瓶朗姆酒了。开设在47号一楼的Rhumerie Bounty酒吧或许是上海首家加勒比海盗风朗姆酒吧。里面不大，却布置得很复古，座椅都是樟木箱子改的，背景音乐的选择比海浪声还要怀旧。来自于法国的它，仿佛是一艘漂流世界的海盗船，载来了满满一船来自于世界各地的朗姆酒。酒吧内部颇有加勒比风格，按照饱经沧桑的船舱设计，酒吧由颜色略有参差的木板钉成，仿佛已修补了多次，拱形的门廊弯成船舱的弧度，吧台上的方向盘意味着掌舵人的所在。1米来高的啤酒筒四散而放，充当桌子，仿佛刚经过一场酒酣兴尽的狂欢。内里的小沙发和矮桌都是锈迹斑驳的老箱子改成。最多的装饰是航海图和大海盗们的画像，还有佩剑、航海书、小油灯等有趣的小物件，地图上标注的藏宝地址其实是朗姆酒的产地。镇店之宝是1970年份的Glement，价格为1.8万元，平时束之高阁，轻易不拿出来示人。这里的航海主题风格已经成为寻找烈酒和休闲感的老外酒吧迷的最爱，

上到二楼，推开铁框门，便步入了西班牙餐厅 Bocado。餐厅装潢带着些复古的味道，暖暖的灯光色调，非常温馨。挑高的层高，清新的木质桌椅，一整排玻璃大窗户将永福路的街景犹如一幅油画般展现。餐厅的氛围如同西班牙街边的小酒馆，里边有地道的西班牙美食、品种丰富的美酒。西班牙小吃 Tapaps 不但是一种食物的种类，更代表着一种生活方式。“方便”、“随意”、“享乐主义”这些关键词代表着 Tapaps 的灵魂。在西班牙，很多人甚至一晚上要换几个地方吃，点几样小食、几杯小酒，快乐地聊天，生活似乎应该就是这样……

走上位于三楼的The Apartment，还真有些到朋友家拜访的感觉。这个酒吧餐厅被称为徐汇区最炫的酒廊，它以纽约的阁楼风格为设计蓝本，驻场乐队很会调动气氛。天气晴好的时候，到四楼的露台酒吧吹吹风，看看日落，喝杯鸡尾酒，是一件很惬意的事。风格新潮的三明治餐厅出自于西班牙Tapa’s餐厅El Willy的创始人Willy Trullas Moreno之手。餐厅的墙面上贴满了性感的海报，而这里的三明治和热狗很多都是直接以过去的外国著名电影明星的名字命名的。

不管怎么说，在海纳百川的上海，任何新鲜的玩意儿都不愁没有人尤其是年轻人的吹捧。

岳阳路：上海的人文地标

岳阳路北起桃江路，南至肇嘉浜路。该路辟筑于1912年，以法公董局董事祁齐的名字命名为“祁齐路”。1943年10月改名为“岳阳路”。

法国梧桐是上海西区马路少不了的风景，夏天茂盛、冬天凋零的梧桐树叶使马路上的风景四时不同。相比衡山路上高大宽阔的梧桐，岳阳路上的梧桐树却和人保持着一段适宜的距离，既不破坏梧桐特有的美感，又不拒人于千里之外。有意思的是这条窄窄的小马路的街沿却很宽阔，行人尽可随心所欲地漫步其间。由于道路整洁，环境幽静，这条路沿线有众多科研和文化机构驻扎。

岳阳路素有“上海的人文地标”之称。人文地标的意义，其核心在于它所代表的那股内敛、低调的气息，岳阳路的知性、优雅、大气和极致低调正好与之暗合。

从普希金铜像出发

岳阳路的开端就是一个华彩，在岳阳路十字路口的三角街心花园中央，矗立着一座塑有俄国诗人普希金铜像的纪念碑。普希金纪念碑建立于1937年2月10日，是旅居上海的俄国侨民为纪念普希金逝世100周年而集资建造的，纪念碑顶端有铜铸普希金胸像。普希金是俄国著名的诗人、小说家。他在创作活动上备受沙皇政府迫害，曾两度被流放，始终不肯屈服。1837年在一次沙皇政府策划的与人决斗中遇害，年仅38岁。但是普希金的诗歌却是永恒的，不但俄国人把普希金看做他们的骄傲，在中国他的诗也广为流传。普希金是我一生的偶像，他的那些纯净得没有任何瑕疵的诗为我苍白单调的年少时光带来了色彩

岳阳路街景

旖旎的梦。我至今能背出他的许多抒情诗，尤其爱的是普希金的长篇诗体小说《叶甫盖尼·奥涅金》，里面达吉亚娜写给奥涅金的那封长长的书信我几乎能全部背出来。记得2012年的初春时节，在“莎剧王子”焦晃家，当我提起《叶甫盖尼·奥涅金》时，这位杰出的话剧艺术家居然动情地吟诵了该诗长长的卷首题辞，普希金的17句诗从他嘴里抑扬顿挫地喷薄而出，犹如行云流水，让我在惊叹于这位“莎剧王子”文学修养的同时，也禁不住感慨这位俄国诗人的魅力。

和诗人普希金坎坷的身世一样，这座铜像也是屡遭劫难。第二次世界大战期间，普希金铜像被侵华日军掠走，仅留纪念碑残座。抗战胜利后，俄国侨民和上海文化界进步人士于1947年2月28日在原址重新竖立起了普希金铜像，该像由苏联雕塑家马尼泽尔创作。“文化大革命”中，铜像与纪念碑全部被毁。1987年8月，在普希金逝世150周年的时候，普希金铜像第三次在原址落成。现在我们看到的普希金铜像被安置在高约3米的基座顶上，面向岳阳路。纪念碑用米色花岗石砌建，呈三面内弧形，底部正面凸出半圆，以中文镌刻：“俄国诗人亚历山大·谢尔盖维奇·普希金纪念碑，1799—1837年。”顶端砌半圆石质花盆；左侧碑座镌刻俄文，其意也是普希金纪念碑；右侧碑座中文刻写纪念碑初建、再建、重建日期与承建单位。纪念碑外沿建花岗石三级台阶及块石铺就的圆形地坪。其外有3个栽满绿树鲜花和芳草的小花圃，外围黑色矮铁栅栏。纪念碑上，诗人高昂着头，那张英俊的、轮廓分明的脸忧郁而诗意地凝视着前方的岳阳路，表情寂寞而冷峻。每年的6月6日，是普希金的诞辰，纪念碑前总会摆满鲜花。每次经过那里，我那被纷繁的世事弄得浮躁的心总会突然之间安静下来。

这个以普希金像为中心的街心花园是上海文艺青年钟情的地方，以前常有中国的作家和诗人崇拜者来此聚会，故又有“诗人角”之称。同时，这里也一度是上海出了名的浪漫之地，声名不在外滩情人墙之下。梧桐树影下，街道暗角处，皆是牵手踱步的一对对恋人，成了上海有名的风花雪月之处。

在普希金铜像斜对面的岳阳路上，原本坐落着一家名叫“奥涅金”的酒吧，很明显，酒吧名字取自普希金的诗体长篇小说《叶甫盖尼·奥涅金》。店内俄罗斯风味极浓，蓝色的天花板，黑色的地板，黄色的粗犷桌椅，花瓶里插

以普希金像为中心的街心花园

着俄罗斯的国花“麦穗”，五颜六色的立柱，粉色的墙壁上挂着普希金肖像以及一幅19世纪俄罗斯人悠闲酌饮的壁画，吧台里有40多个品种的伏特加。那里的领班是个俄罗斯车臣姑娘，厨师是当年阿富汗战场上的苏军坦克手。旅居沪上的俄罗斯商会和造访申城的俄罗斯文艺团体一度纷纷光临此地聚会，他们在里边尝俄罗斯菜，品伏特加，听俄罗斯音乐，看俄罗斯电影，读俄国小说。虽然具有俄罗斯特色的酒吧当年在上海就此一家，但生意却并不兴隆。时尚是势利的，崇尚欧美生活方式的当代年轻人对这个以俄国贵族命名的酒吧毫无兴趣，于是“奥涅金”只能随风而去。但岳阳路的文化氛围却从普希金铜像开始就已奠定，并一路蔓延。

具有历史人文价值的老房子

岳阳路1号矗立着一幢8层高的现代派建筑，它是由老一辈无产阶级革命家陈云同志题词的上海教育会堂，创建开业于2005年。这是全国首家建立的市级“教师之家”的会堂。同时这里也是一家三星级宾馆，有70间客房，还有一个能容纳400多人的讲演厅。

从铁门围墙进去，是一个很大的院子，院子里面藏着一所建于1911年的洋楼。这是一幢2层独立式花园住宅，坡屋顶，南面有突出的露台，中间呈半圆形，底层墙面隐约可见壁柱。主体墙面部分为红色清水砖墙，部分为水刷石，基座用虎皮石砌筑。局部门窗洞圆拱券形，楣窗部位用红砖砌筑成席形图案，显示出北欧砖艺的影响。入口处落地窗前有半圆形台阶5级，洋房前是一片很大的草坪。室内局部门窗洞为圆拱券形，楼梯曲折有致。据说美孚大班及犹太大亨沙逊曾在此居住，可见身世不凡。1971年，林彪反党集团曾在此策划阴谋政变，中共中央在1972年6月26日《中发72，24号》文件中这样描述：林立果“3月下旬，按照林彪的旨意，炮制了《“571工程”纪要》。3月底，林立果在上海召集江腾蛟、王维国、陈励耘、周建平，开了一个所谓‘三国四方会议’。这次会议，对执行《“571工程”纪要》的反革命政变计划，作了组织上的准备和分工”。据说，当年林立果召集会议的地方，就是现在岳阳路1号内的这幢小洋楼。

岳阳路44号建于1922年，独立式花园住宅，法国文艺复兴时期建筑风格。建筑假3层，四坡顶上覆盖红色机平瓦，南向开有宽阔的双坡形老虎窗。外墙为水刷卵石，南立面较多采用古典纹饰。南向进入花园的门廊采用塔斯干立柱装饰。上部为露台，古典式宝瓶状栏杆。屋顶中部老虎窗立面有弓形山墙贴面，采用少量巴洛克手法。住宅四周绿树围绕，面向一个大草坪。花园里还保留了一个荷花池。1924—1926年间，上海特别市政府首任市长、国民党元老黄郛曾居住在这里，后来又曾用作上海市音像资料馆，现为上海文化广播影视集团的老干部活动室。

岳阳路113号是昔日上海滩“桐油大王”沈瑞洲旧居。这是一幢建于1930年的英国乡村式花园别墅，平面方形，略有凹凸，入口为一大平台，二层红色木质百叶窗，白色水泥墙面，外露红色木构架。沈老板不仅生意做得好，人也有骨气。上海沦陷后，他带头抵制日商，不与日本人进行贸易。沈瑞洲多次回无锡家乡，因不愿向站岗日军鞠躬，从不进出无锡城门。新中国成立后，他又带头“公私合营”，将“沈元来桐油号”的全部资金转入公私合营的统益棉纺织厂，并同申新、永安等企业一起，积极投资于公私合营的安徽第一棉纺织厂。这幢花园别墅现为上海电讯局使用。

再往前的168号是上海京剧院所在地，麒派艺术创始人、著名表演艺术家周信芳是京剧院的首任院长。如今，院内草坪上竖立着周信芳先生的半身铜像，一旁还有另一位京昆艺术大师俞振飞的题字。斜对面的岳阳路197号坐落着气派的中国画院，院名是上海市老市长陈毅题写的。中国画院成立于1960年6月，首任院长是丰子恺，许多驰名中外的书画家、篆刻家都出自其内。因原有的老画院不适应新的需求，1998年在原址上建成了28层高的 “华仁大厦”。大厦一至六层是画院的新居，里面有“程十发藏品陈列馆”、“林风眠作品陈列馆”、“上海中国画院画廊”、“上海林风眠艺术研究协会”以及多功能会议大厅、5个中小会议厅和办公室、创作室等，成为上海中国画艺术研究、学术讨论、创作、展览等活动的中心。走过那里，自会产生一种高山仰止之感。这里经常举办一些画展，有兴趣的话不妨进去开开眼界。

岳阳路200弄是由荷兰人于1930年建造的，当时是给银行员工做宿舍。弄内建筑立面锯齿状造型，设转角窗，外观简洁，水泥拉毛墙面，平顶，每个单元均有较大花园。住宅原先为2层，1999年房改时又加了2层。岳阳路265号是一幢建于1944年的现代派风格的花园住宅，立面十分简洁，除外墙贴面砖外，几乎没有任何装饰，四坡屋顶与楼梯间的圆形结合在一起。这幢3层住宅无论平面布局还是外部造型，都透射出一种自由、开放的现代气息。住宅底层相当开敞，却不是传统的外廊，而是大片玻璃，并在东部的客厅前做了半圆形接近落地的长窗。这种透明性在住宅西北角的旋转楼梯间用得更为大胆，从院中看，整个楼梯在圆形玻璃幕墙内一览无余。面向花园的南立面在二、三层有退台处理，形成各层的大阳台，十分灵活、自然而巧妙；而各层阳台本身的处理也都有不同，形式和功能也十分默契。花园里有个中国传统风格的圆形石头凉亭，虽是中国传统亭子，却具有西洋现代建筑的简洁、质朴。尤其是4根石头柱子，颇具罗马遗风。这幢简洁别致的房屋原为居民住宅，1950年代成为上海市文史馆办公及宿舍楼，现为中国科学院上海分院等单位使用。

牛氏兄弟的霖生医院

抗战期间，上海滩有一家大量接收难民的医院，被称为“难民医院”。淞沪抗战期间，宋庆龄、何香凝等曾在此组织战地救护，慰问难民，并留下足迹。它就是民国时期名噪一时的由名医牛惠霖、牛惠生兄弟俩合办的“霖生医院”。 坐落在岳阳路190号的霖生医院创建于1920年，门前有大铁门和通透的铁栏杆围墙。主楼是一幢法国风格的花园洋房，两侧高3层，中间高2层，双坡屋顶，局部露木构架，黄色粉刷墙面。建筑物顶层采用陡峭的双坡屋顶，略呈英国乡村式住宅特征，由于平面呈L形和设置多处老虎窗，坡屋顶的形体变化丰富。墙身及开窗形式简洁，装饰集中于各个入口门廊部位，且各处门廊的挑檐形式各异。底层门前有罗马柱支撑的半圆形外廊，中间设置宝瓶式栏杆，两侧开放供进出，下有两格阶梯，花园里绿树丛中有莲花状喷水池。在这么好的环境里治病，真是患者的福气。

牛惠霖、牛惠生兄弟是我国最早的西医骨科专家，他们以高尚的医德和精湛的医术在上海滩久负盛誉。弟兄俩不仅医术高超，心地也十分善良，常为贫苦百姓免费治病。他们还是中华医学会的创办人，也都担任过该会的会长，对于全国的医学工作贡献颇多。牛氏兄弟的父亲牛尚周曾是中国第一批赴美留学学生，他来自当年尚属于江苏省的嘉定。在美国留学的日子里，牛尚周结识了两个朋友，其中之一，就是后来成为连襟的宋耀如。牛尚周的妻妹倪桂珍，就是宋耀如的妻子，两人婚后生有6个子女，即宋霭龄、宋庆龄、宋子文、宋美龄、宋子良和宋子安。这样算起来，牛氏兄弟和宋庆龄还是表兄妹关系呢。据说，上海图书馆还收藏有一张孙中山赠予“尚周”的签名照。

牛惠霖是英国剑桥大学医学博士和英国皇家外科学会会员，曾任伦敦医院主任医师，在第一次世界大战中担任过重伤外科手术主任医师。霖生医院开张不久，适逢英国驻香港总督病重，电请英国政府派良医前来救治，英国政府有关部门回电说，请上海的牛惠霖医生去就可以了。牛医生前去为港督诊治，果真药到病治。消息传出，轰动了整个香港。1927年八一南昌起义过程中，陈赓将军腿部负了重伤，于第二年秘密来到上海治病，慕名来到霖生医院，在宋庆龄的特别关照下动了手术，牛惠霖想方设法保住了陈赓将军的那条腿。1932年，陈赓再次负伤，仍旧请牛氏兄弟诊治，并从此成了好朋友。

牛惠生是美国哈佛大学医学博士、美国医学会及骨科医师协会会员。1936年西安事变之后不久，蒋介石也曾来上海找牛惠生治伤。在西安事变中蒋介石听到枪声，从华清池逃往骊山时，慌乱中不慎摔伤了腰，当时连路都无法走了，还是张学良将军的卫队把他背下山的。这时，牛惠生也因肾病躺倒在床，但考虑到自己与宋家三姐妹是表兄妹，蒋介石又是自己的表妹夫，不得已，强撑病体亲自为蒋介石诊治，不久就将他治愈了。

很可惜，两兄弟均因积劳成疾而于1937年英年早逝，一个48岁，一个才45岁。新中国成立后，霖生医院曾一度是徐汇区结核病防治所，现为上海衡复置业公司使用。

宋子文的荷兰式花园住宅

岳阳路上最有名的老房子当数145号了。这幢花园别墅躲在铁门里的大花园中。这个铁门也有点意思，中间一扇大铁门，左右两边各有一扇半圆形小门，有点寺庙山门的味道，不过，我从来未见小门开过。门前小红砖铺设的地面与马路自然隔绝开来。大铁门前有一对石狮子，从铁门进去是一个大花园，花园里有3幢楼。其实，花园里原先只有一幢楼，即大门左侧的那幢，过去是宋子文的旧宅，其他两幢是后来建造的。

宋子文所属家族是民国“四大家族”之一，他本人是国民党政府中掌握财政权的大人物。20世纪40年代，宋子文曾权倾一时。宋子文出生在上海，并长期在上海进行政治、金融活动，上海是他前半生主要活动的地方。宋子文的这幢小楼建于1928年，是幢3层荷兰乡村式花园洋房，在绿树浓荫遮掩下，具有一种乡土气息和质朴美感。建筑南立面为对称式构图，三段式划分。最能表现荷兰风格之处是它的折檐式坡屋顶，上坡顶缓而下坡顶陡，下坡近檐口处向上弯曲翘起。底层设敞廊，二层有露天大阳台，形成强烈的水平线条，阳台下面是一楼起居室的大片玻璃窗。两个坡屋顶的中部，开设一扇装有檐口的窗户，做成老虎窗，显得既庄重又不呆板。其盔式瓦屋顶，用红、褐色鳞片形瓦铺成鱼鳞状屋面，较为罕见。

建筑平面原来为三开间。底层西侧为门厅，由台阶、小平台和卫生间组成，通过门厅进入客厅，宽敞的客厅中间设置两根立柱，形成楼梯和走道空间及会客空间。西侧为餐厅，南面有连通客厅的休息廊，休息廊外是平台和台阶，举行宴会时客人可由此进入。沿着有精致雕花木扶手的宽敞楼梯拾级而上到二楼，便是卧房。在2套卧房之间有一个大过厅，地面铺着暗红色方砖。三楼南部是小卧室和辅助用房，北部则是晒台。二楼大过厅的南面两大间为卧室，另一小间为书房，3间都有腰门相通。现在我们看到二层楼的长窗外，有一个横贯到底的长方形露天大露台，是“文革”期间改建的。门前的大花园占地10余亩，不仅有绿茵草坪，还种植香樟、松柏、茶花、月桂、广玉兰、雪松、紫藤、茶花、牡丹、海棠、蜡梅、紫藤、红枫等20余种花木，苍翠欲滴，生机盎然。

1947年9月，国民政府行政院通过“宋子文为广东省政府委员兼主席”的任命后，宋子文就告别了他的上海寓所，前往广东就职。1949年1月，宋子文辞掉了广东省政府主席之职，同妻子张乐怡前往香港，后长期移居美国，最后

宋子文旧居外景

因在宴会中被食物噎住而撒手人寰。

宋子文在岳阳路的寓所，新中国成立后一直由市委机关管理。在这幢主楼北侧，有一幢两层楼的副楼，主楼与副楼有过道相通。主楼过道处的腰门一关，则分为两幢各自独立的楼房。现在这里是上海市老干部活动中心。

沪上最具设计感的餐厅“穹六人间”

岳阳路的文化氛围逼得开餐厅的老板绞尽脑汁，别出心裁地要弄出点文艺范儿来。

在宋子文旧居对面的岳阳路150号有一家名为“穹六人间”的餐馆，开设在一幢独栋小楼里。老板是台湾人。这些台湾人开了许多连锁餐厅，均以“人间”命名，分别为“竹一”、“无二”、“砚三”、“龙四”、“泉五”、“穹六”、“萤七”。一、三、四、五都在台湾，二、六、七在上海。上海的摩登人群喜欢“老六”、“老七”，因为它们是“极简主义”的代表。“穹六人间”是一个只用不锈钢、玻璃及水泥3种材质建成的3层建筑。这间酒吧式餐厅是由日本“极简主义”大师三浦荣设计的，没有鲜明的色彩，没有豪华的装饰，没有繁复的细节，处处体现“简约”而“现代”的风格。其招牌广告语用16个字概括：竹林沐雨、云桥高悬、琼楼揽月、浪漫人间。

这家餐厅有点像传说中的城堡，隐藏在竹林中，门口有个金属雕塑，第一次来这里用餐的人几乎都不知道怎样才能进门。那其实是这家餐厅的一大卖点，噱头十足，上海人却吃这一套。其实大门右侧的金属雕塑缺口里暗藏着感应探头，只需伸手即可开启大门的机关。闯关后，难免有点兴奋，走过一条两侧栽种着高大青翠竹子的小径，又是一扇门，不用费事地轻轻一推便开了。底楼是酒吧，餐厅设在二层和三层。三楼的餐厅是最大的，分东阁和西阁，西阁是全封闭式的，东阁全是透明的玻璃墙。这家餐厅餐桌上的桌布是黑色的，再铺上一层灰色花纹的一次性纸。菜肴种类“不多”，分量也“袖珍”，但一道道做得宛如“艺术品”，叫人不忍下口。最出名的有三道菜，即“冰钵芥兰”、“笔筒色拉”和“无骨醉鸡”。“冰钵芥兰”的冰钵以冰块凿出，透亮晶莹、青翠碧绿的芥兰折射着室内烛光，通彻、浮动、明亮，幻化出仿佛不在人间的境界。“笔筒色拉”造型奇特，笔筒形状的容器里面插着的是切成长条的新鲜黄瓜、胡萝卜、芦笋等蔬菜，再配上同样长条状的油炸猪柳，一根根地五彩缤纷，煞是好看，也勾人食欲。蘸以色拉酱食用，味道寡淡。“无骨醉鸡”是将鸡肉拆骨后盘卷成圈状，细细密密地沁入醉人酒香，口感十分柔和。

穹六人间的洗手间是一个由数面镜子组成的玻璃迷宫，厕所外面没有男女指示标记，服务员只会向你努努嘴告诉你厕所的方位。走过去眼前会出现一模一样的6~7扇门。每扇门里都是一间一人用的厕所，不分男女。进门后需要反锁上门，里面的灯才会亮。这样充满创意的洗手间让人有种探险的感觉。

这家餐厅仅有一间2人包房，而且规定只留给每日来电预订的第六个双人台，不设最低消费。据说郭富城和张柏芝主演的《浪漫樱花》，就是在这里拍摄的。

在这样的环境里吃饭，会有一种如梦如幻的感觉。吃什么，倒真的不重要了。

这条路上还有个跳露天热舞的地方，它就是坐落在岳阳路46号的MAO酒吧。MA0酒吧是上海为数不多的自带花园的夜店之一。年轻人在充斥着烟雾的舞池里跳上一两个小时后，需要找个地方透透气。绿草如茵的花园里空气清新，女孩们脱下高跟鞋放松双脚，让双脚亲吻草地和泥土的气息，再加入新一轮的狂欢。据说这里最high的是周末半夜3点以后，各种肤色的“夜猫子”从四面八方结束了各自的派对来到这里，将狂欢继续进行到底。

这些算不算是岳阳路文化氛围的一种新的传承呢?

草婴在这里译完《托尔斯泰小说全集》

岳阳路195弄是花园住宅小区，里面坐落着好几幢小洋楼，进去要通过一个长长的甬道，甬道尽头又是一扇铁门，有点重门深锁的味道。弄内2号花园住宅建于1928年，那是一幢西班牙式的小洋楼。著名翻译家草婴曾住在这幢小洋楼的二楼。他翻译的《复活》、《安娜·卡列尼娜》和《战争与和平》是大多数1980年代文学爱好者的入门读物。1960年至1998年，草婴翻译了列夫·托尔斯泰全部小说作品，包括3个长篇、60多个中短篇和自传体小说。2004年7

草婴寓所

月，草婴先生倾注整整20年心血从俄语原版著作系统翻译完成的12卷400多万字的《托尔斯泰小说全集》并由上海文艺出版社出版，这是目前国内收录最完整、译文最权威的托尔斯泰作品中译本。

2005年初春时节，我曾登门拜访草婴先生。草婴先生在他的客厅兼书房里接待了我。天气很好，阳光洒满了向阳的屋子。客厅的花瓶里插着大捧鲜花，花盆里茶梅、兔子花、蟹爪兰争相吐艳，一大盆米兰还在悄悄地吐着幽香。阳台上的花盆里种着绿叶葱茏的万年青、文竹等，阳台下是一大片碧绿的草坪。草婴夫人盛天民告诉我，草婴平生最喜欢的两样东西就是书和花。几乎每个星期，他都要到书店去逛一逛，看看有什么新书上架，然后，挑几本他需要的书带回来。同样，每个星期他也要到附近的精文花市去一次，挑选一些鲜花或盆栽植物回来。所以，屋子里一年四季鲜花不断。草婴原名盛峻峰，草婴是他的笔名，他第一次发表自己的翻译作品就用了这个笔名。我好奇地问起他为什么要用这个笔名。先生笑着告诉我说："我从小喜欢植物，草是自然界一种最普通的植物，遍地都是。我想自己就是这样一个普普通通的大地之子。"

草婴先生有一个幸福的家。夫人盛天民退休前是辞书出版社文艺编辑室主任，现在又成了草婴事业上的好帮手。他们的两个孩子都在美国，儿子盛元良是旅美电机工程师，女儿盛姗姗是位画家、玻璃雕塑家。那天，在草婴家的客厅兼书房里，他特地从书柜里取出一本装帧精美的画册给我看，那上面都是姗姗的作品。姗姗1982年获得全额奖学金赴美国留学时，草婴是用翻译《安娜·卡列尼娜》的全部稿酬为她买的上海到美国的飞机票。

"文革"中，草婴受尽磨难，劫后余生，草婴已年过半百。他决心倾注全力来完成一项宏大的工程，这就是从俄语原版著作系统翻译列夫·托尔斯泰的全部小说作品。惜时如金的草婴只想抓住每一寸光阴做自己最想做的事情。1978年，上海译文出版社初创时，有关方面有意请他出任译文出版社总编辑，但草婴婉言谢绝了。对于一些游历性的国际会议和热闹活动，他也都一一谢绝了。草婴说："生命本身是有限的，能直接被自己支配的时间更少。我对时间吝啬得有点像犹太人对待金钱，只在有意义的事情上才支付我的时间。"从开始这项工程浩大的翻译工作起，草婴就给自己提出了一个苛刻的要求："努力在读者与托尔斯泰之间架一座桥，并且把这座桥造得平坦、宽阔，让人轻松走来，不觉劳累。”从那时开始，草婴每天清晨5点半起床，吃完简单的早餐后，就坐到临窗的写字台前开始工作。20年来，一年365天，天天如此。一次，一位朋友来沪治病住在草婴家里。每天早餐后草婴与她聊一会儿天，一到8点，草婴就对她说：“对不起，我要上班了，不陪你了。”说完就走进自己的书房埋头开始他的翻译工作了。后来，草婴果然以一人之力完成了《托尔斯泰小说全集》的翻译工作，这一壮举的确令人赞叹。

2015年10月24日晚，93岁的草婴在上海华东医院仙逝。如今他居住的那幢西班牙洋楼里，他亲手培植的那些花儿还在姹紫嫣红地盛开着。

岳阳路195弄内还有好几幢造型各异的小洋楼，其中有几幢民国时期居住过当年政府要员。如弄内3号，曾名“西崑公寓”，建于1926年，5层砖混结构，略具现代派风格。建筑立面对称，外墙采用黄色水泥拉毛，主入口外墙呈圆弧形，楼内多采用圆拱形门洞。这里曾是旧行政院副秘书长朱宗道旧居。弄内5号曾是“忠义救国军”淞沪总指挥阮清源旧居。弄内23号花园住宅建于1940年，建筑为假4层砖木结构，欧式建筑风格。灰色的墙面饰以白色线条，显得十分典雅。红色平坡顶，红砖墙，红色窗框，点缀得十分醒目。入口处有穹形门罩，两侧有壁柱。国民政府第十一战区副司令上官云湘于20世纪三四十年代时曾在此居住。新中国成立后，原上海市公安局副局长杨光池曾入住于此。

城堡式建筑奏出华彩尾声

岳阳路的尾端坐落着这条路上最有特色的房子。

岳阳路319号11号楼是一栋带有典型英国乡村别墅风格的花园住宅，建于1928年，它就是原来的法国领事馆。建筑坡顶较大，有双坡及棚屋形老虎窗。立面底层为红色清水砖墙，白色圆灰勾缝。二层及老虎窗有黑色半露木构架，局部屋顶及墙面有砖工精美的红砖烟囱。门廊为白色木结构，上面是阳台，阳台前设置白色宝瓶状栏杆，门廊两侧也是同样的白色栏杆。门廊里为红色窗框落地窗，红色百叶窗，墙上有铸铁花纹。进口处门廊有三角形屋顶和

原法国领事馆

廊檐，廊檐上有彩色玻璃镶嵌，两边台阶处设有白色柱子，左、右两边各蹲着一只石狮子。这幢建筑在新中国成立前是法国领事馆，里面还有一幢是法国领事的官邸。新中国成立初期，这里由中国人民解放军医学科学院接管，1956年后，为中国科学院上海分院所在地。英国前首相撒切尔夫人、朝鲜领导人金日成等曾来此参观访问。

蓦一回首瞥见了马路对面的一座酷似中世纪城堡的建筑，赭石色的建筑有很多连续的拱门，交响诗般的工整、磅礴令人惊艳，那是岳阳路320号，里面坐落着中国科学院上海生命科学研究院。这幢楼原名“在君楼”，它的学名是“生科大楼”。大楼所在的院落，始建于1929年12月。那时，日本人从其握有的“庚子赔款”中，拿出一笔资金，在法租界购得祁齐路（今岳阳路）55亩土地，后又补购若干，于1931年4月，建成了一所“自然科学研究所”。研究所的主体建筑，就是这座城堡式的建筑。该建筑由日本著名建筑师内田祥三设计，其外观和日本东京帝国大学工学院的大楼非常相似，暗褐色外墙，高耸的塔楼，修长垂直的束柱从底部直到顶部，尖顶拱门。建筑强调竖向线条，纵向窗间墙突出，向上拔起，并层层收缩，顶端冲出女儿墙面，入口门廊处连续圆拱券间方柱支撑，有类似科林斯式柱头，哥特建筑的遗风随处可见。这里还有装饰艺术派建筑的影子，如大楼顶部冲出墙面的水泥构件，是简洁的几何形体。还有楼梯的栏杆纹样，也设计特别，每一根栏杆都用球形连接曲折的两端，令人想起地球仪或是实验室里的烧瓶。楼内所有窗户都是上下推拉式样。从空中俯视这幢建筑，呈一个长方形的“日”字，日字的两个口正好是建筑内部的庭院。建筑立面作竖三段布置，中部主楼5层，两翼3层褐色面砖墙面。走进去，里面小巧、精致、静谧，砂石铺地，石头相叠，且无一开花植物。这个日本传统“枯山水庭院”，镶嵌在繁复精致的哥特式城堡建筑内，令人产生一种奇妙的审美感受。

自然科学研究所建成后，日本政府非常重视，经费逐年增加，到20世纪40年代，每年拨款都在70万元以上。经过十几年的苦心经营，这儿不仅有耗资240余万元的实验大楼，价值85余万元的仪器设备，6.4余万册图书，还有辅助研究的动物舍、植物温室、磁气室、子午仪室、重力测量器室、药品库、车库、宿舍等，可谓一应俱全。抗战胜利后，自然科学研究所改为国民党政府中央研究院。新中国成立后，由中国科学院上海分院生理所使用，从此，这座重新挂牌为“岳阳路320号”的大院，便成为发展新中国科学事业的重要基地。陈毅市长曾多次来到这里视察工作，20世纪50年代后期，朱德曾来这里看望著名实验生物学家朱洗。

如今，这幢哥特式的象牙塔里面汇集着当今中国生物领域最优秀的生力军。楼里大部分都是研究神经系统的实验室，因为这类实验仪器对稳定度的要求很高，这幢楼无论结构或是材质都是最理想的。里面每间科研实验室的结构都大同小异，门口贴着各自的标牌，室内安放转椅、水池、电脑、各种试验仪器、实验操作台等。这些普通的实验室和令人遐想的充满浪漫色彩的哥特式城堡形成巨大的反差，却又融合得天衣无缝。

岳阳路320号院内14号楼是一幢风格粗犷的西式假3层花园住宅，该楼建于1925年，外墙面为鹅卵石嵌面，南向主立面有毛石砌筑的立柱，底层敞廊，主入口由中间大、两侧小的3个连续半圆拱券组成，次入口为毛石砌筑碉式门廊，门廊前有雕刻精美的石头圆柱，圆柱上的飞雁是后人更换的，圆柱下的老鹰石像雕塑是原来圆柱上的。室外有石头葡萄架，架下是西入口，顶部有屋顶平台，栏杆上有宝瓶状和球状的绿釉陶质装饰，整个建筑呈船形。20世纪70年代建筑加建了第三层后，原本清晰的体块关系和立面比例，由于栏杆、挑檐、装饰线间的彼此穿插以及各种不同外装饰材料的混用使这幢建筑的正立面给人一种奇异而暧昧之感。好在建筑内部木装修精美细腻依旧，一至二层的墙面包裹上了深色木质饰面，墙裙、壁炉、壁龛、栏杆等处的精良做工至今保存完好，里面还能找到中国传统图样的装饰，木装修的线脚中含有中式漏窗的形式，在某些局部如楼梯等处镶嵌有白底粉彩和青花瓷画。

该楼原系励志社第五招待所。励志社前身是黄埔同学会励志社，1929年1月1日由蒋介石亲手创办，分社机构遍布全国各地。其主要任务是接待外国来华军政人员，特别是美国顾问团，同时充当蒋介石的内廷供奉机构。抗战期间，该楼一度为日本所设立的上海自然科学研究院占据，抗战胜利后，改为国立中央研究院。新中国成立后，由中国科学院接收，成为其上海

风格粗犷的西式假3层花园住宅

分院所在地之一。中国科学院学部委员（院士）、著名历史学家李亚农曾在此居住。

这座宏伟的中世纪城堡为颇具人文气息的岳阳路奏出了绚丽的华彩乐章。

东平路：昔日顶级豪门盘踞地

东平路东起岳阳路与汾阳路相接，西至乌鲁木齐南路。该路辟筑于1914年，原名“贾尔业爱路”，是以1880年法国驻沪总领事贾尔业爱的名字命名的。1943年改名为“东平路”。

东平路是一条很短的弧形马路，这里曾是领馆区，处处留存着欧陆风味。和近在迟尺的淮海路以及衡山路的高调浮华不同，这条路有着遗世独立的冷傲，一种拒人于千里之外的气息暗暗在路上流荡。春夏季节，法国梧桐的树冠在顶部重叠交织成一道厚厚的绿色弯拱，浓荫蔽日，便有别处见不到的幽静。

东平路被学者称为“中国历史名人第一圈”，当时流传着关于“四大家族”的一句话：“蒋家天下陈家党，宋氏姐妹孔家财。”在环境清幽的东平路上行走，就像在翻读历史的长卷。一幢幢老房子悄悄地掩藏在梧桐树浓密的树丫之间，然而，梧桐的华盖又岂能遮掩住这些老房子风华绝代的往昔？在这条路上漫步的行人，恐怕不一定会知道这些围墙深深的庭院里悄悄藏匿着的乃是民国时期叱咤风云的蒋、宋、孔三大显赫家族曾经的辉煌。

蒋介石在上海的行宫——爱庐

东平路最令人回味的故事藏匿在东平路9号上海音乐学院附中的围墙内。和这条路的基调一样，它安安静静地待在艺术殿堂里，除了这所学校里的师生，一般人休想轻易闯进去，这使它更加蒙上了一层神秘的色彩。

东平路9号有一个浪漫的名字：爱庐。这幢住宅始建于1916年，最早的业主是上海义记洋行的大班、英国人E.J.康福特。1928年，宋子文通过普益地产公司的介绍，从康福特手中购入这幢别墅，又委托该公司对房屋进行了装修和扩建，而后

东平路街景

作为赠送给妹妹宋美龄的结婚礼物，以作蒋、宋在上海栖息时的行宫，蒋介石为其题名“爱庐”。这是他的习惯。他把庐山的牯岭别墅称为“美庐”，杭州西湖旁的别墅称为“澄庐”，上海的这座爱巢就称之为“爱庐”了。

当年，20岁的宋美龄从美国回到上海，很快就成为社交界的名流，她参加基督教女青年会，经常发表演说，并被上海市议会聘请为童工委员会成员。当时，她的大姐宋霭龄嫁给了孔祥熙，二姐宋庆龄追随孙中山，思想开放的宋美龄不但支持二姐的选择，而且多次表示自己“非英雄不嫁”。蒋、宋的邂逅是在1922年的一次晚会上，蒋介石见到年轻的宋美龄惊为天人，决心不惜一切代价要把这枝上海社交界的名花摘回家来，并由此开始了长达5年的追求。1927年，蒋介石已是号令天下的北伐军总司令，终于符合了宋美龄心中的“英雄”标准，于是，她答应了蒋介石的求婚。据说，宋美龄与蒋介石举行婚礼前曾提出3个条件作为双方共同遵守的信约：一是蒋介石必须改信上帝，受洗礼成为基督教徒；二是宋美龄不生孩子，以保持体形；三是宋美龄以蒋介石私人秘书身份对外从事政治活动，不担任政府公职，不参加正式的高层决策会议。前两条是宋美龄提出的，第三条是蒋介石提出的。双方欣然接受。当年的12月1日，两人就在上海举行了婚礼。

1927年蒋、宋联姻后，两人住在南京，但常来上海，抵沪后便居住在爱庐里。大多数时间，这间豪宅是用于接见政府官员的社交场所。其实，蒋介石入住“爱庐”的时间并不多，平时就由他的一个副官看管着，倒是宋美龄常来这里小住，并将母亲倪桂珍接来同住，共享天伦之乐。每当这时，法租界的巡捕房就赶紧派出警卫，布置在爱庐周围，昼夜值勤。

爱庐是一幢2层法式花园洋房，由主楼和东、西侧楼组成。其中主楼又分东、西、中三部分。中间的券门最大，有内廊，布局庄重沉稳。建筑外墙嵌着黑、白、黄彩色鹅卵石，显示出法国乡村田园般的浪漫情调。屋面是蒙沙坡面式的，上面铺着暗红色法国菱形平板瓦，似鱼鳞般层层漫开；窗口、门廊、墙隅均为齿状仿石装饰，灰白的廊柱间是拱形门窗，古朴中透着贵气。屋顶的烟囱和老虎窗错落有致。正立面由西向东呈阶梯形排列，由三心拱券构成的阳台和底层内廊是这座建筑的显著特点。二层的阳台弧度很小，显出一种优雅内

东平路9号“爱庐”

敛的贵族气质。洋房南面是一块近千平方米的花园草坪，诸多名贵树木散落其间，其中有两株高达四五米的雪松，是当时留下的古木。一条约3米宽的小溪在草坪上蜿蜒流过，小溪中散置着一些石块，散步时可徒步跳跃而过。溪边有丛林、果树，沿池畔鹅卵石铺成的小径南行，没走几步便见一前一后两座假山。小假山玲珑精致，大假山颇有气势。其中另有一块玲珑剔透的太湖石，上面镌刻着当年蒋介石亲笔题写的“爱庐”两字，朱红色，字体纤瘦，颇为雅致。太湖石下是一泓喷泉，水流虽已断，但两条石龙依旧守护着喷泉，周围用鹅卵石铺筑小道，一派中国古典园林风光。居住其间犹如置身于世外桃源，全无闹市的喧嚣。据说蒋介石本人对这幢房子很喜欢，因为他觉得主楼形式很像上海香山路上的孙中山故居，可以显示他是孙中山的继承人。

爱庐室内楼梯上精美的木雕扶手以及嵌入式的彩绘玻璃，展现出当年精湛细腻的建筑工艺。几乎所有的房间都有壁炉，包括走道，一共有11个壁炉。东部楼下是可容四五十人跳舞的大客厅兼小影院。宋美龄是个喜欢交际的人，她常在这里开party，招待全国的达官显贵。当时宋美龄的亲信、励志社总干事黄仁霖常常携带美国故事片来放映，宋美龄就将孔祥熙的子女唤来一同观看。客厅内铺设着柚木地板，摆放着大小沙发和茶几，墙上挂着八大山人的“春、夏、秋、冬”4帧花鸟条幅，其中有一幅画的是躲在荷花下侧着头看天的鸭子，古雅有趣，常被客人们誉为“神品”。现在这里是上海音乐学院附中的排练厅。二楼是与大卫生间相通的主卧室，也就是当年蒋介石和宋美龄的卧室，地上铺着柚木地板。以前卧室有一条暗道直接通向楼外，以备不测，可见蒋介石的戒备心理。卧室里有一个宽大的内阳台，弧度优美含蓄。正前方望出去便是硕大的花园草坪，站在阳台上，可以看到东平路5号。当年，宋美龄经常站在阳台上眺望，她还亲自到花园里种植花草，如今大草坪的面积已大大缩小，那条小溪也早已了无踪影，上面盖起了房舍，仅剩一隅环围着昔日万千宠爱的蒋宋行宫。二楼还设有书房、小会客室等。二楼拐角处的彩色玻璃窗值得玩味，这是一扇假窗，窗外是白墙，体现出独特的装饰意味。中部楼下有过厅及会客室，三楼则为临时客房和储藏室。东楼是辅房，是蒋介石随从及佣人的用房，它的北面连接车库，汽车进门后即进入车库，并经东楼进入中楼。这幢东楼在新中国成立后被拆除，改成了如今直对大门的通道。主楼西面的警卫楼显得神秘和诡异，须从边门进入，另设楼梯，并有门可通向中部的楼下过道。当年里面是蒋介石的侍从、秘书及卫士的工作室和卧室，流露着安全机关“密不见光”的气氛，楼下则供警卫人员及厨师等居住。

1943年，爱庐被侵入上海的日本军队占领，1950年，解放上海的人民解放军把这幢楼捐赠给政府作为教育场所，继而成为上海音乐学院附中被保留至今。主楼东侧二楼的原卧室与卫生间已打通，成了上音附中的钢琴教室，悠扬的钢琴声回荡在空气中，弥漫着动人的音符。东侧副楼是学校的行政办公楼。

当年，爱庐的左侧是孔祥熙的住所，右侧是宋子文的住所，不远处则有白崇禧的白公馆，这些老洋房在当时代表着一种至高的权力和至尊的奢华。

宋子文和孔祥熙的旧居

从爱庐出来，环视两侧的宋子文、孔祥熙旧居，建筑依旧美艳动人，不过，昔日豪宅如今已成了富有时尚气息和怀旧风情浓郁的餐厅和酒吧，它们倒是比爱庐平易近人多了。

爱庐西侧的东平路11号，曾是在“民国四大家族”中排名第二的宋子文旧宅。宋子文的父亲宋耀如是美国传教士林乐知的助手，母亲倪桂珍是上海徐光启的后代。宋霭龄、宋庆龄、宋美龄、宋子良、宋子安是宋子文的姐妹和兄弟，其显赫家世可以想见。有着哥伦比亚大学经济学博士学位的宋子文在他31岁时就成为南京国民政府的财政部长，他的家与蒋介石的爱庐只有几十米的距离，两家既是近亲，也是近邻，关系之密切可以想见。

宋子文的这幢花园住宅建于1921年，是一幢略具法国路易十六时期奢华风格的花园住宅，复折式的红瓦屋顶，上下两折之间有明显的折檐，上坡缓而下坡陡，下坡近檐口处略向上翘起，在陡峭的坡度上开设装有檐口的3扇双坡老虎窗，老虎窗立面皆刷白色，显得既庄重又不呆板。底层设敞廊，二层左边有方形露天阳台，宅前有大花园，室内楼梯有精致的雕花木扶手。这里最初是美国人罗森菲尔德的住宅，他是一位股票经纪人，开设了一家名为罗森菲尔德的私人公司。1932年，这幢花园住宅易主，新主人是美国人摩斯夫妇，摩斯是特拉华联邦电报公司驻上海的业务代表。摩斯夫妇一直住到太平洋战争爆发，日军占领租界后才被迫迁出此宅。抗战胜利后，宋子文夫妇成为这幢别墅的主人。美丽活泼又热情大方的宋夫人张乐怡毕业于南京金陵大学，东平路11号留下了这对夫妇曾经美好幸福生活的印痕。两人在这座爱巢里一直生活到1949年后移居美国纽约。

20世纪90年代初期，这里一直是音乐学院一幢被闲置的空楼，直到1998年，一群华侨向音乐学院租赁，经精心装修，成为英式风格的萨莎酒吧餐厅。外墙是玫瑰粉色，妖艳媚人。萨莎的内部装修刻意营造20世纪20年代老上海浪漫典雅的氛围，倒是和房子原有的气质十分吻合。室内墙壁由一块块青砖整齐排列而成，墙上挂的是宋家当年的家庭照，深色木头橱窗里陈列着主人从世界各地收集来的宝贝。一楼是英式酒吧，同样是深色木头的吧台四四方方地放置在中间，周围是沙发区。吧台顶上放着从国外购置的摆设，有陶瓷制作的轮船、自行车、火车等模型，玄关处则贴满了客人的照片。酒吧门前正对的迎宾台上，有一座狐狸的雕像，红色的燕尾服，高高的礼帽，端着一只鸡尾酒杯，优雅而风趣。酒吧一角的壁炉上方，有一幅狐狸用餐图，它们围着餐巾，拿着刀叉，谈笑风生，俨然上流社会绅士的派头。酒吧的菜单上有一款酒就叫“Mr.Fox（狐狸先生）”，其实就是长岛冰茶。在吧台和花园区域提供一系列口味的鸡尾酒、生啤、干邑和小食，整个格局被朦胧的灯光笼罩着，耳边缠绕着迷离的背景音乐。

二楼西餐厅风格迥然不同，昏暗的灯光照在欧式古典家具上，精致的各式法式西餐及佳酿让人在享受美食的同时，感受到19世纪的异国情调。三楼原木的屋顶、梁柱以及仍旧闻得到木柴气息的壁炉，使人恍入旧日上海人家的公馆。这里专为party所设，摆设很雅致，有来自哈瓦那的雪茄和100多种欧洲葡萄酒。依偎在半透明的落地窗前，或是坐在露台上的秋千椅上看出去，宽敞的后花园里，遮阳伞下是一张张八角形桌子，桌子周围摆放着藤椅，许多老外喜欢在那里聚会，也有很多大公司来这里包场举行酒会。他们端着满杯的啤酒，在花园里豪爽地猛灌，用力地大笑，让人想起昔日爱庐内嘉宾如云的盛况。据说晚上到这里消费的老外占到百分之七十。王菲和黎明拍摄的电影《大城小

萨莎酒吧餐厅夜景

事》也在这里取过景。

孔祥熙在“民国四大家族”中排名第三，孔祥熙的夫人是宋氏三姐妹中的大姐宋霭龄。东平路上既然有蒋、宋两家相继入驻，作为既是蒋介石连襟又是宋子文大姐夫的孔祥熙怎甘寂寞，他很快也购入了爱庐东侧东平路7号的花园住宅。这样蒋、宋、孔3家不仅在政治上联系密切，在生活中也便于来往。

东平路7号建于1916年，具有明显的丹麦民居风格。最具特色的是陡峭的大块面屋顶，复折式灰瓦屋顶开篷式老虎窗，跌檐下有开窗的山墙以及高耸的壁炉烟囱。住宅平面略呈方形，门窗墙角等处以红砖砌成突角隅石状。入口处有敞开式连续券门廊，正立面为3座大拱门构成的柱廊，廊的上面为阳台，中间一扇拱门为入口，有附墙阶梯从两侧进入门厅。阳台和敞廊的护栏均为古典宝瓶状。该住宅最早的主人是一位名叫赫劳森的北欧人，专门从事船务、煤炭以及地产生意。20世纪30年代初，赫劳森把房子租给了与其生意上有往来的客户。1935年孔祥熙从外国人手中买下了这栋别墅。孔祥熙是蒋介石的央行总裁，曾被称为“中国人的钱袋”。不难想象，近在咫尺的两栋别墅间曾有多少政界、商界要人出入，有多少重要的决定就在其间诞生。这幢房子于新中国成立后由上海军事管制青年委员会接手，随后又被上海京剧院用作排练场所，后来则成了上海音乐学院附中的校长办公室。在经历了将近一百年的风风雨雨后，时光的年轮为这幢建筑笼罩上了一层神秘的传奇色彩。

现在这里也成了一家风味独特的爱尔兰乡村风情酒吧，命名为“岩烧酒吧”（The Blarney Stone)，主打Guinness黑啤。酒吧播放的是乡村音乐，可以在这里安安静静地聊天喝酒。二楼有桌球室，还有电视可供看体育节目。点上一杯咖啡或酒，坐在带阳台的小楼上，看看风景很不错。夏日里，如果有人弹奏吉他，并唱起互相应和的歌曲时，感觉中就像在参加爱尔兰的赛歌季。

东平路上还有一处精致的别墅，那就是建于1924年的东平路5号，当年是宋子文的房产。这是一幢西欧式花园住宅，其最大的建筑特色是，南立面为半圆拱圈，底层入口处采用3个半圆拱圈，且券心略加装饰。二层阳台前采用5个连续半圆拱圈，用宝瓶状护栏。屋顶红色平瓦，墙面灰色，阳台白色镂空栏杆，四周绿色蔓藤缠绕。新中国成立后，成为上海音乐学院附小图书馆，现这里为滴水洞湖南餐馆。

老洋房里的金融世家

东平路上除了蒋、宋、孔三大家族外，还有一个上海滩显赫的家族也曾寓居于此，这就是东平路1号的席家花园。现在白色的粉墙上镌刻着竖排的朱红色“席家花园”4个字，那其实是一家餐馆。不过，这幢洋楼倒确实是叫席家花园。这是一幢建造于1931年的西班牙式花园别墅。建筑为2层，局部3层。白色外墙，有宽宽的水平线分割，丰富了墙面。三角坡形红色鱼鳞片屋顶，上部为半拱形、下部为长方形的窗框，窗框两侧饰有壁柱。北立面入口的券门颇具特色，发券层层退进，统以券心石，强化了进深效果。券门两侧和拱形窗户两侧均饰以爱奥尼柱式，门上饰以雕花三角门楣，窗户上镶嵌着彩色进口玻璃，配以漂亮的S形外挑式的铁栅栏阳台，凸显了窗户的立体感。只是原先住宅南面的花园和草地现已不存，窄小的北门现在成了酒家大门。

席家花园缘起清朝康熙年间苏州东山一户席姓人家。席家靠经营丝绸成为当地最知名的富商。之后，席家在太湖边上建起了一座依山傍水的豪华庄园，取名“席家花园”，这座花园至今保存完好。席家的许多后人到上海经商，大多从事金融业。在席氏家族中，席正甫后来成为苏州洞庭商帮的佼佼者，他成功地当上了汇丰银行第二任买办。其孙席德柄曾留学于美国麻省理工学院，并获得工科学士学位，后赴英国，入伯明翰大学商业专科学校。席德柄与宋子文是在美国留学时的同学，因宋子文的关系，席德柄回国后也在金融业谋得高位，1937年任上海中央造币厂厂长，抗战胜利后还担任过上海阜丰面粉厂总经理。席德柄的大哥席德懋把女儿嫁给宋子文的弟弟宋子良，两家的关系更加密切。热衷于西式生活方式的席德柄在上海就居住于东平路1号自己的这座私宅内。当年这座洋房被黑色的雕花铁栅栏围住，内部装潢非常讲究，还有西洋古典式壁炉。小楼底层原有一道内廊，望出去是一片草坪，草坪上拉上网，就可以打球。席德柄膝下有8个孩子，一男七女，7个如花似玉的女儿大多都在市西中学读书，其中席与昭和席与明是双胞胎。新中国成立之初，席家人先后都到美国发展，这栋洋楼被收归国有，成为上海音乐学院附中的校长办公楼，1998

年起被出租并改建成席家花园酒家。

相对于衡山路酒吧的张扬外露，这里显得安静、内敛，透出一种沉郁的贵族气质。席家花园的周围都被高大的香樟树和法国梧桐包围着，显得幽雅而有韵味。屋内的装修豪华、精致，俨然大家气派。现在此地是席家花园旗舰店，和席家不相干的人在老宅里经营着本帮菜。虽然现在已没有了花园和草坪，而且原先窄小的后门现在成了大门，但是冲着席家的名声，小楼内豪门生活的复旧场景依旧吸引着人们近悦远来，连许多名流也都慕名光临此地。据说，迈克·杰克逊就曾在两名保镖的陪同下到这里用餐。早在1999年，我的一位加拿大朋友回国探亲，就选择在开张不久的席家花园设宴，当时就有一种进入豪门客厅用餐的感觉。不过，这个酒家其实与席家并无关系，即使席与昭和席与明这对已是高龄的双胞胎姐妹回上海在此用餐，也与普通的食客一样需自己花钱埋单。尽管如此，在海外的席家人每次回沪探亲，还是一定要到席家花园来聚一聚，就像是又回到了自己从前的家。

东平路16号有一扇小小的铁门，铁门上部写着“和平官邸”4个大字，看上去庭院深深，神秘端庄。这是一家餐馆。“和平官邸”走的是在名人花园洋房里开餐馆的路线，所以称之为“官邸”。这里上、下3层楼，共8个房间，还有一个不小的花园，公共区域比用餐区域还多，这种舒适而私密的设计风格自然受到当代人的青睐。从铁门进入，穿过长长的甬道，便见一座文艺复兴时期风格的洋楼，穹形窗户、罗马柱，带细铁栏杆的弧形阳台。这种建筑在老上海，必定是大户人家。据说这里曾是陈立夫的旧居，也有人说是戴笠旧居，可惜我无从考证。中西式的地下酒窖，颇具创意的旋转楼梯，地上铺着花纹美丽的羊毛地毯，还有欧式壁炉、名家珍藏字画，体现着品质与档次。和平官邸每个包间都是用诺贝尔和平奖得奖者的名字命名的，包间蛮大，面向花园的阳台上还放了桌椅和遮阳伞，水果都是餐前按人数摆好的，一人一盘。花园里最抢眼的是一座西洋古典式的3层石头喷泉，把整座花园衬托得欧陆风情十足。在这座具有古典韵味的老洋房里享受着本帮美食，让人顿生一种穿越到旧上海的错觉。

在藏珑坊喝下午茶

安静的东平路上开设的酒吧都是有自己味道的，它们往往借助老房子本身的优势，独辟蹊径。

电影《大城小事》里有一段黎明和王菲在一家名叫“可可面店”的餐厅里拍分手戏。可可面店实际就是开在东平路9号临街的藏珑坊，这一幢独立的两层旧洋房，以前是蒋介石的侍卫长居住的地方。现在，这里看起来和围墙里的爱庐好像不搭界，它没有那么门庭森严，人们可以轻而易举地走进里面。

藏珑坊Lapis Lazuli原为意大利语，直译为青青石，意译为朴素的小楼。一个“藏”字，说明它是在小洋房深处。初次踏进藏珑坊，是应我的朋友郁百杨先生之约，他知道我对环境有些挑剔，便约了藏珑坊喝下午茶。郁百杨是一位出色的电影美术指导，电影《碟中谍3》、《南京浩劫》、《美国城》都是他作美术指导。我最欣赏的是他导演并兼任舞美总监的大型多媒体音乐剧《弘一》，感觉他把舞台的美做到了极致。郁先生选的地方自然是不会错的。那天，当我轻轻推开藏珑坊的木门，只见眼前一股清流自墙壁缓缓而下，轻轻松松便把马路上的尘嚣隔得远远。褐色实木与玻璃相间构成的透明地板让人几乎不敢下脚，脚下流水涓涓，锦鲤鱼嬉戏其间。一侧仿古的瓷器上刻满了清幽的荷花，流溢着如中国水墨画般的曼妙意境。走进烛香轻飘的底楼，映入眼帘的是本色的石墙、原木的桌椅，点燃的南瓜灯笼发出幽幽的光。做旧的竹帘、藤编的沙发、布制的盆花、不见片羽的鸟笼，营造出一种宁静、古雅的神韵，暗藏着内敛的精致。

一层中间是吧台造型的服务台，一圈临街的火车座式雅座，皮质的桌椅配上木质长桌，每间用木制拱形护栏隔开，私密却不暧昧，幽幽的灯光很温馨，透过梧桐能看到街边的来往行人。小小的院子里竹林环抱，风吹叶晃，光影透过竹梢洒在地上，一片斑斑驳驳。院子后面一间尖顶的镂空木质玻璃房将中西合璧的精髓演绎到极致，通透的落地玻璃窗外，一盆盆精致的小花在阳光下迎风绽放。沿着旧式木楼梯拾级而上，欧式的壁炉，西班牙式的吊灯，田园风味的桌椅，中式的镂空屏风，驳杂却相互协调。二、三楼间的木制楼梯与原木桌椅古朴雅致，楼梯左侧巨幅玻璃上刻的是曹孟德的诗句，字字潇洒流畅。一边的墙上是巨幅《雪后琼枝》国画，上面题着一首诗：“早春独占品无双，羞伍群芳斗艳装。自是清奇高格调，应知韵胜异寻常。”意境不俗，洋溢着浓郁的东方古典情调。

服务员送上来的西班牙下午茶套餐用很艺术的方式摆放着新鲜的时令水果，前菜是“每日一口前菜”和“一口披萨”，“一口前菜”是烟熏三文鱼和着青翠的生菜，刚好一口；“一口披萨”，大小和一块薯片差不多，皮又薄又脆，上面加块菠萝，就是一个可爱迷你的菠萝披萨。浓郁口味的“杏仁巧克力球”以及甜到忧伤的“胡萝卜焦糖布丁”软中有硬的感觉。造型独特的“三文鱼面包卷”，采用新鲜的三文鱼，卷上面包，裹上杏仁制成，两根插着蓝莓的竹签，造型别致且方便品尝。利比里亚火腿，搭配上新鲜蔬菜，轻卷在面包棍上，造型和口感都很特别。一份入口即化的热香蕉巧克力派盅，吃下去暖暖的、甜甜的。“惊喜马卡龙”是下午茶的镇店之宝，杏仁混合焦糖提前成型，经过一定时间的处理后，再用陈皮包裹，入口就不会过于甜腻。最后的甜品是口味纯正的“抹茶提拉米苏”，抹茶的淡淡香气和春天般清新的绿色让我很受用。套餐包含两份任选的饮料，郁先生选了朗姆拿铁咖啡，他说朗姆酒的甜润配上咖啡的醇香，是一种很特别的味道。我选了薰衣草茶，感觉那种馥郁清雅的香气很适合东平路的午后，让我想起普罗旺斯。最后是新鲜的时令水果小盅，五颜六色的水果配上青绿色小盅，确实很养眼。

这份小巧而精致的下午茶套餐好像是在为我们演绎一场五光十色的舞台剧，内容丰富而饱满，充满西班牙式的浪漫情致。和上海人喝惯了的英式下午茶相比，它显得更加热烈，犹如热情似火的西班牙女郎。

桃江路：重拾弹硌路的优雅

桃江路东接汾阳路，西至乌鲁木齐南路。该路筑于1913年，原名“恩理和路”，用以纪念法国海军军官恩理和。1943年10月改名为“靖江路”，后因靖江路与原闸北区的京江路读起来容易混淆，故于1980年10月改名为“桃江路”。

明明知道桃江路是以湖南省桃江县名命名的，但总觉得这个名字让人想起桃花，有点妖娆的意象，是那种粉红色的感觉。李安导演的电影《色·戒》，就是在桃江路上取的景，影片中出现的桃江路上那一排有着拱形挑檐的红砖墙联排洋楼载满了上海的往日情怀。

桃江路东端起始于它与汾阳路、岳阳路以及东平路交会的三角花园，西头止于乌鲁木齐南路，其间还要跨越衡山路。自三角花园至衡山路的桃江路两边种植着法国梧桐，而自衡山路至乌鲁木齐路则种植了乌桕树。同时，东段马路是柏油路面，而西段马路却在2008年用10多厘米见方的石头改铺成为了“弹硌路”。

这种由卵石、块石拼接而成的弹硌路承载着上海的城市记忆，至今仍是许多上海人儿时记忆中的重要一页。在20世纪50年代，上海的弹硌路约有400条。这些弹硌路具有翻修容易、透气性好、渗水性好等优点，十分符合上海的气候特征。但弹硌路的缺点是容易硌脚，且雨天容易溅水。桃江路上重新翻修的弹硌路，比原先的老弹硌路工艺更为讲究，可以做到不硌脚，下雨时不溅水，不仅还原了上海弄堂的旧时风情，又避免了老弹硌路一到下雨就坑坑洼洼、泥泞不平的不足。

傍晚时分，桃江路在老式路灯昏黄的光晕下，婆娑斑驳的树影落在弹

桃江路夜景

砖路面上，扑朔迷离。许多人到这里来为的是在优雅、寂静的弹硌路上走一走，重拾旧时记忆的同时也收获了一路的风情。不知从什么时候起，桃江路东端路口墙上一块红褐色的大理石上镌刻了《普希金名言节录》，好像是为这条处处流露着时尚风情的马路预先注入一些人文气息，而普希金最为人熟知的当数那句“比海洋阔大的是天空，比天空阔大的是人的心灵”的名言了。秋日，正是乌桕树叶子慢慢变红的时候，普希金铜像在色彩斑斓的乌桕树叶的烘托下，好像也没有那么忧伤了。

蒋介石侍卫长俞济时的旧宅

看过电影《建国大业》的人一定会对临近尾声时的一段对话印象深刻。电影里，担任蒋介石侍卫长后又任总统府第三局局长的俞济时向蒋介石报告：“总裁，空军周总司令报告，飞机已进入一级状态，随时可以起飞轰炸北平。可是，美国拒绝飞机降落釜山加油。”蒋介石一愣，问：“什么意思？”俞济时回答：“一旦起飞，所有战机将无法返航。”蒋介石又问：“毛泽东的开国大典几点举行？”俞回答：“下午三点，天安门。”蒋介石仰天叹道：“天数啊，国民党败在自己的手里喽，任务取消吧。”俞济时立正说：“是。”此人1949年跟随蒋介石去了台湾，仍担任国策顾问等职，该顾问一职一直担任到1990年俞济时去世为止。

俞济时当时在上海的寓所就是桃江路39号。

这是一幢带有英国安妮女王时代建筑风格的独立式花园住宅，建于1923年。假三层砖木结构，南立面中轴对称，竖向三段式划分，中间入口内凹，左、右两侧墙面作弧形外凸。二层为嵌入式阳台，宝瓶栏杆，房屋顶层中部开大尺度圆弧形老虎窗。红瓦坡顶中部陡峭，出檐部分则稍作反翘，兀立高耸的灰色砖砌烟囱上有水泥装饰的几何图案。有浮雕的水泥拉毛外墙用黄色或白色粉刷，墙角有的用红砖镶嵌，半露的木屋架和阳台的木栏杆用天蓝色，显得色彩丰富。住宅内部使用了中式屏风或窗棂，通过这种分隔方式，展现出家居的层次之美。住宅有较大的花园，花园内绿茵铺地，优雅别致，南端一直延伸到东平路上。花园的围墙是竹篱笆制作的，上

俞济时旧宅

面涂着黑色柏油，更显得庭院深深。当年主人沿东平路的花园一侧进入，可一路领略花园的旖旎风景，位于桃江路的则是辅助入口。

该宅最早的主人是日本驻沪总领事馆商业顾问横竹。抗战胜利后，这处房产被民国政府作为敌产予以没收，之后民国政府便划拨给蒋介石的亲信俞济时，成为俞济时当年在上海的住宅。这里离蒋介石东平路的爱庐很近，与蒋介石联系十分方便。住宅花园对面便是宋子文住宅，旁边不远处则是宋庆龄1945至1947年间的住宅。新中国成立后，该宅曾由徐汇区财政局等使用。现在这栋房子靠近东平路的花园里又盖了一幢5层办公楼，住宅的花园面积明显减少，主要出入口改在了桃江路上。原住宅成了豪夫堡HB啤酒屋。这个啤酒屋最大特色就是现酿慕尼黑皇家宫廷啤酒，黄啤清纯，白啤醇厚，黑啤刺激，最小杯容量也有0.3升。夏夜，坐在安静的花园里喝上一杯新鲜的皇家啤酒，沁人心脾。

中国福利基金会的诞生地

桃江路45号建于1920年，是一幢带有英国都铎风格特征的2层独立花园住宅。红瓦砌筑的自由屋顶，对应于各个不同空间组成的平面，高低错落的双折屋面相互交叠、组合，使得整幢建筑的形态有机而生动。高高的壁炉烟囱，陡峭的跌檐式坡顶，清水红砖外墙，菱形的花格窗棂，处处显示出建筑的欧陆风情。在这幢住宅的南面，有连续3个开间形成的双层拱形大敞廊，与花园连接，而这一部分的屋顶则由3个并置的披檐组合而成，在两侧有坡度更陡的披檐，形成八字形对跌山墙，檐下有仿半露木架装饰，外墙立面小窗台上有石刻装饰。住宅室内布局疏朗，门窗扇上有罕见的菱形花格，全木雕花楼梯，楼梯栏杆呈麻花状旋拧攀升造型，系采用整块木头精雕细琢而成，低调中暗藏华美。

这个住宅的第一位主人是一位名叫塞思的洋人。20世纪30年代初期，房屋易主，房屋的新主人换成了弗伦道夫夫妇，弗伦道夫是上海达利印务公司的总经理。到40年代初期，住宅业主再次变更，新主人是德国华侨。抗战胜利后，房产被国民政府作为敌伪财产予以没收。1945年11月，宋庆龄从重庆返回上海后，因莫利哀路29号（今香山路7号）寓所年久失修不能居住，国民政府中央信托局房产处便为宋庆龄准备了桃江路45号的花园住宅供其居住。当年，洋房的一楼是车库，宋庆龄的福特轿车就停放在那里。

不久，宋庆龄决定将莫利哀路29号寓所捐赠给国民政府，作为孙中山永久纪念地，国民政府遂将这里拨给宋庆龄居住。一个月后，宋庆龄在此发表了《保卫中国同盟声明》，宣布将香港成立的保卫中国同盟更名为“中国福利基金会”，中国福利基金会在此宣告诞生。宋庆龄还呼吁全世界的朋友和同情者给予中国以更大的援助，帮助中国人民度过战后的困难时期。

1946年2月初，蒋介石在宋美龄陪同下，专程来到桃江路45号拜访宋庆龄。宋美龄十分关心姐姐的新居所，她上上下下仔仔细细地看了一遍，离开时，宋庆龄把他们夫妇送到门口，当时蒋介石和宋美龄私下交谈时感觉宋庆龄居住的地方稍显小了一点。1946年5月至11月，国共双方代表在南京举行了和平谈判，作为共产党代表的周恩来除了出席和平谈判外，还经常奔波于南京和上海之间，在各民主党派和社会各界人士中宣传共产党的主张，争取他们的理解和支持。周恩来在上海期间，还曾多次和宋庆龄见面，商谈国事。1946年7月18日晚，周恩来还特地到桃江路45号访晤了宋庆龄，并与她进行了长时间的交谈。

宋庆龄在桃江路45号寓所住了近两年，居住期间，她致力于中国福利基金会和儿童福利工作，多次为基金会筹款主持义卖活动，同时，她还采用多种方式积极支援解放区工作。鉴于宋庆龄的这些革命活动，她的居所受到了国民党特务的严密监视，因该楼只有一扇门进出，对于前来联络的中共和民主人士摆脱特务跟踪极为不利，于是宋庆龄托辞向国民政府提出搬家。1947年下半年，宋庆龄又搬回莫利哀路29号寓所居住。1948年秋，根据蒋介石手谕，国民政府另拨林森中路1803号（今淮海中路1843号）一幢独栋花园洋房给宋庆龄居住。1949年春，宋庆龄正式迁入林森中路1803号。

20世纪50年代，桃江路45号为新沪钢铁厂员工居住使用。如今，原先面积颇大的花园，靠街角的一半已经变成了公共绿地，建筑内部也挤入了多家住户。45号门外有宋庆龄住在桃江路时最喜欢的一段200米的“散步道”，如今，也已修成了弹硌路。路两旁保存了几栋老式洋房，或为私人所有，或被改建为时尚小店、小资餐厅，却不失老上海味道。

曾国藩外孙女的车库变身咖啡馆

桃江路25号是一栋德国式的折中主义大花园洋房，建于1927年。最早的主人是德国驻沪领事,住宅里现在还留有德国造的煤气灶及烤箱，雕花的过道门、护墙板、木楼梯以及过道里的热水汀等彰显着它当年的身价。新中国成立后这幢住宅由中国科学院华东分院接收。因中国科学院院士周仁的自家别墅正好地处长宁区科学院华东分院内，通过房屋交换，周仁夫妇从长宁区搬到了桃江路25号，成了这幢花园洋房的新主人。

周仁出身于豪门望族，他的祖母是盛宣怀的姐姐，周仁的姐夫是大名鼎鼎的蔡元培。周仁在1910年前后与胡适、赵元任一同留学美国康奈尔大学。周仁学的是机械和冶金，学成归国后组建中央研究院，任工程研究所所长和研究员。新中国成立后周仁历任中国科学院冶金陶瓷研究所、上海硅酸盐化学所所长，中国科学院上海分院副院长，上海科技大学校长等职，对我国的冶金和陶瓷工业的发展作出了重要贡献，多次获得国家自然科学奖和重大成就奖。周仁的太太是聂其璧，她的家族来头更大，母亲是曾国藩的女儿曾纪芬，父亲聂缉椝是晚清时上海的道台，相当于现在的市长，她的三哥聂云台是大实业家、上海总商会会长。这一对出身豪门夫妇的婚礼更是牵涉到了上海滩另一家名门望族，那就是宋家。曾纪芬和宋美龄的母亲倪桂珍一样，都是虔诚的基督教徒，两人每个星期都要上虹口景林堂做礼拜，聂其璧和宋美龄也每个星期陪着各自的母亲前往，渐渐两家成了好朋友，相互走动，宋美龄更是成了聂家花园的常客。1923年，聂其璧和周仁结婚时，尚未出阁的宋美龄还当了这位聂家四小姐的傧相呢。

自搬到桃江路25号的寓所后，周仁就没有挪过窝。半个世纪的沧桑岁月中，周仁夫妇始终相亲相爱，相濡以沫，一个埋头科研事业，一个把家事打理得妥妥帖帖。周仁1973年12月3日逝世于上海。为纪念这位杰出的科学家，1987年，上海市人民政府在中科院冶金研究所内竖立了周仁的铜像，年已87

岁的聂其璧坐着轮椅由大儿子周麒推着出席了铜像揭幕典礼。后来，聂其璧也和周仁一样，在这栋房子里走完了生命的最后一程。

2009年5月1日，曾国藩的外孙女住了半辈子之久的桃江路25号的一部分华丽转身，成了闻名沪上的老麦咖啡馆。这家隐藏在梧桐树下的店，被认为是最具老上海气质的咖啡馆。而咖啡馆的房子其实是周仁、聂其璧夫妇的车库。

站在路对面看老麦咖啡馆，有一种欧洲乡村小镇的感觉。整体门店呈威尼斯绿色，那是一种绿得彻底却又内敛的绿，在质感强烈的外墙衬托下十分显眼。门口没有店名，只在一楼绿色门檐上写着“桃江路25号甲”，但来的人几乎都知道它叫老麦咖啡馆。用老门板改装成的橱窗里透出柔和的暖调灯光，似乎召唤着人进去坐坐。阁楼上两扇绿色窗户前的花架上，几盆常春藤垂下藤蔓，有种依恋的感觉。门前摆放着白色圆桌和长凳，是供客人坐下休憩的地方。推开装饰着圣诞花环的笨重木门，门里悬挂的风铃叮叮当当，像是在欢迎来客。一楼的瓷砖花纹地板是老麦从拆迁的老式石库门房子里买来的，这就有了老上海人家客厅的感觉。灯光昏暗，衬托得环境很是温馨。一楼里间有一个隔出来的吧台，这让我想起在挪威看到的小酒吧也有着同样的设计。白色扶梯通向阁楼，楼上有4扇窗子，推开任意一扇都是一幅风景。阳台外的小露台上，还有一只残旧的浴缸，里面种满了蓬勃的草和艳丽的花。坐在阁楼的窗口看下去，眼底是桃江路的风情画。老麦咖啡馆内的装修很随意，尽可能地还原了老房子的破旧感觉，老木头上刷着手刷漆，即使它开裂了，也无所谓，因为那是岁月的见证。书架上、隔板上、墙壁上到处陈列着主人老麦从各个城市收集来的玩意儿。这里幽幽的灯光，让人感觉很是惬意，坐下来，点上一杯“老麦”的特色咖啡，一份甜点，享受一下浮生难得的半日闲，确实不错，难怪吸引了那么多人前来。

咖啡馆老板老麦在上海的文艺青年圈子里相当出名。他曾任世界银行总行的高级职务，在40多个国家旅行过，有着丰富的阅历。“生活着，而不是活着”是他的人生信念。在他看来，丰厚的报酬不是生活本质，而开咖啡馆，

老麦咖啡馆外景

老麦咖啡馆内景

遇见相同梦想的人，这才是生活。他玩摇滚，偏爱邦乔维（Bon Jovi）、海伦（Van Helen）等乡村音乐。他还狂爱设计，喜欢逛全世界的别致小店，并用手绘的方式记录下来。他每次出行都会随手带着一个布袋，里面装着黑色皮质画本，走到哪里画到哪里，记录路上的风景。老麦咖啡馆就是他拿着自己的手绘设计稿请人设计出来的。除了摇滚、手绘，老麦还是“收集控”，咖啡馆里的老物件几乎都是他从废弃的石库门、老弄堂里淘来的。小到店里的老唱机、国外的车牌、破败的招贴画，大到纯铜的船用钟、工业时代的铁柜，还有一些旧木材，如残破门窗、木梯、木地板等，这些都用在了这家咖啡馆的店面装修上了。从店内的西式木门、雕花木梁、柚木壁炉架、桌子椅子上，你都能寻觅到它们的身影。国外有档节目叫《Salvage Hunters》（旧货猎人），他们的目的就是寻找到有价值的老货。老麦也是这样一位旧货猎人，上瘾地搜寻着一件件古老的物件。凡是民国西洋货，只要品相好，放在屋子里有腔调的，老麦都会当机立断“拿下”，放进他的咖啡馆。老麦咖啡馆从地下一层到二楼摆满了到处收集来的旧物，从桌子、椅子到瓶瓶罐罐都是旧的。房间里散落着各种老照片、老CD、各种火柴盒、老玩具，都是老麦在世界各地旅行途中收集来的。老麦咖啡馆的菜单是放在小玻璃瓶里的，看上去就像海里的漂流瓶，长长的菜单像是藏宝图，让你寻找你所喜爱的情调美食。店里楼梯转弯的墙上可以看到“老麦咖啡馆的前世今生”，白色的木板墙贴着各种各样的照片，其中不乏生活达人，文艺青年、各国淘客、摄影师、音乐人、文化人等，还有宋美龄给别墅原主人聂其璧当伴娘的照片以及老麦和著名画家陈丹青的合影，桌上造型别致的小摆件里放着老麦咖啡馆的名片，细节处透着小情调，曾吸引了电影《小时代》剧组前来拍摄取景。

如今，老房子原地下室也被老麦利用了起来，他把淘来的各种杂货整齐摆放其间，而地下室里锈迹斑斑的老锅炉就曾是周仁一家取暖用的，上面还依稀可以看见Made in USA的字样。

东西方的优雅在这里牵手

在桃江路上行走，是一次领略风情的过程，也是让心灵和眼睛震撼的过程。一连串富有小资情调的时尚小店，颜色大多明媚艳丽，倒是和桃江路的路名很相符。

桃江路1号虽是一个门牌号码，却有4家店面，每一家都是独一无二的。“THE VILLA”是一家女装服饰店,蓝白色调的门面充满了希腊风味，欧式壁灯，镶嵌着雕花玻璃的木门，半圆形台阶下置放着紫色的花盆，花盆里一大捧绿色的植物，清新典雅。“共禾京品”是一家家居生活体验馆，这里面的家居饰品都是从世界各地精心挑选而来。沉淀着时光的柚木家具，释放清新气息的花草，掩映着各种充满新奇的创意饰品，包括叼着香烟的网球挂钩“Mr Wilson”，冰山造型的蜡烛“Bergy Bit”，每一个角落都会带来惊喜。“共禾京品”精美的花艺饰品让人过目不忘。那一花一叶形成的独特语言，令欣赏者解读与感悟。当昏黄的街灯亮起时，这家温馨小店散发出的森林气息，使这条路显得更加幽静。而专门经营厨房各式用具的“品厨”似乎有些年头了，里面的东西大多来自世界各国，漂亮极了。尤其是桌布和围裙，更让人爱不释手，似乎在告诉你，做饭时也可以很美。旁边的“LA CREPERIE”是一家法式西餐厅，外墙面的装饰体现了欧式风格，门口的灯塔图案红、白两色充满时尚感并且带有异域情调，很是吸引路人的眼球。门上挂着的铸铁招牌上一位身着围裙的外国厨娘手拿一把硕大的勺子，正在热情地招呼着过往行人，顿时给人一种亲切感。

桃江路3号是尔苑咖啡厅。乌柏树下一间临街的小平房，红瓦黄墙，长方形的玻璃窗，褐色木门木窗，门前的小马灯，亮着蜡烛般昏暗的灯光。里面裸露的砖墙漆成了白色，看得见木结构的斜屋顶，深色梁上挂着白色鸟笼吊灯，衬托出深色古董橱柜和桌椅的古旧。这其实是一家温馨雅致的素食咖啡吧。

桃江路7号原是法国驻上海总领事兼法租界公董局总董梅理霭（Jacques Meyrier）早期的官邸之一，现在是恩理和7号公馆，一家私人会所。桃江路原来就叫“恩理和路”，借用来作会所的名字，似乎寓意着这里主打的是老上海风情。推开厚重的大门，沿着石径小道，步入宽敞的庭院。院中一株近百年的玉兰，冠盖挺立，树姿雄伟，有古雅之趣。每当仲夏时节，绿叶丛中开出一朵朵大似荷花般的白色花朵，熏香了院子的角角落落。坐在庭院长廊中的露天酒吧内，真的有一种微醺的感觉，也不知是酒香还是花香熏的。底楼的"和韵堂"，装饰中西合壁，奢华中流露出时尚。踏着原木铺陈的回廊，登临二楼露台，可尽览桃江路旖旎美景。这里的包房在二楼，要通过专门的木栈道才能到达，感觉异常隐蔽。二楼正南的"恩理厅"，通透明亮，木门窗，平顶带石膏线脚，木地板，壁炉，呈现出简洁的现实主义风格。白色粉墙上一幅幅黑白照片，记忆了上海时光。身处其中，仿佛穿越时空，和上海的过去幽会。幽静的环境，轻柔的音乐，温馨的灯光，HERMAS品牌的餐具，似乎一脚迈入老上海大户人家。

桃江路30号也是一幢独立式3层花园住宅，建于1925年。各层间有微微突出的遮檐，遮檐下有连续整齐的齿形装饰。入口门廊由两个独特的三角形柱支撑，每个柱组包含两个爱奥尼式柱和一个方柱。一、二层南部原为廊道，三层南侧筑有宝瓶状水泥栏杆，上部饰有花环形和蝙蝠花饰。该建筑内部装饰基本维持当年原样，底层内墙均有半墙高的深褐色木护壁装饰，护壁上有各种精致的木雕花饰，拱形的隐花玻璃门，壁炉和护壁色调一致。住宅部分墙面镶嵌着绚丽的彩色玻璃窗，玻璃窗上部有连续3个拱形，同样镶嵌着彩色玻璃风景画。部分平顶角饰有倒悬的蝙蝠装饰，据说蝙蝠是这座建筑的吉祥物。这处住宅原有较大的庭园，庭园里葫芦状的水池和石砌假山如今犹在。这幢建筑原为私人住宅，20世纪50年代上海中国画院曾设在此处，现这里由上海市轻工业研究所使用。

对面的桃江路31号是一幢建于民国时期的假3层花园住宅，灰色水泥外墙，简洁的大块面双坡屋顶铺设红瓦，开单坡老虎窗，配上左右对称的壁炉烟囱，南立面底层为敞廊，4组塔司干双柱支撑起二楼的大阳台，阳台周边围饰着宝瓶式扶栏，前面则是一个围合的大花园，门前敞廊下设置5级台阶可由门厅步入花园，这幢建筑在周围绿树的映衬下颇有美国南方庄园的风情。院内由车库、厨房和佣人房构成的副楼位于主体建筑东侧，临桃江路有东、西两处出入口，内有一条车行道连接。面北向开设的主出入口上端，覆盖有一人字坡雨棚。入内右边是接待室及客厅，左边是餐具室。餐具室的南面连大餐厅，往东出边门经走廊可达厨房。屋中的摆设为制作精致的欧式风格，楼上一整排方形门窗让阳光满满地洒入室内。建造这幢花园住宅的业主是外国人迪希勒，到了20世纪30年代中期，这幢住宅的主人已是柯尼西夫妇。柯尼西先生当时是美孚石油公司负责中国业务的3位总经理之一。抗战胜利后，国民政府离开重庆，相当部分党政军要员到上海后都成了接收大员，桃江路31号建筑也就成了蒋介石的嫡系——宣铁吾的私人住宅。

宣铁吾是浙江诸暨人，黄埔军校一期学员，曾为陆军中将。此人与蒋介石和蒋经国私交融洽，深受蒋氏父子的信任。抗战胜利后蒋介石亲自点名由宣铁吾担任上海警察局局长兼淞沪警备司令部司令，1948年任京沪杭警备总司令部副总司令。1949年夏，宣铁吾移居香港。1960年，又应蒋经国、陈诚的邀请去了台湾，任南山工商学校常务董事。对于宣铁吾，民间流传着这样一则故事：据说在抗日战争时期，宣铁吾过生日，邀请著名画家齐白石赴宴作画。齐白石来到宴会上，当场铺纸挥毫，瞬间一只水墨河蟹跃然纸上。满场宾客纷纷鼓掌赞不绝口，喜形于色的宣铁吾也双手相拱，表示感谢。不料，齐白石笔锋轻轻一挥，在画上题下一行字——“看你横行到几时”，后书“铁吾将军”，然后头一仰，拂袖而去，众人愕然。

现在这里成了民居，门前开出了一家姐妹咖啡馆。这家由一对模特姐妹花跨界经营的咖啡馆坐落于31号前的一个两层小楼内。奶黄色的外墙，原木的门窗装饰，红色的雨篷上方是手写体的英文“姐妹咖啡馆”。二楼窗前的花架上摆满盛开着鲜花的花盆，洋溢着一股清新柔美的气质。以白色为主的室内设计纯情优雅，墙上挂着的色彩绚丽的时尚图画为这素雅的世界增添了活泼的气氛。在一楼的角落里种着一株舒展着硕大枝叶的芭蕉树，充满生命的张力，而透明的玻璃屋顶还可以让情侣们在夜晚坐着“遥看牵牛织女星”呢。

老上海的旧梦、东西方的优雅、大都市的风情，就这样汇聚于这条短短的小马路上。

高邮路：深藏着的雅致

高邮路东起复兴西路，西至湖南路。该路辟筑于1925年，原名“高逖爱路”，是以1869年来华任旗昌洋行职员的法国汉学家高逖爱（Route H.Cordier）的名字命名的。1943年10月，这条路改名为“库信路”，1945年11月改为“高邮路”。初筑时这条路仅至今高邮路63号，有一条小弄通至湖南路，至1958年转折向南延伸，与湖南路相接，始全部贯通。

高邮路最初是以法国汉学家高逖爱的名字命名的，高逖爱被认为是西方汉学家中伟人的先驱者之一，一生著述甚丰。当年高逖爱回国后任巴黎东方语言学院教授，是亚洲学会会员、皇家学会荣誉会员和法兰西学院会员，还是重要的东方学刊物《通报》杂志的创办人。

由于这条路很窄，给人的感觉好像是一条弄堂向马路外延伸的一部分，而且，因为曲折有度，所以说不清它是南北走向还是东西走向，于是，这条深藏在湖南路与复兴路之间的路就有了曲径通幽之美。道路两旁全是一排排有年头的洋房，成行的法国梧桐宽大的树冠把整条街衬托得格外清幽。在路上漫步，不时会看到一幢幢隐藏在弄堂深处或独立、或联排式的精巧小洋房。同时，它还默默地对着丁香花园幽静的后门，阅尽了世事沧桑，也就更加神定气闲了。

低调的高邮路其实有着可以炫耀的以往。新中国成立前，这里住的很多是“有身份”的人家，还有不少洋行的襄理。新中国成立初期，华东局党政机关就设在这条路上，陈毅、潘汉年、刘亚楼、陈赓等党政军界的领导先后在这条路上办公、居住。

高邮路街景

藏着老上海故事的弄堂

高邮路复兴西路路口耸立着建于1936年的高狄公寓，1952年改名“高邮公寓”。公寓为5层楼，暗黄色的外墙，格式的钢窗，弧形的阳台，让人想起在欧洲电影中常见的法国老公寓，陈旧黯淡而又带点不拘之气。

高狄公寓对面是高邮路5弄，弄内散落着十几幢老洋房、小花园别墅和新式公寓楼，布局错落且不规则。斑驳的墙面，红砖的烟囱，还有枝叶茂盛覆盖到围墙外的大树，似乎都在无言地阐述着这里曾经的不凡。这条貌不惊人的弄堂里藏着不少老上海的故事，昔日上海滩不少大名鼎鼎的人物就曾经住在里面。午后，走进去，弄堂里没有人影，周围是少见的安静，一时不知自己身在何处。

在这条弄堂里的25号内隐藏着现代著名作家、文史学者郑振铎在上海现存的唯一故居。那是一幢外墙为白色糙面水泥墙的2层砖木结构建筑，平拱窗洞，红瓦铺盖人字形斜屋面，双坡顶，后侧北向有现代式平屋面，在周围土灰色的建筑中显得颇为醒目。这幢建于20世纪30年代末的洋房在整个弄堂里占地算是比较大的，局部地面设置汽车间，内部设施一应俱全。20世纪20至40年代，郑振铎与茅盾、叶圣陶等人建立了“文学研究会”，创办了《小说月报》和《公理日报》。抗日战争爆发后，日军入侵上海，郑振铎并没有避走西南后方，而是选择留在上海，困守“孤岛”，担任上海文艺界救亡协会主席，投身于爱国救亡运动，在烽火硝烟中为国家抢救、收购了大批珍贵的古籍文献。1942年他在友人帮助下，搬至高邮路5弄25号。他只住了这幢小洋房二楼东部的两间房：一间做卧室，一间做书房。住宅楼前有一个小小的庭院，园内绿树婆娑，郑振铎每天在这里散步或阅读，夏日傍晚在这里纳凉。本来是很宁静的一个环境，不料正对着湖南路262号周佛海豪宅的后门。那时湖南路叫“朱尔典路”，周宅外墙特别高，墙上装着通电的铁丝网，郑振铎书房的南窗，正对着周佛海家的厨房，烟突里的煤烟，常常会飞扑到他的书桌上来，烟灰不绝，弄得他不敢开窗。一到晚上九十点钟，必定有胡琴声和学唱京剧的声音传进他的卧室，而且周佛海家整夜的灯火辉煌，笙歌达旦，吵得他无法安睡。郑振铎在这里一直住到1945年。现在这座结构为三上三下的住宅保存完整，里面住进了六七户普通人家。

25号对面是一幢砖红色的小洋房，门前有棵高大的合欢树，茂盛的枝叶一直碰到对面郑振铎旧居的白墙，并在弄内投下巨大的阴影。盛夏时节，它还会开粉红色的花，届时，满弄飘散着阵阵淡淡的花香。墙角栽着几枝蜡梅，在万花纷谢的时节，它会静静地不动声色地吐着幽香。想来这种味道也只有在这样的弄里才会有。遐想间，楼里传出叮叮当当的钢琴声，把四周衬托得更加幽静了。

这条弄堂的34号，住着著名电影艺术家陶金。对这个名字，老上海和老影迷都不会陌生。1947年，淘金先后主演了两部中国电影史上的著名影片：《八千里路云和月》和《一江春水向东流》。尤其是《一江春水向东流》，在上海公映后反响极为热烈，连映3个多月，观众人数达70多万人，当年，上海滩几乎达到了家喻户晓的程度。陶金在《一江春水向东流》中饰演第一主角张忠良，不论是转变前高呼抗日、不怕死不怕坐牢的有志青年，还是转变后委曲求全、低声下气的富家女婿，都被陶金演得有声有色、栩栩如生，他用出色的演技将张忠良的整个转变过程演得合情合理。陶金的名字也就此走进了上海的千家万户。尽管当年陶金是万人迷，但他为人诚恳，生活简朴、节俭。20世纪三四十年代，社会上流行穿西装，而陶金的西装是在旧货摊上买的。他不讲排场，不铺张浪费，不计较个人名利，不喜欢出入交际场所，一心扑在电影事业上，对电影以外的任何东西没有丝毫兴趣。新中国成立后，陶金从香港回到上海。不久，他参加了影片《宋景诗》的拍摄，受到观众的称赞。此后，陶金专门从事导演工作。

陶金有一个幸福的家，他的妻子章曼苹、女儿陶白莉、儿子陶令昌都是电影工作者。妻子章曼苹在20世纪30年代的剧坛上，比陶金的名气更大。登上银幕后，她拍摄了《街头巷尾》、《有一家人家》、《群魔》等影片。陶金在家常和儿女说戏，启迪他们提升演技。在他的熏陶下，女儿陶白莉早在1958年就主演过电影《上海姑娘》，之后，又在《斗鲨》、《小花》、《在这块土地上》等影片中扮演了主要角色。儿子陶令昌在香港从事电影工作。1981年

高邮路5弄34号

春，陶金主演的《一江春水向东流》在美国展映，获得了极大的成功，许多美国电影工作者和文化界人士激动地向这位20世纪40年代风靡一时的影星表示祝贺。

盛名一时的上海滩名媛

这条弄堂里还住过好几位昔日上海滩的名媛。

老上海人都知道美丽牌香烟，美丽牌烟盒的模特吕美玉当年红遍了上海滩，而她赢得的维权官司更是让她名满神州大地。新中国成立后，这位大美人就住在高邮路5弄48号二楼。

吕美玉出身于演艺家庭，父亲吕月樵是京剧老生，两个弟弟也从事话剧和京剧工作。当年，吕美玉因主演京剧时装戏《失足恨》名噪沪上。20世纪20年代，市场上充斥了大量高档外烟，国产高档卷烟仅有南洋烟草公司生产的黄、白金龙卷烟与外商竞争。华成烟草公司总经理陈楚湘决定创出自己质量上乘的产品，以增强国产高档卷烟的阵容。1925年春节期间，他偶然看到吕美玉的一帧时装京剧《失足恨》的半身剧照，惊为天人；继而灵机一动，决定请吕小姐做自己卷烟的代言人，并取名“美丽牌”。他别出心裁地以此剧照为蓝本，请著名画家谢之光精心绘制成了钩金圆形人像框，周围点缀数枚绿叶，衬以虎黄色美术图案的商标，以此作为新出品的上等卷烟“美丽牌”香烟的烟标，还每盒附赠精美绘图彩印香烟牌子一张，随即投放市场。陈楚湘在广告宣传上也动足了脑筋，他为美丽牌香烟设计了朗朗上口的广告语，即“有美皆备，无丽不臻”。这个广告语对仗工整，妇孺皆知。陈楚湘还利用报纸刊物登载了大幅广告，并在车站、码头、闹市口到处张贴广告。吕美玉漂亮的剧照作为外包装顿时风靡全国，大有取代英美烟草公司已经出名的香烟牌子“大前门”和“红锡包”的趋势。

但是，华成烟草公司擅自取用吕美玉的剧照为其香烟大做广告，显然侵犯了吕小姐的肖像权。其时，吕美玉已告别舞台生涯，做了法租界华董魏廷荣的继室。1927年她和丈夫以“形象侵犯”的名义向法院提起诉讼，要求华成停止侵权并赔偿损失。权衡利弊得失，华成公司提议以香烟销量按一定比例让吕美玉提成获利。此事曝光后经新闻媒体一番炒作，成了上海老百姓的热门话题，反而使得美丽牌香烟名声大振，销路大开，不满一年即盈利累万。凭借这场官司，美丽牌香烟成了上海滩的名牌香烟，华成烟草公司也一跃成为国内烟草企业中的名牌企业。

高邮路5弄48号是吕美玉铅华褪尽后的寓所，她与丈夫在这里住了10余年。这是一栋2层小楼，他们住在楼上两室一厅的房子里，楼下住着一家老干部，两家各占一半花园，中间用竹篱笆隔开。上楼的楼梯在室外，楼下有一扇小门通往花园。吕美玉家的花园里有一口老井，有两棵大铁树，草坪上散置着一些石刻雕像。20世纪50年代，魏廷荣向国家捐献过200多幅珍贵字画，其中最有名的就是元代王蒙的《青汴隐居图》，被定为国家一级文物，现在收藏于上海博物馆内。

这条弄堂里还住着赵四小姐的嫂子吴靖、袁世凯的孙媳朱章绣。吴靖是上海民国时期的一大名媛。她的祖父是天津"四大买办"之一、汇丰银行买办吴调卿，外公是上海滩传奇人物、中国通商银行第一任总董严筱舫。她是清华大学的第一届女生。当年，温柔的吴靖公开抗婚，拒绝家里的安排，坚持嫁给了清华大学的同学赵燕生而成为"赵四小姐"赵一荻的嫂子。吴靖原名吴佩琳，3岁时，被父母从天津送到上海虹口外婆家的大宅院里，以慰老人膝下寂寞。13岁要上中学的时候，因为严重的关节炎，被母亲带回天津家，入读天津中西女中。1927年，17岁的吴靖从报上得知自己神往已久的北京清华大学开始招女生了，在此之前清华大学只招男生。于是就跟大姐吴佩球一起去报名。但是刚读了一年高中的吴靖没有高中毕业证书，于是她跑到天津教育局，请求开具一张同等学力的证明，还好，天津教育局很开明，给开了。考试结果，姐姐没有考取，妹妹却考取了，主攻西洋文学专业。在报考清华的时候，为了去掉自己名字的女孩子气，她把名字改成了吴靖。就这样，吴靖成为清华大学的第一批女生。那一届清华学生有100多人，女生只有18名，吴靖是其中年龄最小的一个。后来，大姐吴佩球考入燕京大学家政系。在清华大学，吴靖和身材高大、长相英俊的同班同学赵燕生关系很好。赵燕生是津浦铁路局局长赵庆华的六公子、赵四小姐的六哥，又

高邮路5弄内小楼

名赵国基。赵燕生喜欢戏剧、美术、打球、社交，进入清华园后，他不仅是清华足球队的守门员，也是棒球队的主力。吴靖和赵燕生早在天津时即已熟悉。到了清华后，两人经常一起去看望住在北平顺承王府的赵四小姐，而赵四小姐差不多每个月都要来清华一两次，和他们一同逛游北平名胜古迹，或一同进城吃馆子，偶尔张学良也作陪参加。

孰料，大三那年，吴家二小姐竟闹出了轰动一时的“逃婚”风波。那年暑假，吴靖母亲带了她去上海相亲，回到天津吴家大院，又逼着她退学，准备嫁人。受过新潮教育的吴靖哪里肯从，在赵燕生等人的帮助下，吴靖半夜翻墙逃离吴家大院。家里登报寻人，她也不予理睬。僵持数月，父母不得不作出妥协。复学后，吴靖转到了清华大学经济系。1933年，吴靖和赵燕生双双从清华毕业后，在天津正式结婚，吴靖便成了赵四小姐的六嫂。1940年，吴靖夫妇带着两个孩子再次来到上海，在高邮路5弄7号一栋小楼里住下。新中国成立后，赵燕生与吴靖都担任教师工作。1979年赵燕生过世后，吴靖仍然一直住在高邮路的这幢房子里。赵四小姐也仍然念念不忘她的六嫂，曾约吴靖到美国见面。张学良夫妇定居夏威夷后，吴靖每隔两年都要去探望一次。

当年，袁世凯的孙媳朱章绣也居住在这条弄堂里。朱章绣也是一位名门闺秀，生母孙丽芳是光绪帝师孙家鼐的后人。北洋政府时期，朱章绣的外公孙多禔，在松江和扬州做过盐务，也主持过中国实业银行天津分行。朱章绣的公公袁克桓是袁世凯六子，近代实业家。1945年抗战胜利，20岁的朱章绣与袁世凯的孙子袁卫，在天津举行了中西合璧的盛大婚礼。婚后不久，袁卫赴美国留学。朱章绣留在天津，过着少奶奶的优渥生活。新中国成立后，动员海外游子报效国家，朱章绣也写信动员丈夫回来，后经国务院特批，一家住回了朱章绣的出生地上海。

如今，这些民国名媛们曾经的风光早已被岁月磨去，只留下淡淡的记忆。

爱国民主人士何世桢的旧居

高邮路68号曾经居住着爱国民主人士何世桢。

何世桢有着显赫的家族史，他的祖父何芷舠在清光绪年间位居湖北汉黄道台、江汉关监督以及扬州的两淮盐运使等。1883年，49岁的何芷舠归隐扬州后，购得片石山房旧址，创建了一座私家大宅院，他为这座大宅院题名“寄啸山庄”，但因为园主姓何，世人都喜欢称之为“何园”。曾任清政府驻法国公使的何芷舠将西方建筑特色带回了文明古国，并吸收中国皇家园林和江南诸家私宅庭园之长，又广泛使用新材料，吸取众家园林之经验而有所出新，使何园成为清代后期扬州园林的代表作，在江南园林中独树一帜，被业内专家誉为“晚清第一园”。何世桢的父亲何声灏金榜题名，钦点翰林。他的科场试卷曾一度作为应试范本，广为流传，原件至今被保存在南京的江南贡院里。大约在1901年，年近70岁的何芷舠突然卖掉何园来到上海。在上海期间何芷舠并没创办实业，只是买了一些公司股份，参与管理，并将两个孙子何世桢、何世枚送入美国密歇根大学学习法律，两位均获法学博士学位。“五四”时期，何世桢在东吴大学读书即参加了学生运动，曾被选为上海学联评议会评议长、全国学联副会长，由此得识孙中山先生并秘密加入国民党。何世桢在美获法学博士后，适逢孙中山因陈炯明叛变来沪，他取消欧洲旅行，径返上海，任东吴大学法学院法律教授兼上海大学英文系主任，继续在中山先生领导下从事革命活动。1924年，何世桢辞职在上海创办了持志大学并亲自担任校长，世枚任副校长兼教务长，实现了祖父办学兴教的遗愿。持志大学就是今天上海外国语大学的前身，可以说何氏一家为中国近现代化的发展作出了杰出的贡献。当时的政界要人和社会文化名流如张居正、于右任、孙科、蔡元培、何应钦、刘海粟等人都曾为持志大学题词。何应钦题为“与年俱进”，蔡元培书写“进德修业”，于右任亲题“成德达才”。持志大学共办了15年，直至1939年9月14日国民政府下令停办。

何世桢在上海期间曾居住在高邮路68号一幢西式独立式花园住宅内。这幢3层高的建筑建于1927年，体量较大，南立面左右对称，显得庄重典雅，具有比较典型的西方新古典主义风格。住宅东面有较大的花园。建筑平面呈长方形，平缓的四坡屋顶，顶部退为大平台，周边设女儿墙，出挑屋檐带有齿式饰品。立面对称，设贯通两层带凹槽的爱奥尼克柱式门廊，两侧还竖有方

何世桢旧居（现为华甸园大酒店）

形壁柱，柱头上雕刻着盾形装饰，三段划分，有很强的竖线条感。二层柱间有宽敞的内阳台，阳台栏杆为铸铁花饰。西向挑出较大檐口，设有开敞式阳台，阳台脚下有一对牛腿，南向墙面用水泥砌筑，两侧则用褐色面砖砌筑，石头砌筑的窗框配制钢质玻璃窗，纹饰线脚做工考究。室内门厅入口，设置塔什干柱式，是典型的仿罗马风样式。栏杆扶手和窗套的几何图案、入口两边壁柱顶部的浮雕、正立面及墙隅的白色石材贴面，透露着该住宅古典传统气息中的风格混杂。大厅内石膏平顶及四周线脚处布满细腻的花饰，两侧壁炉用花岗石镶嵌，两旁设游廊。室内为大理石装饰，柚木护壁板，线脚有花纹，局部装饰带有装饰艺术派风格。中段柯林斯式圆柱和壁柱通高2层，形成气派的门廊和露台，尽显大家风范。

解放战争时期，何世桢的寓所曾做过中共地下组织情报工作的重要基地，秘密电台就设在何宅的三楼。那时，新中国成立后任上海市委统战部副部长的刘人寿带领几位电台工作人员终年奋战在楼上，何世桢的夫人天天亲自爬上楼梯为中共地下工作者送饭，直到上海解放。这幢住宅和它的主人在这幢住宅里留下的光荣史迹，传为佳话。新中国成立后，这幢花园住宅由上海市政公用局工会上海电力公司分会购入，以后使用单位屡有变更，但基本属于电力系统。在使用过程中，曾对该处房屋进行了一定的改造，如1980年代初在原有房屋上加层。如今，这里为华甸园大酒店。

高安路：与世无争的宁静

高安路北起淮海中路，南至肇嘉浜路。该路辟于1914年，原名“高恩路”，1943年10月改为“高安路”。

高安路曾经是非常冷僻的。一个世纪前，和它相交的肇嘉浜路还是一条碧波荡漾、岸柳成行的通航河道。在肇嘉浜北侧的高安路口有一座陈泾庙，该庙始建于明嘉靖十二年（1533年），因庙地处肇嘉浜支流陈泾旁，故名。1853年重修时，庙前已形成小集市。1929年时，这座庙还在，庙内陈设简单的供堂，一直维持到建国初期。后来庙屋成为陈泾庙道士的住宅，现已全部用作民房。庙旁的陈泾小学在1956年时改名为高安路第二小学，1976年并入其他学校，现址为徐汇区粮食局。虽然高安路地处当年法租界的中心地界，但高安路上，尤其是从淮海路到衡山路这一段，不大能够看见传统意义上的小洋房，更多的是符合现代派理念的公寓楼或者新式里弄住宅。这些建于20世纪三四十年代的建筑外形突破了传统的架构，抛弃了附加的装饰和外加的艺术形式，采用几何形状，简洁而不拘泥对称的外观，这让高安路一开始就染上了一种现代气息。

尽管如此，高安路还是一如既往的冷僻，它没有淮海中路的繁华，也没有肇嘉浜路的热闹，与临近的衡山路相比，似乎缺少了点儿风情。这条马路两边人行道上种植着高大的法国梧桐，格调却是高雅斯文的。在这条路上慢慢行走，你会感觉到一种优雅，一种与世无争的宁静，这条路临近领馆区，与淮海中路相交的路口矗立着享有“世界十大图书馆之一”美誉的上海图书馆，它的存在让这条路始终飘散着浓得化不开的书香。

高安路街景

现代派公寓和新式里弄

高安路1弄坐落着建于20世纪40年代初的高安新村，原名“高恩新村”，由高恩路而得名，1955年改为现名。高安新村是新式里弄，内有砖木结构3层楼房10幢。弄内11号，建于1948年，是一幢西方现代派建筑风格的独立式花园住宅。住宅3层，平面与形体采用了相当灵活的建构方式，尤其是建筑二层、三层的屋顶花园，光洁的墙面和多处转角窗与圆形窗，既是现代建筑的典型，也投射出这些手法带来的崭新生活空间。住宅室内设计品质很高，如曲线优美的圆弧楼梯的扶手木装修细腻流畅，铁艺装饰栏杆花饰精致，显示了传统与现代的交融。这幢花园住宅最早的业主是原中国水泥厂经理徐美峰，此人在新中国成立前享有“水泥大王”的称号。新中国成立后，徐美峰历任江苏省工商联合会副主委、南京市政协副主席等职。现这里为普通民居。

高安路6弄坐落着瑞安新村。弄内1号是典型的现代派建筑，建于1940年，体形简洁自由，阳台强调水平线条，立面为非对称布局，墙面采用大开扇钢窗，收分式平屋顶，檐口出挑较深，屋顶竖立烟囱。南立面逐层退台，形成楼层面的宽大阳台，北侧设有圆弧形楼梯通道。建筑主入口设计颇具匠心，双扇圆弧木门表面带有精致的浮雕和金属镶饰，屋内多处使用了彩色大理石材作装饰，房间的壁炉皆采用现代风格。屋内的装饰较多地体现了中国传统文化特征，如莲花造型，方圆的运用等。该住宅原为棉纺厂老板施成孙住宅，原先在建筑东、南、西三面皆有大花园，现仅存南花园局部。

沿着高安路向南走不多远，在转角处高安路14号坐落着一幢6层大楼，它就是高安公寓，原名“阿麦仑公寓”，建于1941年。由于该地皮处在路口而且占地面积很小，建筑师因地制宜将平面设计成弧形，充分利用马路作为人流和车流的交通线。建筑立面配合弧形平面，以黄色面砖饰面，辅以白色花台、窗套和挑檐线条。这座公寓的底层没有住宅，为门厅、汽车库和司机宿舍。住宅大门有2层楼那么高，入口的红色大理石贴面让这座大门给人以类似银行建筑般的威严感。门厅结合地形，设计成三角形平面，地坪用米黄色水墨石，上面开放式的圆形图案中间镶嵌着“A”、“L”两个相交的英文字母。

这两个相交的英文字母暗藏着一个爱情故事。原来高安公寓的设计师是法国人Alexandre Léonard，他的中文名字叫“赉安”。他和他的“赉安洋行”，在上海留下了不少著名的建筑，比如淮海中路上的培恩公寓，乌鲁木齐路上的麦琪公寓，武康路、湖南路交叉路口的密丹公寓等，都是这位巴黎美术学院毕业的设计师留给上海的作品。阿麦伦公寓“Amyron Apartments”中的Amyron是希伯来语，字面上的意思是“我的国家是一首歌”。而这栋建筑正是赉安献给他的第二任妻子、舞蹈家、诗人Anna的。A代表建筑师夫人，L代表建筑师，不管他们将来去往何方，但两人的爱情见证却永远留在了中国上海高安路的公寓里。带着爱情来设计公寓，自然也使公寓染上了浪漫的色彩。公寓的二层至四层，每一层均设一个两室户和一个三室户，每户东南向设有内阳台和挑出的花台。五、六层为跃层，拥有超大型的房间及阳台和露台。六层的扇形大房间和弧形楼梯、圆形小房间组合在一起，相互呼应。建筑强调立面的横向线条，以横向长窗、水平带状阳台来表现现代建筑的特征。最为抢眼的是它立面两端设置的大阳台，越往上越往里缩，长而扁的弧线转角，顶部有着遮阳薄板，视角有270°，显得非常气派。由于这种曲线的设计，里面的房间布局竟然有圆形的，整个建筑呈现简洁、流畅的现代建筑风格。

阿麦仑公寓的2号曾居住过中国近代科学奠基人之一任鸿隽和他的妻子陈衡哲。任鸿隽曾创办了《科学》月刊，其论文、专著和译著成果颇丰，涉及化学、物理、教育、科学思想、科学组织管理和科学技术史等诸多方面。陈衡哲是我国新文化运动中最早的女学者、女作家，她是中国第一位公派女留学生、中国第一位女教授。1949年5月上海解放，任鸿隽是陈毅市长登门拜访的第一位科学家，地点就在高安路的这处住宅。任鸿隽一家在这里一直住到1956年。这幢公寓对面是有连续3个拱门立面的现代化大厦，这是上海人事局的办公大楼，大楼围墙南边设有两个书店，都是上海市委宣传部所属的书店，散落着淡淡的书香气。

建于1939年的高安路25号是一幢独立式花园住宅，建筑为假三层，清水红砖墙面，双坡顶，有棚屋形老虎窗。南面起居室呈六边形突出墙面，上部为露台，屋顶烟囱呈锯齿状平面，较有特色。据说民国时期国民政府国防部保密局局长、有军统“笑面阎罗”之称的毛人凤曾寓居于此。

在高安路48号坐落着的西湖公寓外墙颜色是建筑中比较少见的湖绿色。这使这幢体积庞大的公寓显得分外引人注目。西湖公寓建于1928年，原名“华盛顿公寓”，因地处锐角形街角，公寓总平面略呈三角形，新中国成立后改名为“西湖公寓”。这栋公寓是中国地产商李石林、卓镛诗投资建造的，后来才抵押给了维克多·沙逊旗下的“新沙逊洋行”，在抗日战争爆发后，又被沙逊转卖。由于两面临街，公寓底层用作店铺。初建时，公寓为9层。该公寓完全摒弃了当时在上海十分流行的欧洲文艺复兴时期风格，较早地采用了西方现代建筑的简洁理念，平顶、凸窗和凸阳台强调了整体硬朗的竖直线条。湖绿色水泥拉毛墙面，但在出入口门框及上方的窗肚墙上特地作了装饰艺术风格的处理，白色水泥制作的几何形式浅浮雕近似于花和叶子，远看又有点像浪花，入口门框呈向上层层收缩形态。这幢建筑在当时有着最超前的设计和设施，公寓的标准层，由3个单元拼接而成，每个单元都设有主楼梯和辅楼梯以及一部电梯，是上海滩最早使用电梯的公寓建筑之一。1982年在原公寓上加建2层，现为11层。可惜那些精致而耐人寻味的细节却没有复制上去。著名京剧表演艺术家李世济之父李乙尊、上海滩名媛严仁美都曾在西湖公寓居住过。西湖公寓对面是建于1939年的沙利文公寓，曾名“贝当公寓”、“康绥公寓”、“康脱公寓”、“乔奇公寓”，新中国成立前因公寓楼下曾设沙利文糖果店，故习称“沙利文公寓”。公寓为5层钢筋混凝土结构，现楼下设有各种商店，楼上为住户。

建于1947年的高安路60号和62号的首长公寓可以说是汇聚了众多上海经典公寓的优点，公寓高5层，乳白色墙面，窗户下的墙面点缀着几块耐火砖，檐下有连续券式，带有西班牙风格。内阳台为圆弧形，封闭式的阳台栏杆中间和两边镂空。小区环境幽雅，门前有很大的花园。新中国成立后该公寓因军区首长居住于此，因而被称为“首长公寓”。旁边的72号是一幢2层法国式花园住宅，建于1925年。建筑局部有古典装饰，窗户装有木质硬百叶窗。主入口门廊的人字坡顶、红砖拱券和厚实的水泥支托成为其独特的装饰，二层阳台四周饰有塔斯干立柱。这里最早的主人是一位法国商人，新中国成立后由市机关事务管理局使用，1968年至1976年间为疗养院，原上海市副市长宋日昌曾在此居住。建于1920年代的高安路77号是一幢具有德国青年派风格的花园住宅，住宅门前有花园草坪。屋顶为红色筒瓦铺设，白色外墙部分饰以红砖，显得活泼多姿。住宅主体两层，局部3层，南面有门廊和阳台。最为引人注目的是折檐坡顶的三层部分，在犹如流苏般的屋檐下，弧形阳台显得格外小巧精致，与拱形的半露木架形成饶有趣味的呼应。屋檐侧向有木托架支撑，细腻而不繁复。两层部分的阳台、栏杆和柱子与另一半风格并不统一，但简洁的形式，尤其是阳台两侧饱满又略显稚拙的粗短多利克圆柱，与拱形半露木架的小巧形成了和谐之美。

高安路上这些具有鲜明个性的建筑如今已成为都市建筑文脉的一部分，随着时间的延伸，更加显示出它恒久的魅力。

著名会计师徐永祚的故居

高安路99号是一幢折中主义风格的独立式花园住宅。该建筑是我国著名会计师徐永祚的故居。徐永祚曾任上海《银行周报》编辑、主编，银行公会书记长和上海证券物品交易所会计科长，并曾担任过上海商学院、复旦大学、光华大学教授等职。徐永祚1923年开始执行会计师业务，在上海创办了与立信、公信、正则齐名的徐永祚会计师事务所，成为上海乃至全国规模较大、声誉较好的四大会计师事务所之一。徐永祚曾发起改良中式簿记运动，发起成立中国第一个会计师公会——上海会计师公会，对于中国商界和会计界、中国会计制度的改革有很大的影响。他还先后参与修订或起草了《会计师条例》、《公司法》、《所得税法》、《交易所法》等多部法规。

1936年该幢房子建设完工后，徐永祚就带着夫人、2个儿子和5个女儿一起搬了进来。住宅附设一个大庭院，庭院里有假山、竹亭、方石桌和圆石凳，种着玉兰树、枇杷树、桂花树和芭蕉树等。建筑外墙模仿石材的颜色，并带有多处装饰。山墙顶部为椭圆弧线收头，西式高浮雕纹样与当时众多石库门门头装饰同出一辙。红瓦顶上开设老虎窗，南立面为三段式构图，两侧底层为凸窗，托起二层的阳台。中央低层门廊和二、三层露台微微外突，两端有西方古典柱式收头，与两侧山墙弧线形成呼应，使立面在庄重中显得活泼。住宅入口门厅以蓝白相间图案的马赛克铺地。这幢三上三下格局的西式建筑内部却呈现出中西合壁的风格。一层的中厅是中式的，带扶手的红木案几上挂着条匾；东、西两厅完全是西式的，铺着窄窄的柚木地板。西厅用来会客，东厅摆着一张长约4米的浅黄色的柚木大餐桌，东厅后面的小间内还摆放了一台西门子冰箱，这在那个年代可是十分稀罕的物件。“八一三”事变初起，徐永祚在这里保管了上海抗敌后援会所有证件、账册，后来这幢住宅又成为“星期五聚餐会”的地点之一，黄炎培、盛丕华、胡厥文时常出入此地。这里曾经是当时上海中共地下党重要文件的寄送地址，存放过刘少奇委托的上海总工会的查账案卷、招商局以及许多民族资产阶级所办实业的历年查账案卷等物。徐永祚在这里住了整整25年，一直生活到1961年他离开这个世界。

徐宅旁边的高安路93号，建于1928年。20世纪30年代，这里曾是一位将军的私宅。这是一幢假3层的近代法式风格花园住宅。红瓦组合坡顶，外凸小阳台有圆锥形底托，淡青色水泥拉毛墙面，局部以白色壁柱装饰。该建筑富有特色的地方是对跌檐式山墙的处理，局部山墙上的水泥仿半露木构架和顶层的半圆形窗等体现了德国传统民居的特色。二层的曲线形阳台、简化了的柱头和牛腿显现出20世纪初德国“青年派风格”。南部廊道处采用支柱，下层方柱，下毛上光；上层支柱，下方上圆，形式独特，方柱柱身局部四角斜切，很有特色。现在这里成了“和平官邸2号”。一道厚重的黑铁门紧闭着，门牌号下面赫然写着“私家住宅，请勿打扰”。墙上悄悄藏着一个门铃，显得有些神秘，进得门来，却是另一番景象。院落一边是幢3层老洋房，另一侧是主人会客的茶室，中间小桥流水。地方不大，却十分清静雅致。小叶紫檀等红木家具和水晶灯饰衬托出老派上海宅院的昔日风光。这里主打的是中西合璧的新派风格，除了上海菜也有不少老板的自创菜。餐厅只设6个包间，讲究的是食材的原汁原味，这倒很符合现代人崇尚健康的理念。

大亨弄堂里的荣家花园

高安路18弄在旧上海曾被称为“大亨弄堂”。沿着弯曲的弄堂走，两边高墙爬满藤蔓，墙内的桂花透出阵阵清香。弄内17号至19号、21号至25号为建于1940年的春芬别墅，均为砖木结构3层楼房。弄堂深处的20号是一幢米色的独立式3层楼现代花园别墅。这里原系上海滩著名的“面粉大王”、“纺织大王”荣德生住宅，号称“荣家花园”。

这是一幢具有现代派建筑特征的平顶3层建筑，以水平线条为主，连窗户也多为扁扁的，层间和横向窗带遮阳板有突出白色边框装饰。建筑强调水平线条，并多处采用弧形阳台和楼梯间，部分横向长窗两边亦以弧形收头，呈现出风行于20世纪三四十年代的“流线型”建筑的特征。只有一楼门厅的2根承重柱采用意大利陶立克柱式，带有一丝古典主义风格。整个造型异常简洁，墙面以奶黄色涂料直线拉毛，显得活泼新颖，立面主体为黄色粉刷，装饰线条和柱式为白色，形成色彩对比。进入室内，便是一间大型的会客厅，也可作舞厅。房间顶部四周用石膏花饰，显得华美而文雅。厅两侧为衣帽间和休息空间，再过去便是餐厅和备餐室。在底层的东、西两侧建有转弯的木楼梯，沿楼梯上去，为二楼卧室，铺设柚木地板。朝南居中房间为荣德生夫妇卧房，两侧是书房和小会客室，东面几间是2个女儿的闺房，西面几间是3个儿子的卧室。三楼是辅助用房、储藏室，还有供亲戚朋友过夜的客房。平屋面楼顶上辟有露天花园，那是一个可以当作大舞厅的屋顶空间，由一个侧面的楼梯上去，顶部是一个大游泳池。就在这个屋顶花园里，荣德生和家人、亲戚、朋友常开舞会，进行社交活动。

抗日战争爆发后，荣氏家族在无锡等地的工厂毁于日寇炮火，仅靠库房里剩下的26万石小麦，在上海租界里重新创业。1939年，荣德生在这条僻静的弄堂里建造了这幢简洁、实用的别墅。房屋的风格在一定程度上表明了荣德生注重实际、淡泊虚名的实业家风范。别墅外是美丽的花园，栽有各类名花奇树，一年四季花开不绝，绿草如茵，林木葱翠。在这幢楼房里，荣德生重振旧业，除恢复被日寇破坏的茂新、福新、申新各厂外，还开设了一系列新的企业。抗日战争结束后，荣德生拥有18家棉纺厂、16家面粉厂和其他工

荣家花园（现为徐汇区少年宫）

厂，成为中国屈指可数的大企业家。荣家还准备自设植棉农场，筹办福利垦殖公司，为此，他们在常州、江阴、沙洲等地围垦大批沙田。荣老先生还策划了一个大规模的发展计划，一心想把荣氏家族财团原有的20个企业，起码再翻上一倍。

正在荣氏家族踌躇满志，准备大干一场之时，却发生了一件令人想不到的事。

1946年4月25日上午9时45分，天气晴好，荣德生在儿子荣一心、女婿唐熊源的陪同下从家中出来，登上自家的小车准备去总公司上班，车子刚开到弄堂口，迎面蹿出3个持枪男子，进行拦截。他们先是出示“第三方面军司令部”的红色逮捕证，强迫私家车上的人全部下车，然后再把荣德生塞进一辆“沪警15044”号黑牌车上，由南向西绝尘而去。荣家花园一下子像炸了锅，全家上下惊恐不安，社会上一时舆论哗然。绑匪将人质扣压在曹家渡一家石库门房屋里，直到一个星期后，荣家才接到绑匪的电话，索要50万元美金，否则就撕票。荣家子女救父心切，千方百计筹集外汇，33天后，50万元美金付清，绑匪当晚便雇了辆三轮车，把荣德生送到其女婿家中。这位老人被困匪巢长达月余，最后总算毫发无损地平安回来了。这对于只想化险为夷、破财消灾的荣家已是不幸中之万幸。但蒋介石政府却迫于压力，不得不下令破案。又过月余，特务头子毛森破了此案，抓获相关案犯15人，枪毙8人，追回了荣家赎金。可是，还未等荣家人缓过神来，毛森又伸手要破案费60万元美金。对于这笔破案费民间各有说法。据说，仅被军统二老板王新衡拿去的就有15万美金，外加一栋小洋楼，就是现在常熟路上靠近延庆路口的那幢。另据说，8人被枪决后，荣德生特意请了64个和尚，在自己家里为他们念经超度，说是“我虽不杀伯仁，伯仁由我而死” 。

虽然荣家只想平平安安地搞他的实业，但“树欲静而风不止”。社会上听说荣家已收回了赎金，不少社会团体纷纷要求荣家捐款，仅上海一地就有50多个，外地则更多。1947年，荣德生之子荣毅仁又遇到绑票，被勒索金条1根，美金5000元。屡遭不幸的荣德生身心俱伤，他在高安路住宅的屋顶平台上极目四望，不禁悲从中来，叹道：“呜呼！天下无公道久矣！”

荣德生1952年病逝。此前，他立下遗嘱："余从事于纺织、面粉、机器等工业垂60年，历经帝国主义、封建主义、官僚资本主义的反动统治和压迫，艰苦奋斗，今中国共产党领导全国人民革命胜利，欣逢解放，目睹民族工业从恢复走向发展……毅仁、鸿仁要积极生产，为祖国出力……"

新中国成立后，荣家将荣家花园捐给政府，1956年起，该住宅改为徐汇区少年之家，1960年，改名为"徐汇区少年宫"，成为祖国花朵的活动场所，也使这幢饱经风雨的老房子平添了许多活力和生气。

宁波巨商的地中海风格豪宅

高安路63号坐落着的厉家花园是一幢地中海建筑风格的花园住宅，建于1930年。这座2层小楼从外观上看并不特别引人注目，其实它在上海老洋房中几近"孤品"，整个上海这种地中海风格的小洋楼仅有2座，还有一座在上海汽车工业总公司所在地的武康路390号。

在外面观察这栋上海的稀有建筑，但见其沿街立面下部为砖饰，上部是奶黄色水泥拉毛墙面，在山墙的檐口西部有连续的双层半圆齿形装饰。整个立面比较引人注目的是出檐的开敞式半圆形拱券门，用红砖镶边，上面是一个半圆形的小窗，再上面是镶有一圈花纹的人字形尖顶。透过拱门，隐约可见里面的花园和内部主体建筑的一部分。住宅为2层，主立面朝南，中间的底层略向外突出，突出部分设计为三连续圆拱券支撑的敞廊。入口门廊处理特别，其廊柱上方下圆，圆形的柱身用了垂直向凹槽来增加肌理感，方形部分是水泥拉毛，四边还有微凸的木装饰。二层设计有露台，露台的鱼鳞状镂空挡板具有中国传统特色。四坡红瓦屋顶，屋檐下方有锯齿形。这种敞开式的相对低矮的门廊，上方下圆的廊柱让人想起意大利电影中充满阳光的别墅。花园是中式的，前院的一角还有中式园林里的假山石，门廊前摆放着两尊石狮子。室内充溢着中国传统建筑风格，以精美的木质装修为特色，护壁用的是简洁的几何形装饰。二楼客厅门饰用的木雕挂落是徽派建筑艺术装饰的一种。

室内大小会客厅有四五间，根据与客人的亲疏程度有不同的安排。一间只可容纳三四人的秘密小厅与外面可容纳八九人的会客厅，被门口图案细腻、手法精湛的紫檀木雕花门轻而易举地区分开来。打开主卧右边的一扇门，里面竟是地面较低的独立儿童房，奶妈房与儿童房的另一边仅为一墙之隔，可谓别出心裁。在二楼的阳台下面是一块草坪，草坪中有一棵年岁和房子相仿的广玉兰树。在花园靠近高安路的一角曾有个令现代设计师也叹为观止的狗棚，大约有15平方米，有一人多高，棚口还有个供狗玩耍的小广场。但是，在前几年破墙透绿时，狗棚已被拆除。

当年拥有这幢中西合璧小豪宅的是旧上海横跨房地产、信托、保险、煤电、纺织、绒线等领域的宁波巨商厉树雄。当年，厉树雄创制的“小囡牌”绒线曾风靡上海滩。厉树雄出身于宁波一个很有影响的家庭，就读于上海圣约翰大学，毕业后即涉足商界，与上海的不少洋行建立了密切关系。1914年，23岁的厉树雄以中国代表团上海代表的身份访问美国，受到美国总统的接见。这一年的世界博览会在旧金山举办，厉树雄又随团赴旧金山，了解世界工业技术发展情况。这次美国之行是中国政府和商界对厉树雄成就的肯定，也为他日后事业的发展打下了坚实的基础。回国后，厉树雄除了任慎昌洋行买办外，还担任江西地产营业公司总经理、上海华孚商业银行行长、芜湖电话公司总经理、厉氏兄弟公司经理；后来，又在家乡宁波创办电话公司，在丹阳创办电灯公司，成为上海滩著名的宁波籍实业家。他还积极参与社会活动和公益事业，并担任宁波同乡会、闸北慈善团、环球中国学生会理事。厉树雄于1948年移居香港，并创办信昌机械工程公司，1951年定居美国旧金山，1960年再次回香港主持信昌机械公司，1965年退休。1981年他将自己在香港的住宅出售，并加上多年积蓄一并捐给香港大学。1982年，香港建立了厉树雄科学馆。

现在厉家花园为上海市建设系统老干部活动中心使用。楼里的布局已经改变，功用也已改为公共活动场所，老人们的欢声笑语为这座建筑增添了温馨祥和之美。

昔日“牛奶棚”变身现代图书馆

在高安路和淮海路相交的路口，有一幢建筑造型别致，形若展开书本的建筑，它就是上海图书馆。该馆建成于1996年，之前，这里坐落着的是上海最大的一所综合性乳制品厂——上海乳品二厂，俗称“牛奶棚”。牛奶棚的正门就在高安路上。该厂初建于1911年，原是法国军队所占用的养牛场，后转为生产牛奶，以原场主“可的”的名字命名，称“上海可的牛奶公司”，开始对外营业。1955年5月改名为“上海第四牧场”，1959年10月又改为“上海乳品二厂”。

当年“牛奶棚”的名气在上海可谓家喻户晓。牛奶棚里养着奶牛，牛奶棚的大门时而要敞开，让装满奶牛的卡车进去。路上难免会有牛埘的气味，附近的马路上还常常听得到奶牛叫声，倒是为繁华的上海增添了几分难得的田园气息。当年，有孩子经过牛奶棚吵着要大人买牛奶吃时，大人就会说，当心那里一头很凶的牛蹿出来咬你！听到过牛叫的孩子就不响了。牛奶棚早期的生产方式不过是挤奶加消毒，然后装瓶出售。当天卖不掉的，才加工成奶粉，如此而已。

“牛奶棚”的名气响遍上海滩是在20世纪70年代末到80年代初。当年乳品二厂破墙开出了饮品店，其实里面只有4种商品——光明牌棒冰、光明牌雪糕、光明牌冰砖和光明牌掼奶油，其中尤以掼奶油风靡一时。“牛奶棚”里的这个饮品店是原先的内部食堂改建的，靠马路开了一扇门，里面约有100多平方米，很宽敞，放些铁脚台子、铁脚凳，头顶上老式电风扇哗哗地吹。那时候还实行“自动服务制”，账台付了钱，拿着一张小纸条到原来打饭的窗口去取饮品。当年没有吃过“牛奶棚”的掼奶油，如同时下没有去过“钱柜”唱歌一样，显然是落伍了。不过，牛奶棚的辉煌并没有持续太久，1993年春天，随着上海图书馆新馆的开工建设，这家在上海千家万户中留下难忘记忆的“牛奶棚”从此消失在滚滚红尘之中。

大多数上海市民对人民广场西侧钟楼式的老图书馆记忆犹新，那是新中国成立前的跑马总会旧址，1952年由博物馆改做上海图书馆。但其狭小的空间和落后的设施远远不能满足市民文化生活的需求，建造新馆迫在眉睫。

1993年3月25日，上海图书馆新馆工程，作为上海市“八五”期间社会主义精神文明建设十大硬件之一，在“牛奶棚”所在地奠基开工，历经3年建设，于1996年12月20日正式落成开馆，上海市领导和国际图联秘书长福赫德等贵宾出席了新馆开馆庆典仪式。这幢巍峨壮观的大楼为上海西南城区的天际增添了丰富的垂直线。

上海图书馆的艺术造型与形态致力于寻求建筑与环境的协调。新馆是由一幢11层的东楼和西楼一幢24层的塔式大楼组成，2幢大楼叠合在长条形的5层裙楼上。图书馆的设计吸取了具有海派特色的原上海图书馆旧址的一些特点，并加以抽象、提炼、简化成一组与旧馆形象有关联的符号，体现出建筑文化的历史传承。5层裙楼采用简洁的三段式立面，底层外墙底部全部采用辟斧花岗毛石，厚重的质感如同稳固的基座承载起知识的殿堂。一层以上墙面贴以米白色面砖与异形砖，不锈钢水落管巧妙地构饰立面线条。东、西两座塔楼造型呈多层退台式块体组合，互相呼应。竖向线条的窗户和一大一小两个方锥形塔楼高耸入云，体现出奋发向上的时代精神，象征着文化积淀的坚实基础和人类对知识高峰的不断攀登。正门的白色门额上有新中国成立后上海首任市长陈毅题写的“上海图书馆”5个大字，门额下有中国传统建筑的斗拱符号。

建筑分成东、西两个功能区，东区为古籍典藏、近代历史资料，西区作为书库及中外文图书阅览室。图书馆内拥有25个各类阅览室，图书馆藏书采用国外流行的“书店式”大空间格局，改变以往封闭式局面，强调开放借阅。为了方便读者，在入口处还建立了多媒体导读系统。这里的文化名人手稿馆名闻遐迩，里面收集了20世纪末中国文化名人的手稿和信函、图片、题词、签名本等珍稀文献数万件，以密集的信息显示了一个世纪以来文坛的旧事新闻，展示了广袤的文坛空间。新馆还是我国第一个引进信息管理系统的电子化图书馆，同时，它还是一个具备了报告厅、演讲厅、展览厅、学术活动室、声像资料视听室、音乐欣赏室以及同声传译剧场的多功能场所。我曾有幸两次在上海图书馆的演讲厅和报告厅与读者分享上海的城市风情，读者对知识的渴求和对这座城市的热爱之情令我至今难忘。

图书馆入口空间宽敞、大气，并以“知识”和“智慧”命名为两个广场，在淮海中路高安路转角处有一尊名为智慧树的不锈钢雕塑，形似人的大脑和小脑，智慧树下有涌泉和水波，显示出勃勃生机。2004年8月法国雕塑大师罗丹的传世名作《思想者》落户图书馆的正门前，这是由美国伊曼纽尔—伽弗戈艺术公司无偿捐赠给上海文化发展基金会的。《思想者》是罗丹于1880年创作的大型雕塑作品《地狱之门》中统帅全局的一个雕塑形象。矗立在图书馆门前的《思想者》高1.8米，青铜浇铸，系用罗丹绝版原模浇铸而成。

从图书馆大门口高高的台阶拾级而上，仿佛步入知识殿堂。大厅是连接东、西两幢楼的交通枢纽。大楼内还开辟了两个庭园，园内芳草如茵、绿树苍翠。南花园中矗立着一尊孔子的青铜塑像，似乎隐喻中华文化的源远流长，也为这幢现代化的大楼增添了古典的儒雅气息。

上海图书馆于1999年获“当代中国建筑艺术代表作”称号，在建国50周年时被评为“上海十大经典建筑金奖”，成为“上海十大标志性文化建筑”之一。它犹如一枚重量级的文化镇纸，重重地落在了淮海中路口的高安路上。

上海图书馆庭园

广元路：平平淡淡才是真

广元路东起衡山路，西至华山路。该路辟筑于1918—1921年，以曾任中国邮政总办多年的台斯德郎的名字为路名，又译称“铁士兰路”。1943年10月改名为“广元路”。

这条路没有住过什么显赫的名人，也没有豪宅，甚至连独栋的花园别墅也不见。路西段有建于1925年的海格里（后改名广元里）、义合坊等旧式里弄，以后又在路东段陆续兴建了花园楼房多幢及四维村、云堂村等新式里弄。马路两侧高大繁茂的行道树使得马路空间连成一片，清雅宜人。

广元路上多的是市井味浓浓的街景，沿马路有一些小店，大都低调地窝着，卖的也是一些日常用的东西，其中不乏衣服、鞋、帽，价格也不贵。这里咖啡馆和酒吧很少，夜晚安静极了，和旁边衡山路的灯红酒绿判若两个世界。近天平路还有个室内菜场，门口有个卖花的摊子，简陋的格子里摆着各色普普通通的常见盆栽，都是些时令草花以及现在流行的多肉植物，装在小小的塑料盆里，居民买菜的时候可以顺便捎带一盆回家。菜场旁边便是广元路153号的天平社区文化活动中心，里面设施齐全，是周围居民的好去处。在这条路上逛，扑面而来的尽是寻常生活的味道，轻松随意，应了一句“平平淡淡才是真”的俗语。

在法国军队营地上建造的衡山公园

广元路的居民是很有福气的，他们很早就享受到了家门口的绿色生活，那是缘于衡山公园。这个公园坐落在广元路与衡山路相交的广元路2号，原名“贝当公园”，它在这里已经有将近90个春秋了。

广元路街景

衡山公园是在法国军队营地上建造的。1925年8月，法国军队驻扎在广元路2号一带的营房里，法租界当局嫌这里场地小，部队操练不便，便另觅地方设置营房。部队撤走后，这里成了一块空地，法公董局决定把它改建成小花园。原址北部有一条旧河道，便用疏浚徐家汇河的河泥充作填土后在它上面种植树木，铺种草坪，还建造了一座亭子。1926年5月，公园建成后对外国人开放，并以旁边的贝当路命名为“贝当公园”。贝当路改名为“衡山路”后，公园也随之改名为“衡山公园”，园名由当时的副市长赵祖康题写。公园周边，通过种植高大的法国梧桐树构成了公园与城市的边界，使公园景观与城市隔离，自成一体，围合出完全封闭的空间形式。

进入公园内可见一个椭圆形的大花坛，花坛中种植着各色时令花卉，透露出国外园林的风情。大花坛既是园中一景，又起着障景作用，犹如门前屏障，使园内景色不至于一览无余。公园中央是一个占地1000平方米的大草坪，草坪的北面设置着一尊高2.6米的青铜翔鹰雕像，极有气势。在大草坪右侧斜坡前的花木丛中坐落着长须飘逸的沈钧儒先生半身铜像。沿花径小路迈上3级台阶，3米高的基座由3块不规则的巨石组成，呈由小到大向上托起的姿态，恰似火炬把手，象征沈钧儒先生一生经历过清朝、民国、中华人民共和国3个时代，始终如一为振兴中华而奋斗的战斗历程。用青铜制成的塑像高1.5米，先生笑容可掬，双眼微眯，须冉飘拂，有一种动感。铜像基座上的“沈钧儒先生”5个大字是已故国务院总理周恩来的手迹。成自然形态的4块大小造型不同的花岗石参差不齐地分布在基座两旁，在不规则中给人以和谐统一和有力度的美感。塑像旁一块碗形巨石上镌刻着介绍沈钧儒先生生平的文字。沈钧儒一生爱石，他常说石头最坚硬、最纯洁，他的书斋就名“与石居”，公园里特地让沈先生的塑像与石相伴，以遂他生前所愿。

新中国成立后这里曾作为儿童公园和以盆景为特色的公园，1965年起，因建设工程需要，停止对外开放，直到1987年4月10日才重新恢复开放。公园在基本保持原有绿化布局的基础上，改造了园内局部地形，并开辟了儿童乐园。园中的沈钧儒塑像是1991年11月建立起来的。园内还有3株百年香樟，2株在大门西面，1株在园东侧树丛中。

中国铁路工人纪念塔

广元路上最引人注目的莫过于中国铁路工人纪念塔。纪念塔黑色向上的瘦高造型静静地矗立在广元路衡山路路口的街心花园内，显得很酷。这座为纪念和表彰当年13000多名华工为建设美国东西岸铁路作出的巨大贡献而建立的中国铁路工人纪念塔是美国伊利诺伊州政府于1991年1月6日赠送给上海的，它是美国著名女雕塑家格洛妮亚·柯南设计制作的。

这座钢雕连底座高约9米，重1.5吨，中间一根钢柱，由当年建设铁路的3000多枚道钉焊成，连成一线盘绕钢柱而上，象征中美关系不断进步，成为中美两国友好交往的见证。纪念塔下部的碑文上用中、英文写着这样一段文字："中国建路工人所作的贡献是连接美国东西海岸并促成其国家统一的一个极重要的因素。本纪念塔用3000枚道钉塑造，以表彰他们的业绩，并象征伊州人民和中国人民之间的持久友谊。美国伊利诺伊州政府赠。州长詹姆斯·R.汤普森　塑造者格洛妮亚·柯南　一九九一年一月六日。"在纪念塔的侧面刻有"道钉绿地，改建于2006年9月"的字样。

将近一百年历史的新利查西菜馆

广元路196号的新利查西菜馆是一家历史悠久的老牌西菜名馆，原名"新利查番菜馆"，20世纪20年代初由西菜厨师张茂卿开设在今广西北路164号的福致里弄口。张茂卿原是外国侨民的家庭厨师，曾在国外工作多年。民国初年，张茂卿来到上海，继续从事他的老本行——西菜烹调工作。一次，张茂卿在英国人开的礼查饭店（今浦江饭店）亲眼看到中国人想进去吃西菜而被门童挡在门外，气愤之余决定自己开一家西菜店。于是，便动用自己多年的积蓄在福州路上开设了"一枝春西菜社"，之后又开设了一家经营中式西菜的"新利查西菜馆"。当时，上海滩上一些欧美西菜馆的英式牛排又大又生，腥味浓，不符合中国人的口味，而"新利查"烹制的牛排只有英式牛排的一半大，而且做得较熟，也不腥，入口鲜香，深得中国食客喜爱。"新利查"烹制的烟熏鲳鱼、葡国鸡、炸猪排以及各种色拉、布丁等质量好，价

中国铁路工人纪念塔

格也比英式、美式西菜便宜，很受食客欢迎。

大约在30年代中后期，新利查改名为“新利查西菜社”，与“一品香”、“晋隆”、“大西洋”等中式西菜社一起蜚声沪上，吸引了不少名人前来用餐。不但戏曲界的一些名演员如俞振飞、童芷苓、李玉茹、尹桂芳等频频光顾，连海上闻人杜月笙和他儿子杜维屏等也成了这里的常客。一些外国侨民也经常慕名前来该店品尝中式西菜，吃后也赞不绝口。新利查西菜馆的盛名一直维持到新中国成立前，生意始终兴隆，直至1950年，因消费对象减少而关门歇业。这一歇就歇了整整30年。

1980年，杜月笙的儿子杜维屏从国外回到上海，他看到上海喜欢吃西菜的人不少，西菜又像20世纪30年代一样成为一种时尚，于是，便想尝试开设一家和当年的“新利查”一样的西菜馆。他四处寻访，终于找到了“新利查”老板的孙子张履安，希望他设法找到原先在新利查工作的旧人及旧人之后，以恢复原汁原味的“新利查”。终于，昔日海上名馆“新利查西菜馆”重新出现在广元路196号。虽然后来“新利查”因故转于他人经营，但杜维屏的这一番苦心终于没有白费。一些老上海一说起“新利查”，就如数家珍，他们经常结伴而来，很大程度上是带着怀旧的感情。

在广元路上开设的新利查西菜馆外观带有老上海西菜馆的特点，红白相间的外墙，棕色的木门，上面是“新利查”的中、英文店招，一侧镜框里装着菜单，令顾客一目了然。菜式不仅保持了原有特色，而且不断创新，使菜肴具备了现代西菜的特色。其独树一帜的品质使之在时下激烈的市场竞争中得以胜出。“新利查”几乎每年都有新品种出现，如该店的招牌菜“烤牛排”是取用最嫩的牛排为原料，并综合了40种调味料浸腌，待牛排吸足了调料后，再烤熟上桌，保证了滋味的鲜美可口，而且价格较为低廉。广元路本来就是清静的小马路，西菜店开设在这里，得天独厚，不但老年人喜欢结伴到这里来怀旧，年轻人也喜欢来这里喝咖啡、吃西菜。1980年代住在襄阳公园对面的著名越剧表演艺术家尹桂芳，虽然因为中风而造成行动不方便，却常常叫人搀扶着前来“新利查”用餐，想来是这家西餐馆唤起了艺术家对于过往的记忆吧。

武康路：那一缕蚀骨的风情

武康路北起华山路，南至淮海中路与兴国路交会处，整条路呈优雅的弧线。该路辟筑于1907年，原名“福开森路”，以曾任上海南洋公学监员的美国人福开森姓氏命名，1943年10月改名“武康路”。

电影《色·戒》的最后一段，王佳芝放走了老易，然后脸色平淡、强作镇定地叫了辆黄包车，对车夫说：“到福开森路去。”电影里的福开森路就是今天的武康路。福开森是一个美国传教士，全名约翰·卡尔文·福开森。福开森1866年出生于加拿大一个牧师家庭，1886年从波士顿大学毕业后被派往上海协助当时的清朝买办官僚盛宣怀创办高等工业学堂，即交通大学前身，曾任监员（相当于今天的教务长）。1899年，福开森从英国人丹福司手里买下了中文的《新闻报》，自任报馆监督，居然把《新闻报》办得与上海的《申报》齐名，成为旧中国最大的报纸。

武康路已经有100余年的历史，难得的是至今依然保留着时代的印迹，无言地见证了这座城市的演变和新生。整条马路环境幽静而高雅，是上海中心城区最具欧陆风情的街区之一，并被誉为“浓缩了上海近代百年历史”的“名人路”。武康路上住过曾经叱咤旧上海的风云人物，许多文化名人也曾经寓居在这条路上。武康路的两旁种植着高大的悬铃木，各式花园住宅、公寓和新式里弄掩映其间。这条路安静、雅致，带着一点岁月熏染出来的沧桑。夏日，浓荫遍地；秋日，随风飘荡的片片落叶则把整条马路铺成了一条长长的碎金地毯。

武康路的优雅不仅仅是路上的法国梧桐和一幢幢临街的欧式建筑，而是一种蚀骨的、内在的风情，那是被时间炖出来的，需要慢慢去品。

武康路街景

武康大楼里的神仙眷侣

从淮海中路进入南北向狭长的武康路，路口巍然屹立着的一座犹如等待起航的巨轮般的建筑，这就是武康大楼，以前曾先后叫作“东美特公寓”和“诺曼底公寓”。外墙上褪色的红砖和门前石柱上的水痕遗留下岁月的沧桑，却掩不住它那逼人的气派。

这座公寓由法商万国储蓄会于1924年投资建造，请匈牙利设计师邬达克设计，建成后命名为“诺曼底公寓”，是为了纪念法国一艘著名战舰“诺曼底号”。在第一次世界大战中，“诺曼底号”战功卓著，后来被德国潜水艇击沉。第一次世界大战结束，法国是战胜国，这幢建筑就被命名为“诺曼底公寓”。这是一座典型的法国文艺复兴建筑式样的大楼，也是上海最早的外廊式公寓建筑。公寓共8层，楼身狭长，据说这是因为公寓的地皮在两条道路相交的三角形地块上，建筑师便因地制宜地将平面设计成了三角形，南面沿街底层是老欧洲的骑楼样式，连绵不绝的拱形门洞构成了一个半开放式的走廊，拱形门洞中看得见不同店面一一铺陈，那是邬达克的一个独特思路，使用退缩手法，让门洞中的那条长廊兼作了人行道，弥补了人行道的狭小。建筑一、二层立面是水泥仿石墙，顺理成章地成为建筑三段区划中的一个基座，整个底层只有高高的天花板和宽大的台阶。三层至七层外立面改为黄褐色砖块贴面，三层设环通的阳台式长走廊，犹如一条纤细的腰带镶嵌在建筑立面，四至五层立面有部分宽大的外挑阳台。仔细观察，你还会看到那些刻有螺旋花纹的“牛腿”、拥有三角形古典山花的窗楣以及外墙的镶拼色彩，在阳光下显出一种低调的精致，折射出一种名门贵气。建筑的顶层，则再次回到水泥仿石质墙面。八层的视觉焦点还在于那个长长的阳台，它很奇妙地沿着整个建筑外墙转了一圈，中间全部贯通，起到了顶部腰线的作用，强调了建筑立面的层次感。

走入底层大堂，黄色柱子上细细的直线条，黄色马赛克地坪上的八角形图案，黄澄澄的墙壁等都让人感觉到这座大楼曾经的奢华。在角落里发现了“藏”在那里的电梯，电梯的门顶上安置着一个指针盘，随着电梯的上升会一格格耐心地指示楼层。这幢楼里“埋伏”着3座电梯，据说，新中国成立前，

武康大楼

这里的保姆只能从大楼后面的电梯上下。曲尺形的结构楼使大楼有了更多的采光，每层楼道都足够宽敞。1930年，原诺曼底公寓的东侧又造起了5层新楼，老楼二楼和四楼的走廊能通向新楼。当年屋顶平台上还有花园和游泳池，如今，却成了住户晾晒衣服的场所。

最初，入住这座公寓的全是西方侨民，而且是在上海滩已大有斩获的上层侨民，这些人大多是在电车和自来水公司供职的高层外籍职员，如有嘉第火油物业公司的销售总代理，有西门子上海公司经理等。随后，华人中的一部分也进入了这幢大楼，其中便有当年上海滩著名报纸《华美晚报》的总经理朱作桐，他就住在诺曼底公寓七楼的一个大套间里。当上海即将进入孤岛时期，《华美晚报》与《大美晚报》因其具有美商身份，成为上海滩上仅有的两张不接受日军新闻检查的中文报纸。由于《华美晚报》坚持抗日救国新闻路线，为当时敌伪势力所不容。1940年的一天，朱作桐收到了一份不明来历的"礼盒"，打开后，发现里面是多根鲜血淋淋的手指头，还有撕裂开来的耳朵碎片。朱作桐知道这是敌伪势力给他的最后警告，当时虽有些心惊胆战，过后却并没有把它放在心上。1941年4月30日，朱作桐被汪伪特务机关76号派遣的特务暗杀在自家寓所的门口。1941年太平洋战争爆发后，居住在诺曼底公寓中的大批英、美、法侨民不是被日本军关入集中营，便是被遣送出境。当年12月8日，《华美晚报》也被迫停刊。到1945年，诺曼底公寓的全部套间有三分之二无人居住。

抗战胜利后，孔祥熙的女儿孔二小姐把这座大楼买下来，做了最大的业主，自己则住在新楼里。当时新华影业公司和联华影业两家电影公司都设在诺曼底公寓附近，因其楼下有咖啡厅及茶餐厅，电影界人士平时喜欢在这里聚会，讨论剧本，会见演员，切磋表演。之后，便有许多电影界人士陆续租住在诺曼底大楼。如有"东方第一母亲"之誉的电影演员吴茵，因一部《渔光曲》而红透中国的电影明星王人美，著名电影艺术家郑君里以及赵丹和夫人黄宗英等都是这幢楼的居民。1953年，诺曼底公寓被上海市政府接管并更名为"武康大楼"。

这幢楼的新楼里还住着一对名闻遐迩的神仙伴侣：电影表演艺术家孙道临

和越剧表演艺术家王文娟。这里是他们的婚房，孙道临和他的爱妻在这里生活了半个世纪。2008年1月，孙道临在这幢楼里走完了他86年的人生旅途。2012年，我在武康大楼采访过王文娟老师。已经没有了孙道临的寓所稍显清冷。客厅不大，一组沙发围成一个会客区，几个顶天立地的书橱沿墙而立。客厅正中墙上挂着一张很大的孙道临木刻像，似乎这位杰出的艺术家依旧在自己家里，他的气息在房间的角角落落散发着。朝南是一堵全透明的落地景观窗，窗外是半间客厅大小的内阳台，阳台里摆满了绿色植物。阳台面向一幢白色的建筑和建筑前绿色的草坪树木，那是宋庆龄故居。阳台上的绿色和宋庆龄故居的绿色连成了一片。王文娟说，听人说，这幢楼曾是孔二小姐的闺房。刚搬来时，我并不喜欢这里，觉得这房子曲里拐弯的，又是沿马路，太吵。可是，道临喜欢，说对着淮海路，多好！他最喜欢的就是这个阳台了，尤其钟情于对面的一片浓荫。

阳台上有一张长沙发，前面一张茶几，王文娟让我在沙发上坐下，阳光温暖地照射在身上，暖融融的感觉。王文娟把曹雪芹笔下的林黛玉演活了，不过，生活中的王文娟却丝毫没有林黛玉身上的尖酸刻薄气，她大气、随和，极具亲和力，而且一点也不矫情。说起她演的林黛玉曾风靡神州，王文娟只是浅浅一笑，淡然地说，这是自己机遇好，越剧《红楼梦》有它生逢其时的优势。

王文娟和孙道临的结合被喻为是一首舒伯特与林黛玉合写的诗。两位大艺术家相濡以沫半个世纪，他们不仅是心心相印的夫妻，更是志同道合的朋友。而当年促使两人结合的大媒人是黄宗江。王文娟说，其实，在没有认识道临之前，我就是他的粉丝，他演的电影我每部都看，有的还看了好几遍。而孙道临也非常熟悉王文娟的表演，十分赞赏她的演技。当年王文娟参军在总政越剧团服役时，黄宗江是联络、接待人之一。而黄宗江则是孙道临从小的好朋友。初见时，一个风度翩翩，一个风神灵秀，彼此好似千年之前就在那里静候着似的，一旦撞见，气场悄然暗合。两人都是名人，公众场合不能去，谈恋爱只能晚上在僻静的马路上散步。那时孙道临住在武康路115号的密丹公寓，王文娟住在华山路上的枕流公寓，好在两条路紧连着，每次两人都走到深夜，就这样一步步相依相偎地走进了婚姻的殿堂。

婚后，两个人难得相聚，相聚了，话题也总在艺术研讨的圈子里。王文娟说，他一谈就是一大套，但我喜欢听他谈。她每接到一个剧本，就拿给孙道临看，然后两人一起讨论。孙道临喜欢弹钢琴，还会唱美声，他有空时，就为妻子伴奏，陪她练声、运气。燕京大学哲学系出身的孙道临崇尚文化，他让王文娟有空多看看书，读读外国小说，以提高自己的艺术素养。王文娟不但看了，还让孙道临教她普通话，孙道临就一本正经地给她上课："这是前鼻音，这是后鼻音。"王文娟搞不清楚，孙道临急了，说："你怎么这么笨啊？"武康大楼里洋溢着两位中国一流艺术家的欢声笑语。

孙道临走后，王文娟失去了一个艺术上共同交流探讨的伴侣，很不习惯。家里留存了她太多的牵挂，关于孙道临的，关于他们俩从前的日子。每当遇到事情需要商量时，她总会像以前那样习惯性地去找她的道临，可是面前只剩下空荡荡的房间和照片。说到这里，王文娟的眼睛里掠过忧伤。好在失去孙道临的日子，还有自己钟爱的越剧，还有遍布天下的"桃李"。她有时和女儿一家住在一起，有时单独住在自己寓所。平时王文娟也不闲着，会会老姐妹，指导她的王派弟子，接待一卜朋友。她说："我好像蛮忙的。除了上面说的那些事情，我每周还要到老年大学学一次画，去一次要交两张作业。"说话间，她带我去看她的阳台画室，里面挂满了她自己画的画，我发现她画得最多的是牡丹。王文娟的学生每排一个新戏，都必然要上门找王文娟指导。武康大楼那幢寓所里经常会有越剧声飘出，轻轻柔柔的，满是江南风情。

也许是因为这座地处老上海最有法国味道的转角公寓楼里面曾经集合了许多骨子里最风情的人物，无形中成就了这幢楼独一无二的浪漫气质。诺曼底公寓像是一艘华丽斑驳的船，泊在那里，永不行驶，在这座动感的城市中显得异常沉静。虽落满岁月痕迹，却犹如醇酒，时间越久越迷人。今天的人们依恋钟爱它，因为它为当代都市人无处停泊的怀旧之船提供了一个空间，一个记忆的去处。

花园洋房里的如烟往事

从华山路进入武康路，拐角处便见一座小巧玲珑的独立式花园洋房，马路对面是面粉业巨子孙多森的豪宅，左右两侧也都是一幢幢独立的花园小楼。

这幢形象简洁的小楼的门牌号码是武康路2号。这是一幢2层花园住宅，四坡屋顶，有棚屋形老虎窗。南立面三开间，左右对称，中间开间呈半圆突出。白色拉毛墙面设有混凝土壁柱等装饰。北立面入口门洞为圆拱券形，石雕门饰向内层层收缩，住宅构件装饰有几何形倾向，东北部的园墙漂亮地弯成一道弧线，使矮墙里探出的繁茂枝叶在武康路斜斜地泻下一片绿荫，令马路一角显得分外幽静。在半个多世纪前，这里是上海“丝业大王”莫觞清的寓所。小院右侧是他的女婿蔡声白的住宅，翁婿二人，都是当年上海滩有名的实业家。莫觞清在他20来岁时，从他的家乡浙江湖州来到上海，当过美商乐壁洋行的买办，也与人合资办过丝厂，生产玫瑰和金刚钻牌生丝，之后又创办了当年享誉天下的美亚织绸厂。他先后创办和经办的丝绸厂有10余家，产品行销海内外，是上海最大的绸厂老板。据说茅盾的小说《子夜》的主角就是以他为原型创作的。可惜这位莫老板在自家花园的一次家庭派对上遭遇绑架，后来虽经各方努力被营救出来，却因惊吓过度，不久就谢世了。莫家人从此搬离了这所小院，并将它卖给了一个外国人。新中国成立后，这栋住宅里住过上海市委书记兼华东局书记柯庆施、华东检察院检察长王范，还有市委机关的普通干部，后来，又成为上海科学技术文献出版社的社址。现在这里为民居。

武康路40弄1号是一幢建于1940年的西班牙式3层花园住宅，主入口拱形门框两侧是螺旋形的罗马柱，拱门上方有精致华美的雕刻，显出一种贵族气。谁也没想到，这幢楼里曾经发生过一件震惊上海滩的“唐绍仪血案”。

唐绍仪是民国第一任内阁总理，因推行内阁制与袁世凯有隙，愤而辞职。历任国民党中央监察委员会、国民政府委员。1937年，卸下公职的唐绍仪寓居上海，住在女婿诸昌年位于福开森路（今武康路）的这幢洋房里，不问政事，以玩赏古董安度晚年。然而，外界传言说他和日本特务有往来，于是，戴笠就派了杀手秘密前往上海。1938年9月30日，杀手以古董商的身份来到唐绍仪家，可怜这位78岁的民国老总理连哼都没哼一声就倒在了血泊之中。

如今，庭院依旧深深，里面居住的却已是寻常百姓。

在复兴西路和武康路路口的武康路99号，矗立着一幢英国乡村式别墅。它建于1928年，曾是英商正广和汽水公司大班的住宅。红瓦陡坡的屋

原英商正广和汽水公司大班旧居

顶上有着红砖砌就的高高的哥特式壁炉烟囱和尖顶的老虎窗，外墙饰以暗红色的半露木构架，木构架看上去平直粗犷，透射出浓郁的英伦乡村风味。整幢建筑环抱在绿荫丛中，屋前有着宽大的草坪和漂亮的花园，二楼有宽大的露台。抗战期间，正广和老板被日本人关入集中营，这里易主，成为上海海关掌握关税大权的监督唐海安的官邸。新中国成立后，这里作为市委招待所，魏文伯、潘汉年、王震等领导人曾在此住过，各省市的主要领导来沪时亦曾下榻此处。“文革”前，这里是华东局机要局的办公处，“文革”后，著名实业家、民主人士、为国家作出过特殊贡献的刘靖基年迈回沪，落实政策时，政府安排其全家入住这栋洋楼。

武康路107号原是陈果夫的住宅。这是一幢建于1946年的假3层英国乡村式花园洋房，红色双陡瓦坡瓦屋顶，清水砖砌烟囱，底层东南侧设带有出檐的开敞拱券门，东窗带有厚实梯形窗套、窗楣，具有西方古典主义特征。现在，我每每走过旁边的武康路105号，总会想起一个人，她的笔名叫“海上鹭鸶”，是旅欧画家。这里曾是她的名为“海上绘”的开放式工作室，外墙上喷绘着她的大幅画作，色彩妖艳，为这条沉寂的道路增添了几许现代色彩。里面壁炉旁的书架上置有许多写上海的书籍，巴洛克风格的水晶吊灯、欧式家具以及摆着鲜花、烛台的圆桌，给人的感觉更像是一个上海滩闺秀的艺术沙龙。事实上，确实有许多沪上的艺术家是这里的常客。我和这位女画家素昧平生，没料想她看了我写上海的书后居然十分喜欢，主动邀约我去她武康路上的工作室坐坐。一见面我就喜欢上了她诗一般的纯净气质和男孩子般的豪爽个性，而令我惊讶的是她工作室壁炉旁的书架上居然有一层几乎收集了我所有写上海的书。她说：“你的书和这里的味道很切合，我喜欢。”现在，“海上鹭鸶”回欧洲了，她的工作室成了一家服饰店，店里的装饰沿袭了那种欧式风格，只是墙上喷绘的女画家的画作已不见了。

黄兴故居、意大利领事官邸、武康庭

一路踱去，在武康路210号可以看见一座紧贴路边的西班牙式3层花园住宅，红瓦屋顶，屋面出檐不大，檐口一圈齿饰带，外墙的轮廓高低错落，墙上

夕阳下的武康路建筑群

饰有绿釉构件，转角山墙做出弧线，折线形墙头情趣盎然，细长的矩形和半圆券门窗洞散布在建筑各个立面。沿街的弧形入口只有一层，二楼看上去像是阳台，那个镶嵌着红边的半圆形弧墙显得风情万种，有人把它比喻为罗密欧阳台，确实，那种骨子里透出的浪漫味道是很让莎士比亚迷们神往的。

这幢住宅旁边的武康路212号是我国民族机器制造业的先驱、中国著名企业大隆机器厂的创办人、人称“机器大王”的严裕堂的旧居。这是一栋英国乡村别墅式的花园洋房，红瓦黄墙，十分典雅。屋子南面有一个花园，花园内小桥流水，花木茂盛。严裕堂的夫人喜欢田园生活，她让人把花园里的草地铲去一块，在上面种瓜种菜，还时常亲自打理。20世纪50年代严裕堂带了几个儿子去了台湾，他的另几个儿子严庆祥、严庆禄、严庆禧等人留在了上海，继续发展大隆机器厂。这座花园洋房一直由其后代居住，直到最近几年才卖出。

再往前就到了武康路240号，迎面是一幢带有西方现代派建筑风格的流线型公寓，看上去犹如熨斗样的三棱体外形使它显得特别抢眼，尤其是公寓锐角转角的弧形处理，以细小的转角窗点缀，又与沿马路立面的窗户形状走势连贯，使整幢建筑看上去就像正在航行的船只，充满动感。它就是建于1940年的开普敦公寓。这幢公寓的第一任业主是英国公和洋行，太平洋战争爆发后，该公寓一度成为汪伪复兴银行行址。1944年，该公寓转属中大银行。当年，这里不但是办事机构，也居住着许多银行中高层职员。抗战胜利后，该公寓收归国有，现为民居。

从淮海路武康路路口向北，近泰安路路口，矗立着一幢近代公寓建筑，挺拔的线脚、装饰艺术风格的深褐色拼花墙面以及墙面上的浮雕装饰使公寓看上去十分醒目。这里曾经是黄兴的寓所，也是孙中山多次过往之地，人称“黄公馆”。然而，黄兴故居其实是在武康路393号南楼，从武康路上是无法窥见的。南楼建于1912年，是坐北朝南的4层3开间西式楼房，当年楼南是占地4亩的花园，园内绿草如茵，花木纷繁，环境幽雅。

黄兴是中国近代著名的民主革命家，他以毕生精力和心血推翻帝制，建立共和。戎马一生的黄兴，和孙中山共同创立了亚洲第一个民主共和国，和孙中山一起被国人并称为中华民国“开国二杰”。1914—1916年，黄兴寓居此地，其间孙中山曾两次来黄兴寓所。1916年10月31日，黄兴因积劳成疾，在寓所病逝，年仅42岁。国内的革命党人纷纷前往福开森路（今武康路）黄兴灵堂吊祭，孙中山、蔡元培等以友人的名义料理着一切。

黄兴病故后，南楼沉寂数年，在20世纪30年代初期迎来了另一批中国近代史上的重要人物——李石曾等人及世界社。李石曾是“民国四大元老”之一，早年曾发起和组织赴法勤工俭学运动。1906年，李石曾联合张静江、吴稚晖和蔡元培等“民国三大元老”在巴黎市区达庐街25号创办了以从事出版、研究、教育和社会事业为宗旨的世界社，编辑出版《新世纪》周刊和《世界》画报等，宣传革命和科学文化，在当时产生了很大影响。20世纪30年代初，李石曾等人在上海重设世界社，并以世界社为基础建立一系列文化和教育机构，包括世界文化合作协会、中国国际图书馆及世界学校等。今天临街而立的武康路393号北楼就是为了满足当时这些机构使用空间的需求而建造的。如今，北楼临街部分辟成了徐汇老房子艺术中心和武康路旅游咨询中心。

黄兴故居斜对面的武康路390号大门口挂着“上海汽车工业总公司”的牌子。这幢房子建成于1932年，原为意大利总领事官邸。这是一座典型的地中海建筑风格的花园洋房，平缓四坡红瓦顶，墙面为浅黄色，白色边框。南面屋顶中部有突出的弧形山墙老虎窗，雅致、新颖，风格独特。建筑仅1层，周边有外廊，采用平拱和圆拱门、窗洞，两边设弧形环柱台阶，透过敞廊的拱形窗洞隐约可见庭院里清雅的景致。整个上海这种地中海风格的小洋楼仅存2座，还有一座在高安路63号。

武康路376号的武康庭原是武康路上的一个里弄，如今这片包裹在形态各异的老洋房中的小空间成为武康路上最具欧陆风情的休闲地。洋溢着Art Deco风格的时尚庭院里一个胖胖的黑女人奋力骑自行车的黑铜雕塑给人以另类的幽默感，异国风情的咖啡馆低调地蛰伏于一角。我曾经在那里的露天卡座和时任徐汇区住房保障和房屋管理局局长的朱志荣先生以及他美国来的朋友一起喝咖啡。朱志荣是研究老房子的专家，2007年，他跟随代表团去美国迈阿密参加装饰艺术派建筑年会，回来后就向徐汇区政府提出修整武康路，开辟一条建筑漫步小道的设想，并得到了支持。徐汇区老房子艺术中心在武康路393号北楼开张前夕，朱先生又请我和作家陈丹燕、淳子以及翻译家周克希先生一起到那里参观、喝茶，话题自然是围绕老房子的保护和开发。

在黄兴故居旁边的武康路395号是一幢带有西方新古典主义风格的独立式花园住宅，建于1926年。外形整体为上下三段式，底层是基座，二层以上是主要生活空间。沿马路两侧以两翼对称的塔斯干式柱廊作为主要入口，隐藏在柱廊后的台阶直通二层，十分巧妙。面向花园的立面则相对比较简洁。住宅的细部略有巴洛克风格，两侧柱间栏杆为缠绕的绶带式样，留出椭圆形漏花；中间由牛腿挑出的弧形阳台富有动感，变形宝瓶栏杆十分饱满。凸出屋面的老虎窗为椭圆形，环绕着流畅的卷草纹饰，门窗洞拱券由多层线条装饰组成，拱顶石装饰为繁复的草叶纹样，显得十分华贵。这里原为成立于1929年9月的国立北平研究院的药物研究所所址，该所至今仍是我国历史最悠久的综合性药物研究机构，也是我国民国时期颇有影响的科学研究、评估机构。该所除药物研究所设于上海之外，其余各所均设于北平（今北京），1932年创建的药物学所则落户在武康路395号。1946年，经当时的上海市长吴国桢批准，在该处与武康路393号开展世界社的各项活动。1950年代初，该花园住宅被华东文教委员会接管。1977年至2003年，这里由上海电影演员剧团使用。住宅至今保存良好，和武康路的气质十分切合。

文化留存的美丽地标——巴金故居

武康路113号是巴金的家。在这里，巴金度过了自己的后半生。这幢低调的花园住宅曾出入过众多中外作家及各界名人。这里见证了一代文学巨匠后半生的生命历程和20世纪下半期中国文学的风风雨雨，并留存了半个世纪以来中国文学不同时期的记忆。高高的院墙，一扇大铁门，隔断了尘嚣，也给过往的行人带来了一种敬畏和神秘的感觉。

2011年12月初，这座掩映于绿树丛中的巴金故居撩开了面纱，向公众敞开了大门。四面八方的人们争相涌来朝圣文学巨匠的家。于是，素来静谧的武康路变得热闹起来了。但这条有历史有故事的路，依旧宠辱不惊地保持着一种独特的相对静默。武康路113号建于1923年，是一座独门独院，环境幽雅、舒

巴金故居

适的花园洋房，它由一栋主楼、南北两栋小辅楼和一个花园组成，总占地面积1400平方米左右。这幢花园住宅散发着安静、祥和的气息，掩映在绿树丛中的主楼是一座假3层英式花园住宅，其正面外立面呈金字形，灰色细鹅卵石的外墙，装饰简洁，绿色百叶窗，暗红色屋瓦显示着低调的华丽。这里最初的房主是英国人毛特·宝林·海（Maud Pauline Hay），后曾作为苏联驻沪领事馆商务代表处，1955年经陈毅市长特批给巴金。当年9月，巴金一家迁入并在此居住了长达半个世纪。自1923年春至上海，巴金在沪数次迁居，这里是大半生漂泊生涯的巴金最幸福、安稳的家。在这里，巴金写下了小说《团圆》（后被改编成电影《英雄儿女》），散文集《倾吐不尽的感情》、《赞歌集》，翻译了《往事与随想》等文学名著，被誉为"讲真话的大书"的《随想录》也完成于此。

如今，巴金故居修旧如旧，完整地保存了一代文学巨匠的生活环境、工作场景等历史和人文氛围。故居的外立面、屋顶恢复了原有的色泽样貌，屋内原有的木门、木栏杆、木楼梯、吊灯装饰及金属门把手等也均予以保留。巴金会见客人的沙发、写作的桌子、书橱、家具等全是当年旧物，步入其间，仿佛感受得到巴金的气息。

我是初冬时节前往造访的。从铁门进入，是一个大院子，一侧便是主楼，院内一株金灿灿的蜡梅兀自暗香浮动。面向院子的是主楼的北门，门前一侧用假山石围成一个小花坛，里面种植着各式花木。当年，巴老都是在北门前迎送客人。跨上两级台阶，进入一扇拱门，便是不大的门厅。门厅正前方墙上挂着一幅巴金生前最喜爱的肖像，肖像上巴老正畅怀大笑。门厅左侧沿墙摆放着一张铺着白色台布的小方桌，左、右各一把椅子。门厅左面便是厨房。1966年以后这个狭窄的门厅就一直作为餐厅使用，每次吃饭时，巴老习惯坐在靠厨房门边的位置。如今，靠饭桌的墙上挂着一幅2米宽、1米多高的大幅国画，这是著名画家黄永玉先生在2011年10月专为故居开馆而画的《巴金先生》。这幅画线条粗犷、浓墨重彩，画中巴老沉思、从容的脸在寒风中怒放的红梅映衬下撑满画面，以五线谱线条作为树枝，满枝点缀的点点红梅是激情与生命力的象征，给人以巨人顶天立地的震撼，同时，又隐含着感伤与忧郁。黄永玉画出了自己心中的巴金，他在画上题诗《你是谁》，诗中反复的设问，是理解的层层深入和诗意的渲染，也是对画面内涵的揭示。黄永玉先生与巴老是忘年交，1946年，20多岁的黄永玉在上海谋生时，曾借住在巴金创办的文化生活出版社的职工宿舍里。他常来巴老家，巴金及夫人萧珊对他的照顾，至今仍温暖着、激励着他。小方桌对面楼梯下靠墙的餐具柜上，摆放着北京中国现代文学馆赠送的一组8位著名作家雕像的小样，下面柜里放着巴金生前用过的杯子。

从门厅右转进去的一个小间，“文革”前曾是巴金家的餐厅，后来，又先后成了巴金女儿李小林和儿子李小棠的婚房。现在，按照“文革”前的样子恢复了。进门左侧的墙边放着一架立式钢琴，那是巴金夫人萧珊用自己第一部译著《阿细亚》(后改名《阿霞》)的稿费买来送给女儿李小林的。正对着餐桌的墙上，挂着巴金儿子小棠一周岁生日时的照片。1961年7月12日，日本作家龟井胜一郎和井上靖曾应邀参加巴金的家宴，同巴金的夫人和他的孩子们在这里围桌欢谈，女儿李小林还弹琴给客人听。

穿过门厅，左边原为巴金继母和妹妹的卧室，现改成临时展厅，展出巴金故居收藏的一部分文献资料和实物，从不同角度反映了巴金的创作和生活。门厅右边便是客厅，一组大沙发和茶几放在客厅中间，柜子里放着巴金从各地带回的纪念品。壁炉上方挂着林风眠赠送给巴老的《鹭鸶图》，这是林风眠的早期作品，现存极少。左边靠墙的一排书柜里摆放着巴金和朋友的各类著作，多是成套的。两个小书架里都是晚年巴老行动不便后想取用方便的书。靠门边的小桌子是巴老晚年经常写作的地方，《随想录》的部分章节就是在这里写就的。

巴金生前常说：唯有友情才是人心靠拢的纽带。在这间古朴典雅的客厅里，巴金曾接待过无数海内外来客，是中外文学交流的一个重要“客厅”。巴老1955年9月入住后，10月就迎来了第一批客人，那是法国作家萨特和同为知名作家的爱人波伏娃。这里曾是国际政要、文坛巨子、著名学人经常出入的地方。老舍、曹禺、夏衍、张恨水也曾留下足迹。常来作客的还有靳以、师陀、黄裳、唐弢、孔罗荪、辛笛、吴强、王西彦、柯灵、张乐平等作家、画家，他们相互切蹉学问，议论时事，共同为文学事业作出贡献。每年11月25日巴老生日，这里更是嘉宾满堂。法国前总统密特朗的夫人也专程来此看望巴老。这里还举行过仪式，向巴金颁发意大利“但丁国际奖”和苏联“人民友谊勋章”。这里也先后接待过日本作家龟井胜一郎、法国作家艾坚尔伯及张光年、贺绿汀、赖少其、马识途、王蒙等中外来宾。

穿过客厅，就是巴老在晚年作品中经常提到的“太阳间”了。所谓的“太阳间”，其实就是个面向花园草坪的开放式长廊。“文革”爆发后，巴金家门可罗雀。1974年6月26日下午，巴金家却迎来了一位客人，他就是巴金20世纪30年代的老朋友沈从文。沈从文是为了治眼病来到上海的，并冒险来武康路看望巴金。这时，巴金的爱妻萧珊已经谢世，女儿小林在医院待产，儿子小棠在安徽插队落户，外墙上还有大字报的残迹，家中冷冷清清，凄凄凉凉。往日接待来宾的客厅已改成临时卧房，暗绿色的百叶窗低低垂下，几张灰扑扑的藤椅歪歪斜斜地搁在廊下，客厅前的草坪上杂草丛生，唯墙角的木槿和红薇正在盛放，带来些许亮色。两位白发苍苍的老人便坐在藤椅上促膝长谈。谈话中，巴金接到医院电话，说是小林已产下一个女孩，母女无恙。这让巴金感到些许安慰，谈笑风生中似乎忘却了心中所受的伤害。

1982年，巴金在楼上书房写作时不慎摔倒骨折，住院期间，家人就把这个长廊加上玻璃门窗封了起来，这里阳光充足，巴老高兴地把它称为“太阳间”。从此，行动不便的巴老便经常在“太阳间”里散步、思考和写作。天气温暖阳光充足时，巴老就趴在“太阳间”南窗下那张铺上了白桌布的小缝纫机上写作，《随想录》的后两卷就是在这儿艰难地一笔笔写就的。在患了帕金森症后，巴老经常扶着助步器缓缓地在这里行走锻炼。如今，“太阳间”里还安放着一张巴老晚年常用的轮椅。

沿着木头楼梯拾级而上，便是二楼。巴老接待宾客和接受记者采访一般都在楼下客厅，二楼除了家人很少有人上去过，所以，多少显得有点神秘。楼梯口放着一张大餐柜，那是曹禺先生在新中国成立前离沪赴京时留给巴金的。

二楼的左边是巴老的卧室，中间放着一张大床，木头床架上夹着一盏红色铁皮灯罩的床灯，想来是方便巴老晚间靠在床上看书。床的左边装着一个白色的木架，那是巴金晚年起床时借力的扶手。床后的壁炉上放着巴老和夫人萧珊的照片。壁炉上方的墙上挂着巴金和女儿、女婿及外甥女的合影。卧室靠内阳台处放着一张单人床，那是巴老最疼爱的外孙女端端睡的床。卧室外是萧珊的工作室，那里也放着一张写字台，萧珊生前经常在这里翻译作品，帮巴老整理和批复读者来信。后来，这里成了女儿小林的卧室和办公间。

卧室的隔壁便是巴老的书房，书房里左侧整面墙被4个大书橱占满，里面放着各种版本的巴金著作，书橱前有一对沙发椅子和一个茶几。靠墙处是一组沙发和茶几，靠内阳台处放着一张较为宽大的书桌。内阳台上临窗放着一张铁皮做的书桌，上面有一个带支架的浮雕像，那是巴金一生崇敬的托尔斯泰的塑像。巴老白天喜欢在明亮的内阳台写作，晚上则在书房里工作。在这里，巴老看书、思考，并创作了大量的散文、小说，《随想录》的前三卷大部分也是在这里写就的。这个书房有时也是巴老接待比较亲密友人的地方。有一张流传很广的名为《劫后的笑声》的照片，摄于1978年1月10日，拍的就是巴金和老朋友师陀、孔罗荪、张乐平、王西彦、柯灵在这个书房里一起畅怀大笑的场景。后面壁炉上放着一尊巴金的石膏像，塑的是20世纪50年代巴金模样的塑像，这尊被认为最能体现巴金神态的塑像出自苏联雕塑家谢里汉诺夫之手。三楼是个很大的阁楼，里面密密麻麻地摆满了一排排大书架，是巴老当年的书库，现作为藏书室不对外开放。穿过楼下厨房，便是花园。主楼正面前是一块约360平方米的大草坪，四周恢复了原来的竹篱笆。围绕着草坪的小路是巴金经常散步的路。草坪上，8株云杉高高矗立，底下一株苍劲的紫藤，兀自把自己的一根枝丫牢牢缠绕在水杉上，似欲借此直冲云霄。

巴金搬进这里时，院子里已有了一株广玉兰，如今这棵树已高达十四五米，粗壮的树干需要两个人合抱才围得起来，树冠几乎高过主楼，树荫占了草坪的一大半。巴金常和来访的客人在这株葱郁的大树下摄影留念。而一边巴金亲手栽植的樟树和枇杷树也是满树葳蕤、枝繁叶茂。草坪上还有一棵樱花树，树龄已有四五十年，应该是巴金搬来后亲自种上的，想来春天应是满树繁花吧。四周还有牡丹、月季、桂花、杜鹃，大多是巴金亲手栽下的，一年四季装点出不同的风景。北辅楼楼下的车库和南辅楼以前是储藏室。北辅楼二楼有一小间3平方米的保姆房，萧珊去世后，巴金就躲在这座小屋里，悄悄地把“文革”前就开始重译的屠格涅夫的《处女地》译完，又重抄了一遍。后来，又着手在这里翻译赫尔岑的《往事与随想》。北辅楼下有一块休憩区，围着冬青树是一个环圆形的石砌座凳。南辅楼二楼现在成了会议室，一楼改建成“游客服务中心”，有巴老的著作和各种小纪念品供游客选购，并不定期举行一些小展览。我去时，那里正展出“巴金藏俄罗斯作家作品插图展”。楼侧有葡萄架和秋千架。

1997年5月6日，长年住院的巴老经医生同意，在医务人员的陪伴下来到开馆不久的上海图书馆新馆参观，巴老一边参观，一边惦记着请人整理出准备捐给上海图书馆的那批书。回到医院后，没过两天，他便向主治医生提出请假回家的要求。5月8日上午，天下着蒙蒙细雨，巴老回到了阔别3年的家。之后直至2005年10月17日离世，巴老因病情加重再也没回过家，这次捐书竟成了巴老生命中的最后一次回家。

在巴金107岁诞辰之际，栖息着文学巨匠灵魂的巴金故居对公众开放，展现了我们这个城市对一代文学大师巴金的文学遗产、精神财富的不懈传承。

2011年6月11日，上海徐汇区武康路入选由文化部与国家文物局批准的第三批“中国历史文化名街”。

宛平路：留存上海的记忆

宛平路北起淮海中路，南至肇嘉浜路。该路辟筑于1922年，以旅沪法国侨民汶林的名字命名为“汶林路”，1943年10月改名为“宛平路”。

这条悄悄地隐匿在繁华的徐家汇商业圈附近的小马路，在高大的法国梧桐掩映下，显得十分幽静。它似乎远离繁杂的尘嚣，却又透着浓浓的生活气息。在这条路辟筑之前，北段坐落着许家弄等自然村，南段已有建于乾隆年间的顺直会馆，南端有架在肇嘉浜上的谨记桥，其余多为菜地和荒地。马路辟筑后沿路两侧主要为居民住宅区，至今路上留存着一些20世纪20年代至40年代陆续建造的花园住宅。

宛平路7号和宛平路15号的花园洋房都是优秀历史建筑，15号门前有着高高的黑色竹篱笆围墙，把尘俗阻挡在了门外。宛平路17—21号是3幢有着西班牙风格的洋楼，浅黄色的外墙，在法国梧桐的掩映下，低调地美丽着。宛平路116号坐落着的一幢公寓，抗日战争前就开始建造，当时门窗及内外装修均未竣工，因战争影响不得已停工，被人们称之为“破大楼”；1952年由房管部门修建完成，习称“六层楼公寓”。

宛平路189弄是新式里弄，建于1927年，建成后以汶林路命名为“汶林别墅”。内有3层楼房9幢，4层楼房2幢，住宅底层为附屋。在这条路的东侧有汶林一、二、三村。这些都是新式里弄，里面也都是砖木结构的3层楼房。其中汶林一村有3层楼房7幢，二村有3层楼房11幢，三村有3层楼房7幢。宛平路上的弄堂曲径通幽，两边围墙里伸展出来的浓荫夹道，使弄堂显得更为幽深。

宛平路街景

邂逅转角处的经典

宛平路的开端就很华丽，在它与衡山路相交处坐落着至今被许多上海人视为城市经典地标之一的衡山宾馆。宾馆的正立面正对着马路的转角处，建筑空间开阔，十分高调地矗立在那里，凡是经过的人无不对它投以注目礼。

衡山宾馆已经有80多年的历史了。它原来的名字是“毕卡第公寓”。关于公寓的命名还有一个故事。1932年，上海万国储蓄会的大股东、法国商人法诺决定由万国储蓄会名下的中国建业地产公司投资建造一个现代化的豪华公寓大楼，以满足当时在上海日渐庞大的外国商人和华人大亨阶层置业需求。开发商希望在当时已在上海形成一定规模的旅沪法人中打出名气，于是决定以当时法国最富裕的毕卡第省名来命名这座全新的豪华公寓楼，以此暗示入住此楼者非富即贵。1934年，毕卡第公寓正式落成，这座具有现代主义风格的欧式建筑一夜之间即成为当时上海西南部最高的建筑，这一纪录甚至一直保持到20世纪80年代改革开放初期。

承担毕卡第公寓设计工作的是法国设计师米由第，他是现代主义建筑的倡导者，因此在装饰艺术还盛行于上海公寓建筑的20世纪30年代，就率先将毕卡第公寓设计成一栋典型的现代派建筑。公寓以衡山路与宛平路相交处的中心点为中轴线，主楼没有任何非功能性的装饰，完全以整齐的方窗来勾勒公寓的轮廓，以平面凹凸墙角作为自然竖线条。中间15层，两翼由13层、12层至10层成阶梯形沿衡山路和宛平路层层而下。公寓整体呈奶黄色，顶部檐边则用白色镶边勾勒，底下2层以深色大理石作为基座，中部顶层竖立旗杆，这样的配色设计增添了几份现代派的情趣。公寓正门位于整个建筑中轴线的凸出部位。整个立面显得简洁、明朗、稳重。从远处仰望，大楼主体仿佛一只展翅的雄鹰，又因盘踞街角中心位置，气势上显得尤为宏大巍峨。公寓内部装修以法兰西风格为主，蕴积着摩登时代的历史风情。尤其是宴会厅，有着极为精致的图案和雕刻，是领略欧洲室内装饰艺术的绝佳之地。公寓底层除了门厅外，其余均为出租店铺，当年就有不少知名店铺入驻其内。楼层为公寓住宅，共有大、小套房近300套。标准层为5个单元，每个单元一梯两户，分别有电梯、楼梯单独出入，其中14、15层为跃层。

衡山宾馆

毕卡第公寓作为当时在上海的豪华家庭式公寓楼的典范，在建筑设计上迎合了众多追崇欧洲流行时尚的西方人的心理需求，公寓落成后仅半年，88套房间内就已住满了当时在上海的法国、美国、德国、比利时、苏联、丹麦、瑞士等外国人，其中又以犹太裔富商最多。英商上海煤气公司经理、亚洲石油公司驻沪代表、大美查账局总经理等一些外资企业高级职员也居住在里面。据说，公寓里只住了两家中国人，一个是广东富豪谭家，另一个是巨商张静江的女儿张蕊英家。后来有上海本地报纸给毕卡第公寓取了一个别名，叫做“万国公寓”。当年，毕卡第公寓还是洋行老板以及达官贵人的居处和活动场所，营造了一种欧化奢华的生活方式，有着一种潜在深处的富足、优雅、浪漫，一度风光无限。

1937年8月13日淞沪战争爆发，万国储蓄会撤离上海，承租的外国人也纷纷撤离回国，公寓被日伪政权强占。抗日战争胜利后，万国储蓄会重返上海，由于储蓄会不能兑现已到期的储户，被国民党政府勒令拍卖地产抵债。毕卡第公寓拍卖后，底层和部分楼面由法商营造公司承租，其余由国民党接收大员租用，成为南京国民政府高级将领及家属在上海的临时住所。新中国成立后，上海市人民政府接管了公寓，改为专门接待外国专家的招待所，衡山招待所也因此成为新中国成立后第一批涉外旅馆。1960年，衡山招待所改名为“衡山宾馆”，作为上海市政府一个“对外窗口”，接待到上海来访问的重要外宾。宾馆二楼设有大宴会厅“松鹤厅”，楼下则是规模较小的“百花厅”，三楼“衡山厅”一直到今天仍是许多上海新娘的婚宴场地首选。

衡山宾馆有一道为中外宾客津津乐道的名菜，那就是起源于20世纪二三十年代霞飞路（今淮海中路）上DDS西餐厅的“栗子粉”。DDS西餐厅当时号称全上海最正宗西餐厅。1929年，时任点心师傅的潘博亮自创独家名菜“栗子粉”，开创上海滩海派西餐的先河，潘博亮本人亦因此被奉为上海滩“西点宗师”。“栗子粉”优选河北良种栗子为原料，加入樱桃、巧克力丁等配料煮熟，并始终坚持人工亲手磨粉，因为只有老厨师的特有经验与手感才能保证制粉工艺保留栗子的香滑爽口。1955年，潘博亮师傅被特别聘请至衡山招待所担任厨师长，栗子粉由此在衡山宾馆扎根并名声鹊起，当时常驻上海的苏联专家更是将这道“衡山栗子粉”誉为“东方的西点明星”。随着“栗子粉”在海外的声名远播，有新中国“红顶商人”之称的荣毅仁也慕名入住衡山宾馆，特别为品尝“栗子粉”这道名菜。荣先生自己吃还不够，每次还打包，带回香港与朋友和家人分享。当时上海街巷中也留传着“入口栗子粉，润肺爽心门；外带风飘香，夹道也相闻”的说法。20世纪80年代中期，为满足更多旅客入住需求，衡山宾馆进行了历史上首次建筑加层，成为16层，并增设观光电梯。2008年，衡山宾馆荣登中国五星级酒店之列。多年来，衡山宾馆接待过许多中外名人，包括前美国国务卿基辛格，国画大师谢稚柳、朱屺瞻，诺贝尔物理学奖获得者、美籍华人丁肇中教授等。

汶林西村变身为徐家汇公园

宛平路290号坐落着徐家汇公园。这里原是宛平路上建于1927年的新式里弄汶林西村，1999年建造徐家汇公园时，将其拆除。徐家汇公园的建设使原本安静的宛平路变得有些热闹起来。更为难得的是这座开放式的公园使宛平路这一带成为了凝聚上海百年风土人情之地。

从宛平路肇嘉浜路路口的徐家汇公园西南入口步上台阶，迎面就是一根硕大的近百米高的铁锈红色烟囱。烟囱外壁粗糙，一排铁质楼梯贴附其上伸向顶端。烟囱下部是一个六边形的基座，基座正面刻着“徐家汇公园”5个大字，其余几个面上分别雕刻着中国唱片上海公司平面图、大中华橡胶厂厂区图、徐家汇公园建设纪事以及农耕、舞蹈、射猎、飞鸟白云、树木花草等浮雕。这片绿地所在地以前曾坐落着大中华橡胶厂、中国唱片公司上海分公司和部分企事业单位及居住区。这根高耸直立的烟囱便是建于1926年的原大中华橡胶厂的排烟设备。有意思的是，在公园建设中这根烟囱不仅没被拆除，反而在原先28米的高度上又增高了11米。设计人员别出心裁地将“长高”部分的内部设计为布满光导纤维、外观镂空的“高帽子”，烟囱一旦通电打开，光导纤维发出的光亮透出外罩，就像是烟囱顶端冒出的白烟，弥漫整个夜空，煞是好看。如今这根大烟囱已成为徐家汇公园的标志性景观建筑，它纪念那个时代，警示环境污染的危害。烟囱左边有一个人造小山坡，中央安置一座造型别致的小喷泉，四周是一圈梯形瀑布，水流倾泻而下，流入人工湖中，在夕阳照耀下，水珠泛出晶莹的亮光。从浙江省长兴县移植来的500多棵翠竹与梯形“喷水”瀑布一起，再现了浦江源头景象。沿阶而下，便是亲水广场，那里设置了3个罩着透明玻璃钢棚顶的硕大棚架，下雨天，游人们可以坐在那里避雨，同时欣赏公园里的美景。南侧保留了一株百年古樟树，一年四季冠盖如云，绿叶葱茏。

由大中华烟囱下的小广场向宛平路延伸的景观天桥，长逾百米，采用充满现代气息的钢结构，桥面护栏还配上天蓝色的安全玻璃，轻盈流畅。这座象征着申城高架道路的天桥是贯穿整个公园的空中走廊，也是公园观景独具特色的场所。漫步桥上，葱茏绿色、人文景观尽收眼底。跨越这座桥，犹如穿越“时空隧道”，可鸟瞰公园全貌。天桥脚下是清澈的人工湖，湖底的鹅卵石隐约可见，一群群鱼儿在水中穿梭，好不自在。横贯东西的带状水系串联起全园的核心空间，弯弯的河道仿佛象征着上海的母亲河黄浦江蜿蜒穿城而过。凝神望去，只见人工湖上横跨着4座各具历史特色的桥梁，有用规整石块按传统工艺砌成的石桥，有仿古的拱形桥，有简洁现代的桥。湖边有一片白墙黛瓦的明清风格建筑，让人想起上海的老城厢，无形中把游人的思绪带入开埠前后的上海。沿着水系北岸是步行带，乃游人亲水赏景之地；南岸则是绵延入水的自然草坡和婆娑的树林。

公园中心是老城厢下沉花园，它以黄浦江的形状来勾勒，配合黄浦江缩影水系，在小河的环抱中划出一个印象中的旧上海的老城厢。在布局上嵌入了城市记忆元素，在相应上海县城内外的位置，设置老城厢花园，用青砖铺地的小径勾起人们历史的感怀。模纹花坛勾勒出“老城厢”内交错的道路网。红木立柱、青石基、灰砖路演绎出老上海的风情。为了突出中国文化元素，设计者匠心独具，在圆形广场草坪上的大树下随意散放了大大小小十几扇古老的磨盘或是碾子，这些磨盘均有几十年历史，从山东民间收集而来，释放着一种古朴的乡村气息。走累了的游人不妨坐在上面，静静地休息一回，还可闻闻青草的味道呢。一边设置了儿童老人游戏健身区，在香樟和银杏为主的树林中布置着儿童游戏和老人健身的场地和设施，象征着天伦之乐。东部以竹林草地为背景，设置了3个篮球场，经常可以看到年轻人在那里打篮球。

在公园一侧的绿树丛中坐落着美国雕塑艺术大师曼纽尔·卡博内尔于2007年4月捐赠给上海的铜雕作品《新一代》。这尊寓意着新生命诞生的大型雕塑传递出满腔的母爱，女雕塑家将上海比喻成新生的婴儿，希望将“爱”带给上海人民，它体现了人与人之间、国与国之间的友爱，是和平与合作的象征。公园在宛平路东侧坐落着一座名为《希望之泉》的大型雕塑。为纪念1999年马赛建城2600周年，由著名设计师贝尔纳·于埃设计，原作坐落于法国马赛建城纪念公园广场上。为表达对上海人民的深情厚谊，马赛市政府决定将原作进行特别复制，于2005年5月作为当年中法文化交流年的礼物赠送给上海人民，使其成为中法文化交流史、上海和马赛友好城市交往史上的重要见证。整座雕塑坐落在一个花岗石喷水池中，造型犹如一本展开的书，上面有一页用不锈钢材料镂空的大树截面。雕塑前方下面有26根水柱，喷水时可构成3种不同的曲线形水幕，满园浪漫气息。

中国的音乐圣地——小红楼

在徐家汇公园里有一幢独立的小洋楼，红瓦坡顶，周身清水红砖墙面，沪上称之为“小红楼”。小红楼建于1921年，建筑为英国近代别墅样式，并带有西方新艺术运动时期一些风格特征。楼房转角处的白色隅石，以及3层楼房每层窗户四周一圈的白色石材，与红砖墙的红色形成和谐的反差。最有特色的是它的屋顶部分，红瓦覆盖的坡顶分两折，上部陡，下部平缓，上面有数个老虎窗。屋面出檐较深，檐下承以牛腿木托架，有着特别的装饰感。南立面东部的檐口还特意做成断裂状，使伸出屋面的一个老虎窗直接与建筑立面连接，该老虎窗台下托以精雕细刻的浮雕，连接着下面的拱形窗户，十分华美。3个白色烟囱在红屋顶上十分醒目。南立面底层外廊的额枋与双柱连接优雅流畅，北入口的白色雨棚有着优美的弧线，门洞上沿也镶嵌着白色曲线与之呼应，含蓄的曲线与通向花园的弧线大台阶暗暗协调，“弹奏”得灵动丰富而又具有和谐之美。柱式敞廊，敞廊中古朴的灯具，出挑阳台上的曲线装饰，窗台下浓重的浮雕花饰，无不显示着法国式的古典趣味。小红楼的窗造型各异，从敞开的窗中可以看见它美丽的穹顶，尽管体量不是很大，但整个外立面构图灵动自由。因其宝贵的历史价值，小红楼成为徐家汇绿地公园里留下来的唯一老建筑。

小红楼的室内装修也颇为精致讲究，和外部建筑的灵动丰富相比，显得凝重厚实，让人恍入20世纪30年代上海滩的大户人家。大门一边放在玻璃罩中的一台“刻纹机”，似在暗暗提醒人们这里曾是百代唱片公司的上海总部。装饰以暗色的木头为主，进门处的井格式木制天花雕工细腻，气派的四跑楼梯直通顶层，宽大的木头楼梯的扶手栏杆花饰精美，转折处用方形杖式望柱，而楼梯起步处繁复的雕花造型浑厚，气势非凡，过厅内的大理石壁炉显出几分轻巧，木头保险柜与室内装修融为一体，起居室的壁炉与井格式的天花板精致豪华，墙上的壁灯雕刻细腻柔美，处处显示出一种低调的贵族气。

该住宅最早拥有者是两个法国商人。20世纪初，远渡重洋来到上海的法国人乐滨生以沿街设摊播放唱片谋生，他用爱迪生发明的留声机播放《洋人大笑》，十文钱听一次。1908年，法国百代公司在上海成立中国第一家唱片公司——东方百代唱片公司(EMI)，由乐滨生负责经营。公司设在南阳桥（今西藏南路自忠路一带），主要经营唱片和留声机。上海《竹枝词》有咏：“伶人歌唱可留声，转动机头万籁生；社会宴宾堪代戏，笙箫锣鼓一齐鸣。”“买得传声器具来，良宵无事快争开；邀朋共听笙歌奏，一曲终了换一回。”由于生意好，1921年，百代公司在上海设立总部，并购下了小红楼所在的地皮建造制唱片的工厂，1917年投产，开始在中国国内生产唱片，唱片用红色雄鸡作为商标，这是在中国所建的首家唱片制造厂。

小红楼就是当年东方百代唱片公司的办公楼，底楼还设有录音棚。1934年4月，聂耳曾担任该公司音乐部主任。这一年是聂耳创作力勃发的一年，他在此创作出了《大路歌》、《毕业歌》、《金蛇狂舞》等著名歌曲、乐曲，并录制了他创作的第一首歌曲——电影《母性之光》的插曲《矿工歌》。这些日子，聂耳每天出入小红楼一楼左边的那个大约20平方米的小屋子，就在那里，聂耳写出了让国人热血沸腾的《义勇军进行曲》。1935年聂耳在百代录制了他谱曲的《义勇军进行曲》，这首歌于1949年中华人民共和国成立后被选定为国歌。冼星海也于1935年在此担任过配乐工作。20世纪三四十年代，“百代”在中国达到了令后人仰止的高峰。黎锦光、周璇、阮玲玉、白光、葛兰等巨星均把自已美妙的声音留在了这座小红楼里，著名戏曲表演艺术家梅兰芳、谭鑫培也都曾在这座小红楼里留声录片。至今仍被广为传唱的30年代流行歌曲《玫瑰玫瑰我爱你》、《夜来香》也是诞生在这座小红楼里。

东方百代公司的录音棚中还流传着一些有趣的故事。

京剧名净金少山当年蜚声沪上，不少唱片公司纷纷邀请他去灌制唱片。金少山第一次到百代公司灌制京剧《连环套》时，主事人叮嘱工程师，金少山声若洪钟，须小心操作，以免损坏机器。工程师不以为然。金少山第一句还没唱完，工程师忙不迭地冲进隔音室大叫道："世上哪有这么大的嗓门，把收音机中6只电子管的灯丝都震断了！"3天后，机器修复。工程师只敢让金少山站在离话筒4米远的地方试唱。还有一件趣事说的是"伶界大王"谭鑫培，据说他在录制《洪阳洞》、《秦琼卖马》、《碰碑》、《战太平》、《四郎探母》、《捉放宿店》这著名的6张唱片时，并不知道灌录唱片可以索要酬金，只是将它当作照相一样的玩玩而已。头一回灌录《洪阳洞》、《秦琼卖马》唱片，东方百代仅送了他价值约50两银子的2块"大土（鸦片）"作为报酬，谭鑫培还认为这份礼物太重了呢。

抗战期间，小红楼曾一度被日本人占有。

上海解放后，在此成立了中国唱片厂。贺绿汀在百代录制了新中国第一批唱片。第一张名为《解放区的天是晴朗的天》的唱片于1949年6月6日在电台首播，这一天被定为新中国唱片诞生日。《我的祖国》、《梁祝》等优秀音乐作品也是在这里面世的。20世纪80年代初期，中国唱片公司上海分公司在此成立，在小红楼底楼录音棚里完成的歌曲联唱《红太阳》，销量高达700万张，至今无人打破这一纪录，后来成立的红太阳工作室就曾在小红楼里办公。

小红楼见证了中国百年唱片业的发展，堪称中国的音乐圣地。20世纪90年代，经过装修后的小红楼安静地矗立于徐家汇公园的一片如茵绿地上。小红楼里面保留了音像制品陈列馆，向人们展示了中国音像制品工业的发展历程。旋转木楼梯2米多宽的楼道历经80多年的风雨，楼板却未变形，全木装修的屋子里摆设着贵重的原木桌椅、欧式吊灯和丝质壁灯。整幢小楼的9个各式各样的壁炉依然贵族气十足地站立一隅，刻唱片用的古怪机器以及四处可见的灌注于

20世纪30年代红歌星的原版老唱片吸引着人们的目光，旧日的留声机里回荡着缠绵的歌声，仿佛往日的时尚并未远去。小红楼的顶层露台面向一大片绿地，不远处是徐家汇璀璨的灯火，音乐依然是这里的灵魂，经典、爵士、蓝调、流行奇妙地交融在一起，弥漫在小红楼的空气里。

在礼雪温公寓品尝咖啡

宛平路东侧的42号有一幢礼雪温公寓，建于1945年。这是一幢5层楼的现代派建筑风格的公寓，其平面呈长方形对称布置，土黄色清水砖墙，中间为白色水泥门洞，上有垂带形雕饰。一、二层间有白色三角形和涡纹装饰带，凸出的内阳台为清水红砖墙，这使整幢建筑的外立面呈现出强烈的立体感和色彩对比。

在礼雪温公寓的底层悄悄地开设着一家名为“花园里”的咖啡馆，门口摆着鲜花盆栽，很容易让人误以为是一家花店，门前的小黑板上写着“咖啡和蛋糕”。推开小方格子的落地玻璃门进去，里面的装饰、布置和摆设透着浓浓的老上海情调。老式唱机、老式风琴、老式打字机、老式电话机，吊灯、纸巾架、橱柜、墙上的餐盘装饰等都流露出复古风，和店内整体的风格很是搭调。迎面是一个咖啡制作区，一个个透明玻璃罐头里存放着各种各样的咖啡，橱柜里摆放着法式风格的月份杯和各种对杯。假如是情侣，自然会挑选对杯，像我这样独自前往的人，自然找印有自己出生月份的咖啡杯，然后根据自己的口味，挑选一款咖啡，让服务生当场现煮就是了。寒冷的冬天，捧着一杯滚烫的属于自己的热咖啡，听着里面播放着的老上海歌曲，看看窗外宛平路的街景，整个下午就这么温暖地过去了。

礼雪温公寓

乌鲁木齐南路：梧桐深处的另类别墅

乌鲁木齐南路北起淮海中路，南至肇嘉浜路。该路辟筑于1918年，原名“巨福路”，巨福是法商尼尔洋行职员。1943年改名“南迪化路”，1946年改名“迪化南路”。1954年改名为“乌鲁木齐南路”。

乌鲁木齐南路是一条幽静的路，马路沿线都是传统高级住宅区，以新式里弄和花园别墅为主。当年这条路上居住的多为外侨、外资洋行公司职员等。一幢幢颇有特色的小洋楼大多掩映在绿树丛中，红砖墙上攀满了繁茂的爬山虎，把尖顶红墙衬托得格外娇媚。高墙深处的一些别墅颇有特色，尤其是那幢美国殖民地复兴式别墅更为上海别墅中所罕见。

英国乡村别墅和安康公寓

乌鲁木齐南路的开端就有点不凡。这条路起首的1号有一幢小小的宝蓝色房子，像是一座微型城堡，大红的穹形门楣，镶着红砖的穹形窗，把古典和现代结合得恰到好处。米字旗和酒桶图案的店招告诉人们这是一家英国酒吧。就像英国人讲究绅士风度一样，这个酒吧很优雅，却有个奇怪的名称，叫做“英国斗牛犬酒吧”。供应的是传统英国菜，有全进口的英国啤酒，还有乐队演出。酒吧内有大屏幕直播体育赛事，还有飞镖和免费台球，酒吧内常常组织台球联赛及飞镖联赛。这里老外很多，异国风味浓浓。

现上海市游泳协会使用的乌鲁木齐南路64号，建于1932年，是一幢英国乡村别墅风格的花园住宅。这幢假3层建筑最明显的特征就是它山墙的半露木构架、木构架间清水红砖墙面及陡峭的三角形红色机制瓦屋顶。陡坡灰瓦屋面上建有老虎窗。这个老虎窗很有意思，也有灰瓦屋顶，屋顶下有3扇长方形小窗，窗间用清水红砖墙分隔，屋顶有清水红砖烟囱。底层一排4扇落地玻璃门，一侧底层和二楼是一排5扇长方形窗，中间用木构架隔开，另一侧底层是红砖隔开的两扇长方形窗户。二楼是阳台。底层和二楼间出檐较大，上面爬满了常春藤。这种模仿欧洲中世纪建筑的样式是19世纪英国的标志性建筑风格。20世纪30年代这种风格由英国传到上海后与上海的其他欧洲国家建筑类型形成很大区别，因此又被称为“英国风格建筑”。位于乌鲁木齐南路176号的安康公寓建于1930年代，原名“巨福公寓”，以这条路最早的路名命名，1954年改名为“乌鲁木齐公寓”，因北侧原有安康路（今安亭路41弄），习称“安康公寓”。

这是一幢带有装饰艺术风格的现代公寓住宅。公寓外观简洁，墙面上暗红的面砖与米白水泥面层相间，将墙与窗的层层关系清晰呈现，二者形成水平向的构图和材质对比，转角等部位强化垂直线条。窗间以暗红色面砖作为窗套，几何构成手法装饰的烟囱突兀在楼顶，颇为醒目。阳台栏板的洗练与栏板上部流畅的金属杆件的相互衬托，使这个大块横线条的立面有了优雅细部的点缀。阳台转角做圆角处理，立面垂直线条在檐口以上略作线条装饰。抬头看去，流畅的阳台栏杆和支撑楼面走道的横梁之间就是简洁的楼梯，这个看似非常功能主义的处理却展现出了超乎寻常的凌空感，极具现代气息。在墙角摆放着遗留至今的老消火栓，铁锈红的栓身和墙壁的暗红面砖十分协调。

公寓中央有一个正式的门斗作为入口，相当正统，不过进入公寓内部却还有意想不到的发现，室内公共空间和楼梯间的地面和墙上都贴了彩色马赛克，墙面上嫩黄、橙色、橘红、翠绿相间，楼梯中间是暗红色，镶嵌白边，两边是橘红色，看上去犹如彩虹般绚丽。岁月的尘垢抹不去它的艳丽，看上去依旧美艳异常，这在上海的公寓建筑里可谓绝无仅有，那种大胆想象力和对美的追求让我想起西班牙鬼才建筑师高迪。

这个公寓建成后曾长期由在沪工作的外侨居住，他们大多为外资公司洋行的中高层职员。据1935年《字林西报》行名簿记载，里面至少居住了经理、副经理及总裁7人，律师及法律顾问2人，船长1人，工程师1人，其他高级职员若干人。现该建筑为居民住宅。

沪上罕见的美国殖民地复兴式住宅

乌鲁木齐南路东侧，近福履理路（今建国西路）的乌鲁木齐南路151号，原先共有3幢美国殖民地式假3层花园洋房。这3幢洋楼建于1927年，由大统织染厂经理朱敏堂投资建造，建成后部分作为他的私宅，部分出租。现仅存一座建筑，楼前有一块园地，植有冬青、槐树等花木，并建有网球场。四周筑高围墙，并设双扇铁花门，自成独家私园。

整幢花园住宅，外形简洁整齐，双坡屋顶陡峭，檐口装点山花，人字形屋面上覆盖着红瓦，并开有对称的老虎窗，倚山墙面设壁炉烟囱道。外墙立面用洁白水泥粉刷成白色横向板条，模仿美国殖民地式建筑风格。住宅平面为5开间，南立面对称，东、西两侧设耳房，出入口设在正中，落地钢门，门前筑有小平台，以双柱式门廊4根圆柱架设起雨篷。立面门窗均为长方形，正中立面窗户为4扇，两侧为柯林斯式双壁柱，三角形窗楣中央设圆形小窗，两边门窗对称。由门廊直接进入底层门厅，门厅前后对穿，室内扶梯设在中间，东、西两侧房间对称。底层为餐厅、备餐室、会客室和卫生间。二层有4间卧房和卫生间，每间卧房均有壁橱，其中一间卫生间连通中央阳台。室内护壁板从地坪做到平顶，并设有壁炉，煤气、卫生设备齐全。在住宅北侧也有一个入口，还设有汽车库。门厅两边为起居室、餐厅，厨房边还特设小炉子间。二层设4间卧房和卫生间，假三层用作储藏室。

这种美国殖民地式建筑风格起源于英国在北美洲的最初殖民地——新英格兰发展成的“殖民地壁板外墙式”。为了抵御北美大陆的寒冷气候，在整幢房屋外钉上一条条横条木板，并且用木材来塑造当时英国的古典主义和帕拉迪奥形式。19世纪下半叶到20世纪20年代这种风格在美国盛行，它的特点是将一些不太符合比例的或经过变形的古典建筑元素如门廊等与一些新的美国当地建筑风格结合在一起。建筑一般采用灰色瓦顶，横向木板条外墙粉刷成浅色，后来这种风格直接成为今天美国住宅的原型。我在北欧的挪威、芬兰等地也见过很多类似这样的建筑，建筑外墙的色彩缤纷绚丽，十分漂亮。不过，在上海的近代花园洋房中，墙面这样处理的较为少见。这种简洁的独院式住宅建筑风格为

朱敏堂旧居外景

近代上海留美回国的建筑师所推崇，并试建了几幢。但由于上海的气候没有北美那么寒冷，房屋墙身不需要加厚御寒，且住宅标准较低，不能吸引中产阶级投资建造，故这类住宅在上海建造不多，现存的更少，目前在上海地区仅存两幢，另一幢是建国西路398号住宅。

1948年，该住宅业主朱敏堂先生赴香港经商拓展业务，委托出租人将住宅产权易人。1995年，将该住宅按原样拆除重建，仅门廊柱式等构件为原物。现这里为新华房地产开发公司办公楼。

毗邻朱敏堂旧居的乌鲁木齐南路151号甲是一幢局部带有西班牙建筑风格特征的西式花园住宅。南立面中央窗框边的螺旋柱，北面的入口、烟囱和围墙花格设计等细部都能捕捉到这种风格的特征。最特别的是它的外墙处理，浅蓝色的水泥外墙上布满了凹半球形的点状肌理，在西班牙式住宅的墙面处理中极为少见。如今早已作为民居的这幢西班牙风格洋楼显得有些破败，唯有室内曲线优美的楼梯扶手还能依稀见出它曾经的奢华，而满院未经修整的树木花草却是显得有些凌乱了。天气好的时候，居民们会在院子里牵出一根根绳子，绳子上挂满了各家各户的衣服、被子，任灿烂的阳光洒满，使住宅充满了浓浓的居家生活的味道。

孔家大小姐住过的花园别墅

乌鲁木齐南路上名人故居不多，但这条路的166号却居住过一位豪门千金，她就是孔祥熙的大女儿孔令仪。

这是一幢建于1930年，位于马路转角处的3层西式花园住宅。住宅与一群风格色彩相异的小洋楼毗邻，园内茂盛的绿树如一道天然屏障使其和周围隔绝，倒是显出了几分遗世独立的味道。建筑布局对称，水泥拉毛墙面，四坡红色瓦顶，一侧墙面有凸窗，陡峭而丰富的屋面和连接底层门廊的南向突出露台是建筑中比较引人注目的部分。露台栏杆采用相扣结的环形镂空花饰，露台下门廊围绕以红色面砖饰面的柱子，在门前花园的绿树衬托下十分醒目。

这幢住宅内最初的居住者是当年耳鼻喉领域的专家美国人邓乐普及其家人，1930年代初邓乐普就在外滩12号402室开设了当时上海为数不多的耳鼻喉

孔令仪居住过的花园别墅

专科门诊，影响甚广。该住宅后来由原民国行政院长、财政部长孔祥熙的大女儿孔令仪居住。孔祥熙与宋霭龄共有4个孩子，最受孔祥熙宠爱的就是大女儿孔令仪了。与弟妹相比，这位孔家大小姐在个性上要温顺得多。高中毕业后，孔令仪进入上海沪江大学学习，是4个孩子中唯一没有留洋读书的。大学时代的孔令仪，表现出对文学、艺术的强烈热爱。她十分注重服饰打扮，化妆用的香水、脂粉、唇膏一律法国货，衣服一天一换，连洗澡粉都用英国的，完全是一副贵族大小姐的派头。

孔祥熙、宋霭龄夫妇对大女儿的婚事甚是慎重，对未来女婿的要求也很高。由于阿姨宋美龄非常喜爱孔令仪，对她的婚事自然分外关心。宋美龄在国民党军官中挑了又挑，最后认为深受蒋介石宠爱的胡宗南年轻有为又是单身，与孔令仪比较般配。于是她便跟大姐宋霭龄说了。宋霭龄旋即应允。不想却遭到了孔令仪的拒绝，理由是他只是一介武夫，她不想为了一个虚名牺牲自己的婚姻。1941年，国民党高级将领卫立煌到重庆公干，当时卫立煌的妻子得病去世，这时有人就想把卫立煌介绍给孔令仪，但孔大小姐又以年龄相差太大拒绝了。就这样孔大小姐的婚事一拖再拖，但缘分却在不知不觉中降临到她面前。一次，孔令仪去跳舞，一个身着黑西服的风度翩翩的年轻人邀她跳舞。舞曲结束，小伙子请她去喝咖啡，孔令仪欣然同意。不久，两人便坠入情网。

孔祥熙发觉此事后，立即派人打探这个小伙子的底细。小伙子名叫陈纪恩，当年刚从圣约翰大学毕业，父亲是一个舞场乐队的指挥，也曾留过洋，但家里却很穷。孔祥熙、宋霭龄决心阻止孔令仪的冲动。不料，一向顺从的大女儿却一反常态，坚持要跟这位寒门公子来往。最终，孔祥熙妥协了。但为了顾及家族面子，孔祥熙不久便任命陈纪恩为国民党中央银行业务局副局长，后又公派他到美国，成为中央银行在美国办事处的业务代理。

1943年，孔令仪以留学为名到了美国，宣布与陈纪恩结婚。一个星期后8个大樟木箱的嫁妆被送到重庆的珊瑚坝机场，孔祥熙包了一架专机，将这8箱嫁妆送往美国。不料这架专机刚起飞不久，便出了事故。8大箱嫁妆连同那架飞机在熊熊大火中化为灰烬。孔祥熙和宋霭龄又叫人连夜赶制了6箱嫁妆送到美国。可惜的是孔令仪与陈纪恩的婚姻最后仍以分手而宣告结束。

孔令仪的第二任丈夫黄雄盛曾在清华大学读书，抗战爆发后，投笔从戎，上了空军军官学校，成为第一批赴英国学习驾驶喷气式战斗机的教官。黄雄盛思维敏捷，善解人意，在蒋介石官邸当侍卫时，曾每日为蒋介石读报，并能圆满地解答蒋介石提出的有关当日新闻的一些问题，深得蒋介石的喜爱。20世纪60年代初，黄雄盛被台湾派驻华盛顿担任驻美空军武官。在此期间，他与住在纽约的孔令仪相识。婚后两人一直生活在美国，过着平静的平民生活。据与其有过接触的人评价，孔令仪晚年亲切随和，平易近人，犹如邻家祖母。2006年前黄雄盛逝世，2008年8月22日，孔令仪病逝于美国纽约曼哈顿第五大道寓所，享年93岁。

这幢住宅门口的黑色大铁门制作考究，两旁门柱上各有一盏圆球状灯，两边凹槽内藏有两盏装饰艺术派风格的壁灯，米白色的围墙有红色镶边，气象深严，只有围墙里高大茂密的树枝不安分地探出墙头，宛然昔日豪门气派。

绿树环抱下的夏衍旧居

乌鲁木齐南路178号2号楼是夏衍旧居，这是一幢建于1932年的英国风格花园住宅。假3层，奶黄色墙面，红瓦屋面较为陡峭，南北面都设有棚式老虎窗，西侧和北侧设有大烟囱。南面山墙外露木构架。南面屋顶的一排老虎窗，4扇窗间有3根白色柱子隔开，和二层楼的4扇窗对应，底层同样是一排长窗，窗台很低。一侧的二、三层围墙上有半露木构架，一层、二层间有白色水泥长条镶嵌。建筑主入口略凸出，层层叠入形成尖券门洞，水泥仿石饰面，建筑内部多采用圆拱形门。整幢建筑在绿树环抱下显得清新怡人。

夏衍是中国著名作家、文艺评论家、翻译家，作品有话剧剧本《心防》、《法西斯细菌》、《秋瑾传》、《上海屋檐下》，报告文学《包身工》，改编的电影剧本有《狂流》、《春蚕》、《祝福》、《林家铺子》，专著有《写电影剧本的几个问题》、《电影论文集》等。1994年被国务院授予“国家有杰出贡献的电影艺术家”称号。夏衍艰难坎坷又丰富多彩的传奇经历与上海有着紧密的联系。夏衍入党在上海,一生从事的主要革命文化活动在上海,他酷爱的文学艺术创作也在上海。他是中国新文化运动的先驱者之一。1929年夏衍同鲁迅筹建中国左

夏衍旧居

翼作家联盟，“左联”成立后任执行委员，后发起组织中国左翼戏剧家联盟。1949年5月上海解放后，夏衍先后任上海军事管制委员会文教委员会副主任，中共华东局宣传部副部长、上海市委常委、宣传部部长等职。从1949年到1956年，他就住在这幢花园住宅里。现这里为徐汇区政协用房。

毗邻夏衍旧居的乌鲁木齐南路180号，建于1930年。这也是一幢具有英国住宅建筑风格的花园住宅。只是这幢建筑规模不大，也没有宽敞的花园。红色清水砖墙，较为陡峭的屋顶上点缀着老虎窗，局部半露木屋架，使其带上了更为明显的英国传统住宅的味道。住宅形体和色彩平平淡淡，但建筑工艺良好，所有的细部都是经过一番精心设计修饰。屋檐椽头微微露出檐口，椽出屋面之处被设计成云头形状，入口雨棚的木托架呈现出简化过了的曲线，入口门斗设计成向内缩进的斜面，使小小的入口庄重而又别致。底层多用平拱窗洞，二层则用方形，顶上小窗洞也有半圆形的，显得丰富多彩、跌宕多姿。

该住宅原多为外资公司的高级职员居住。1946年，国民党高级将领刘峙在此短期居住，但其妻儿却长期居住于此，直到1949年前往香港九龙。而这幢住宅旁边的乌鲁木齐南路182号则是国民政府农工部长马超俊的旧居。

汾阳路：上海的音乐之路

汾阳路北起淮海中路，南至岳阳路，自东北向西南曲折延伸。该路辟筑于1902年，原名“毕勋路”，以当时法国驻华公使之名命名，1943年10月改名为“汾阳路”。

汾阳路之于上海，就像维也纳之于奥地利一样，音乐的符号无处不在。汾阳路两旁全是高大粗壮的法国梧桐，梧桐深处坐落着一幢幢花园住宅，住宅里传出悠扬的钢琴声、提琴声、歌声，通过密密匝匝的青绿树枝荡漾在马路上空。在这条路上行走，眼前掠过一家家琴行，一不小心就会邂逅背着大提琴、小提琴或是手风琴等乐器的孩子们。音乐为这条路染上了浪漫的诗意，充溢着浓郁的人文气息，上海音乐学院、乐器店、老洋房、藏在巷子里的文艺场所……就好像一个个灵动的音符，在短短近1000米的五线谱上奏响了一曲时间的乐章。

在汾阳路近太原路处坐落着一幢5层楼的公寓，建于1925年，当时汾阳路叫做“毕勋路”，故取名“毕勋公寓”，里边住的都是外籍人士。此路改名为“汾阳路”后，公寓也随之改名为“汾阳公寓”，也称“汾阳大楼”。汾阳路61号美式建筑原是美商上海电话公司。汾阳路64弄毕兴坊为建于1931年的新式里弄，内有3层房屋22幢。在静静的汾阳路上你尽可以慢慢地走，但一定要仔细地看，那一路的精致是需要用心去好好体会的。一路上的建筑大多内敛而不张扬，一不小心就会错过。

有“音乐家摇篮”之称的上海音乐学院

汾阳路在上海有着“音乐之路”的美称，这多半离不开坐落在这条路20号

汾阳路街景

的上海音乐学院。上海音乐学院是享誉海内外的著名音乐学府。它的前身是蔡元培先生和萧友梅博士于1927年11月27日共同创办的国立音乐院。这是我国第一所音乐高等学府，成立之初，由蔡元培兼任院长，萧友梅任教务主任。1929年9月更名为“国立音乐专科学校”，萧友梅出任校长兼教务主任。经萧友梅敦请，留美返国的著名作曲家黄自出任音专兼职教员。翌年9月黄自应聘为专任教员兼国立音专教务长，和萧友梅一起成为支撑音专的主要梁柱，并培养了贺绿汀等一批杰出的音乐家。1949年10月起，由著名作曲家贺绿汀出任建国后的上海音乐学院首任院长。如今，在校园内绿树丛中矗立着3尊塑像，他们分别是蔡元培、萧友梅和黄自。而教学楼的大厅里则竖立着贺绿汀先生的塑像。

在全世界5000余所音乐学院中，上海音乐学院与英国伦敦皇家音乐学院并列排名世界第二，仅次于美国的朱丽叶音乐学院，其在世界上的地位不难想见。在这里诞生了像钢琴曲《牧童短笛》、小提琴协奏曲《梁祝》、大合唱《幸福河》、交响曲《长征》这样的知名乐章。建校以来，上海音乐学院培养的人才遍布全国及世界各地，被誉为“音乐家的摇篮”。享有“中国夜莺”美誉的周小燕和以一曲小提琴协奏曲《梁祝》享誉世界乐坛的俞丽拿相继获得“中国十大教育功臣”的殊荣。

走入学院，叮叮咚咚的钢琴声穿花拂柳而来，林荫道上走着的人大多神定气闲，毕竟是与艺术结缘的，与外边的俗人多少有些两样。目光停留在迎面一幢有着半圆形落地长窗的洋楼前，砖红色的屋顶，用罗马柱分割开的宽大的西班牙式铁窗，楼上长长的阳台，屋子里传出悠扬的旋律，周围簇拥着绿树红花。建筑、环境、音乐如此和谐地融合在一起，令人遐想。现在这里是上海音乐学院的办公楼。

这里原来属于上海犹太俱乐部，当年是在沪俄籍犹太人的主要活动场所。俱乐部共由2座建筑组成，中间由空中走廊连接。这幢建筑完整地保留了当年的原貌。该楼为陡峭的双折屋面，有双坡形老虎窗，主立面二层为敞廊，木质构架支撑。底层砖墙，水泥拉毛墙面，半圆拱券门洞和窗洞，券身突出毛石间隔点缀。整体极富特色，局部带有北欧风格，由空中走廊连接的另一座建筑为四坡屋顶，较为平缓，有棚屋形老虎窗，立面混凝土上施白色粉刷，层间设齿

上海音乐学院办公楼（原为犹太俱乐部）

形饰，柱体有凹槽处理。侧立面有突出半圆形房间，上设露台，宝瓶状栏杆。整体风格有美国小住宅特色，门前有塔斯干式双柱、三柱支撑。1932年上海犹太俱乐部开始筹建，是年8月在此开放。创始人是俄籍犹太厂商布洛赫，也是俱乐部的终身理事长。俱乐部设有文学小组，每周有“星期四聚会”。长时期内，这里是在沪俄籍犹太人的主要活动场所。20世纪30年代后半期，随着第二次世界大战中纳粹对犹太人迫害的升级，上万名犹太难民涌入上海，使这个原本欢声笑语的俱乐部，成了犹太难民的聚集地。1941年太平洋战争爆发后，日本人进入租界，占领了这个俱乐部。1943年2月18日，日本宣布在虹口设立隔离区计划，勒令凡从1937年来沪的所谓无国籍者，即来自纳粹统治区的犹太难民，必须在一个月内迁进去。2月23日，数百名在社会上有一定影响的犹太人被召集到这里，他们听到一个更为严厉的宣判，日本主管实施隔离区计划的官员对他们说，设立隔离区并不反映日本人的反犹情绪，而是因为上海的住房与食品供应的问题越来越严重，所以必须对无国籍者实行集中控制。当时，犹太俱乐部中鸦雀无声，因为这些犹太难民实在是无路可走了。

新中国成立后，这两座假3层建筑分别变成了音乐学院的办公楼和礼堂。2003年9月，具有典型的欧洲古典风格的礼堂建筑被改建成以已故上海音乐学院老院长、著名作曲家贺绿汀名字命名的贺绿汀音乐厅。贺绿汀音乐厅的内部设计参照了维也纳金色大厅、波士顿音乐厅、阿姆斯特丹音乐厅，和这3个音乐厅一样，都是长方形，且具有典型的欧洲古典风格，高大敞亮，典雅华贵，浅显的舞台空间与二层观众空间融为一体。这里不但是音乐学院师生教学和表演的理想场所，也成了普通市民能够光顾的东方艺术讲座主会场。

如今，走在这所校园里，感受到的是扑面而来的艺术气息。在这种氛围的浸染下，当年犹太难民曾经的愁苦、惊险情绪都已消解在音乐的世界里，一切都变得轻柔、淡然，犹如苏东坡所说的“回首向来萧瑟处，归去，也无风雨也无晴”了。但是，那段特殊的历史却永远留存在人们的记忆里。

汾阳路20号里还坐落着一座建于1926年的西式花园住宅，它位于上海音乐学院的西南角上。这是一幢具有德国青年风格派特征的花园住宅。建筑为假三层，孟莎式双折屋面，双坡老虎窗，底层为砖墙，水泥粗拉毛墙面，半圆拱券门洞和窗洞，突出毛石间隔点缀，局部带有北欧风格。建筑面向一大片碧绿的草坪。底层、二层均有外廊环绕，但形式对比强烈。底层外廊为厚实的墙基和石拱券，看上去粗犷有力度；二层为方形双柱外廊，镂空花格，轻巧剔透。风格不同但自由和谐的组合折射出海派建筑的风格特征。室内屋顶有裸露木构架，壁炉为面砖和深色木装饰，显得高贵、典雅。1927年，这里辟为比利时驻沪领事馆，从1934年起，比利时公使纪佑穆滞留上海时，就住在馆内。太平洋战争爆发后，领事馆关闭。1945年9月，在原址重开。1950年，比利时领事馆关闭后，该楼一度由部队使用。1958年后，该楼主要用作音乐学院办公和接待专家之用。现在这里作为上海音乐学院的专家楼，底层开设了留学生餐厅。

上海音乐学院靠近淮海路的一栋洋房，是上海音乐学院的老图书馆。这幢德国文艺复兴式的建筑有着高陡的红瓦屋顶，装饰华丽的山墙，顶上3扇窗相联的三角棚窝形的老虎窗，在上海的老建筑中颇为少见。这幢房子最初的主人是德国商人马丁·克里希。此人1858年只身来到上海，成了朋友泰来开设的泰来洋行的一名职员。1904年，克里希购进了位于淮海中路的这块地皮，当时，这里还是一片农田。购下土地后，他请德国设计师海因里希·贝克设计、建造了一幢与自己家乡相似的住宅，以解乡愁。建筑被设计在一块大草坪的中间，整幢建筑被草坪和大树包围。住宅为假3层，主立面朝南和朝东。朝东立面设计为重叠三角尖顶山墙，主楼的中间屋顶设计为尖塔顶，通过室内的环形扶梯可以进入塔顶屋，在两侧的墙角上设计有角塔，在其他立面设计用木架构出来的眺楼，站在眺楼上可以远眺四周。上海的西洋建筑很多，但带有如此浓郁的巴伐利亚乡村别墅风格的仅此一幢。1914年第一次世界大战在欧洲爆发，1917年，作为德国侨民的克里希也被当作敌对国难民遣返回国，他的住宅和花园就被英商天纶洋行的大股东尼西姆收买。这幢住宅的大门原来开在淮海中路上，由于靠淮海中路一侧的土地被出卖，大门就改开到了汾阳路20号内了。尼西姆是英籍犹太人，1941年12月7日太平洋战争爆发，8日，日军进驻租界，尼西姆被日军送到了虹口的“犹太人隔离区”，他的产业和住宅被日军接管，这里就成了一个日本军官的住宅。1945年日本战败后，尼西姆收回了住宅。上海解放后，旅居上海的犹太人分批离开上海，离开中国。后来这里就成了上海音乐学院的图书馆，楼道内彩色的玻璃美得让人炫目，里面堆积着一代又一代人的音乐之梦。

上海音乐学院校园里的这些坐落于参天古树间的老建筑，宁静安详，美不胜收，默默地传承着上海音乐学院华丽的音乐之脉。

2007年11月27日，在上海音乐学院建校80周年的喜庆日，举行了新教学楼的落成仪式。上海音乐学院新建的教学楼外立面造型采用通长的隐框幕墙式凸窗和浅黄色石材墙面的错落布置，模拟黑白琴键的形态意象，表现出音乐的跳动和律动，强调建筑的音乐感。建筑平面则以相对完整的3个建筑组合向汾阳路西南—东北斜向展开。每组合形态由一个靠近校园内部的L形体块和一个沿汾阳路底层架空的1/4音符的圆弧体块构成，3个组合间以连廊相接，形成错落的韵律和节奏。巨大的建筑体量感也因此被有意识地打碎和弱化，同校园内其他小体量的老建筑以及汾阳路上的老建筑形成了协调的对话关系。

因为上海音乐学院的存在，这里的乐器店也多了起来，它们沿着汾阳路两边的法国梧桐一路跳跃过去，让宁静低调的汾阳路平添了不少活力。

海关俱乐部和税务司官邸

从繁华的淮海中路进入汾阳路，有一种突然安静下来的感觉。汾阳路9弄3号是现存上海最老的、也是唯一的全木结构独立式花园洋房，建于1898年。这幢面向小花园的2层小木楼，带有英国早期殖民地式建筑风貌，建筑平面呈正方形，体量较小，底部被架空1米左右。台锥形翘屋顶，屋面上盖有瓦楞薄板，屋顶上各设东、南、西、北4座类似普鲁士士兵头盔式的有翘檐的老虎窗。这些瓦楞铝皮铺设的屋面，至今已逾百年，从未更换过，足见材料质量之佳。西北角有一个小四方翘尖塔，南向屋下设方柱敞廊，外墙用木材制作成横线条鱼鳞板条，门窗均用木材制成。

这里曾是中国海关关署俱乐部，屋内底层正厅设置舞厅，舞厅后面走廊另一侧是厨房、配菜间，供应西点、冷饮等。东厅前间设弈棋、打牌雅座，西厅为啤酒间、咖啡屋。二层有一微型放映室。俱乐部面向一个小花园，花园里栽植着奇草异木、四季花卉。1863年5月，英国人鲁宾·赫德来到上海，就任上海江海关税务司，兼管长江各口关务。赫德是一个很典型的老派英国人，讲究规矩，职业性很强，他服务于中国海关，任总税务司长达50年之久。在沪任职期间，赫德建立了中国海关关署，招募了一批外籍高级职员。赫德为使这些远离家乡的年轻人能够度过一个个寂寞的夜晚，就在中国海关关署附近的毕勋路（今汾阳路）9弄3号，建造了这幢中国海关关署俱乐部，俗称“小木楼”。当年一些来自异国他乡的洋人，在“小木楼”里寻欢作乐，消磨夜晚。随着上海娱乐建筑的增多，“小木楼”不再红火，后来这所别致的花园洋房便成了海关职员家属住宅，直至今日。

再往前走，到了复兴中路口，可以看到一个用黑色铸铁栅栏围起来的大花园，走进去，仔细一看，一大片绿茵茵的草坪后矗立着一幢高3层的红顶黄墙西班牙式花园洋房，在一片绿草地中，略显弧形地一字排开，房子后面是大雪松，显出一派欧洲皇家别墅的华贵气韵，犹如欧洲风景油画般美丽。这是一幢独立式、2层楼的花园住宅，建于1932年，由匈牙利建筑师邬达克设计。整个建筑错落有致，甚是小巧别致。水泥拉毛黄色粉墙，红色筒瓦大屋面，一层和三层山墙上的帕拉第奥式窗，阳台的绞绳开铸铁条栅栏，门窗纤细精巧的水泥砂浆雕饰，窗间的螺旋形柱，底层的开敞式露台等，所有这些都充分体现了西班牙建筑的特点。住宅的主立面朝南，临大草坪，以中间的客厅为中轴线，两侧略向前，呈不严格对称。底层围以连续拱券的外廊，正中用4根罗马柱支撑的3个连续半圆拱形门廊是主入口，二层退为平台；两侧底层设计由两根螺旋形柱分隔，3扇相连的窗，中间的窗为半圆楣，窗架以锯齿纹装饰，而两端又设计为半圆拱券廊，屋顶则以红筒瓦铺设为四坡顶，设计有屋顶窗。进入底层门厅，东侧原来是会客室，北墙壁龛里精致的灯被笼罩在铜制的雕花栅栏里，产生一种“烟笼寒水月笼纱”的美感，镶有铜边的壁橱和用暗红色的木质雕花作装饰的门框与窗套于简洁中透出华贵。客厅西侧为餐厅，中间为大客厅，南向有落地长门通往正中廊台。窗口镶嵌螺旋形罗马柱，屋檐下有连续的双拱券排列和装饰。楼上房间窗户并列的双柱用扭纹加券拱式样，非常别致。所有的窗户都很低，开阔了视野，显示出浓郁的欧洲南部建筑风情。楼上阳台全部用铸铁栏杆制作，上面的花纹显示出地中海南岸的浪漫风情。

这幢住宅原是上海江海关为海关税务司（海关关长）建造的官邸。当时担任海关税务司的都是外国人，因此住宅的前几任主人也都是外国人。20世纪40年代，时任副总税务司的丁贵堂入住该官邸。丁贵堂是担任海关税务司职务的第一个中国人，抗战爆发后，他捐款5万元慰劳抗日将士。日伪统治时期，日本宪兵队以从事情报工作的罪名，将他逮捕，获释后又将他软禁在此。后来他在朋友的帮助下前往重庆。抗战胜利后，他以财政部特派员和海关副总税务司的身份再次入住此楼。当时总税务司是美国人李度，他是副总税务司，因抵制国民党政府官员的“五子登科”，反对当局大搞战后物质的“劫收”，而与国民党闹翻。上海解放前夕，他暗中与中共地下党取得联系，参与了保护海关、迎接解放的工作，还将外滩海关大楼七楼的一间办公室，让给工人纠察队做指挥部，有效地配合了上海解放。上海解放后，丁贵堂被任命为中国海关总署副署长，他也随即举家迁往北京。此楼改为上海海关专科学校，现为汾阳路花园酒店。虽几经易主，但这幢建筑物保存完好，风采依旧。

独具风情的“海上小白宫”

汾阳路79号的高墙深院内“藏”着一座典雅庄严的白色建筑，墙内探出高大的树枝，枝丫直伸街心。这里原是法租界公董局总董的官邸，建于1905年，外形为18世纪欧洲城堡式，是法国鼎盛时期文艺复兴式住宅的典型实例。由于色彩和造型相似于美国华盛顿的白宫，故被称为“海上小白宫”。整幢建筑的外墙以凿平的石块作贴面，看上去犹如一幢古城堡。建筑共3层，地面上两层半，下筑半层地下室。建筑主立面朝南，面对一个带有法国艺术风格的大草坪，大草坪后有小溪和树林。主体建筑平面中部突出，呈半圆形，半圆两侧则为平墙，有落地长窗。门前是左右双抱的露天环形阶梯，右侧楼梯入口，与左侧楼梯完全对称，体现了宫廷式建筑的恢宏气势。扶梯中间的空档内设置了一个狮子头喷泉，由电动泵控制的“活水”昼夜不停地从狮口中喷出，颇有情趣。拾级而上是一宽大平台，通过平台可直接进入半圆形大客厅，阶梯下进拱门入地下室。一楼正门为券式，两旁设爱奥尼克式双柱，门窗框上均有浮雕装饰。二层顶上有阳台，周围设置花瓶形栏杆。进入一楼大厅，地坪、壁面、

海上小白宫

顶部天花都用大理石砌筑，室内装修雕刻精致，具有欧洲新艺术运动派建筑特征，从底楼大厅到三楼楼梯间的窗户采用彩色镶嵌玻璃，透露着一种神秘的色彩。室内花房四壁设有半米高的玻璃水池，可放养各种观赏鱼；盥洗室精美的梳妆台旁边保留着百年前卫浴间的原始装潢，特制的淋浴室像一只鸟笼，按动水阀，水柱会从上下左右同时喷发出来。时隔百年，小白宫风采依旧，还处处流露出法式精致生活的痕迹。无怪乎，影片《宋氏三姐妹》要把宋霭龄大婚的场景选在这里拍摄。

1932年后这里曾是日本驻华大使馆。抗日战争胜利后，这里成为南京国民政府中央监察院江苏监察区监察使署，后来，又成为联合国世界卫生组织在亚太地区的第一任办公地。新中国成立初，中苏友好协会上海分会入驻此地。1963年5月，在陈毅的关心下，上海民间最优秀的工艺美术家相继在此工作和传艺，同时还在里面建立了工艺美术品陈列室。“文革”初期，工艺美术研究所被赶出了院门，这幢豪宅被林彪之子林立果占用。1980年，“文革”后重新建立的上海市工艺品研究所迁入这里，该研究所利用自己的资源，在大楼内设立了工艺美术博物馆，将研究所收集和自己研制开发的工艺品在这里陈列和销售，吸引了众多国内外观光者前往参观和购物。美国前总统里根、英国前首相希思、埃及总统夫人、法国总统夫人等也曾光临此地，在参观工艺品的同时，对这幢华美的建筑产生了浓厚的兴趣。

这里还是现成的影视拍摄基地，除了影片《宋氏三姐妹》外，《南征北战》、《大雷雨》、《十兄弟》、《聂耳》等影视作品的一些场景都是在这里拍摄的。

留存白先勇童年记忆的白公馆

走在汾阳路上，隐约可见一幢犹如一架银白色钢琴般的建筑，闪烁的路灯使得这栋楼宇略微显得有一丝孤寂和神秘。这里就是位于汾阳路150号的白公馆。这幢花园洋房曾经是国民党军副参谋总长、著名桂系将领、人称“小诸葛”的白崇禧的寓所。他的后人、如今名气不小的台湾作家白先勇也曾在这里居住过几年。其实，白氏父子在这儿居住的时间并不长，而在他们入住之前的

白崇禧旧居

数十年间，这幢洋楼早就发生过许多传奇故事了。也许是因为白氏父子名声太大，再者洋楼墙面灰白，所以人们习惯上就把这栋洋房称为“白公馆”了。

这座花园洋房最早是万国储蓄会董事史比尔门的私宅。史比尔门本是一个荷兰冒险家，闯荡上海滩后加入法国籍，为谋取高位与法租界公董局勾结，将大量金钱填饱了自己的私囊后，便于1920年在法公董局总董官邸不远处，购地建造了这座花园洋房，于1924年建成。1941年，日本军队进入租界后，犹太人被送进集中营，汉奸、伪国民政府监察院长、立法院长梁鸿志鸠占鹊巢。梁鸿志在北洋政府时期曾任国府秘书长，收藏了许多古玩字画，他入住这幢花园别墅后，经常举办豪宴，招引各路“精英”，特别是日本人来喝酒游玩，酒酣之时也亮出33封宋人信札等炫耀。抗战胜利后，大汉奸梁鸿志成了阶下囚，他想以这批宋代信札从戴笠手中换回自己性命，但不久戴笠因飞机失事机毁人亡，他落得个人财两空。1946年6月，白崇禧出任国民政府国防部长，这里才成了“白公馆”。

这幢建筑为法国文艺复兴时期风格，显得端庄雄伟，很有气势。主建筑为砖石混合结构两层半，即俗称的假3层，不过，它的假层在底层。为了显示气派，设计者将地下室设计为半地下室。入口处树荫很密，慢慢走入，逐渐可以完整地见到这座建筑的倩影。其外形为方形和椭圆形结合，底层为由8个台阶跃上的露天平台，以中间突出的半圆为中轴线，两翼对称。中间为宽敞的爱奥尼克柱式的大门廊，有室外扶梯可直接通向二层正中的大客厅。二层有大阳台，由塔什干柱式支撑雨篷，雨篷女儿墙上置酒杯形装饰物与柱形对应。东墙下建有一直蜿蜒到三楼的白色大理石螺旋形楼梯，楼梯设有花瓶状护栏。一层至二层墙外及西部二层墙面落地长窗间均用爱奥尼克壁柱装饰，北立面突出半圆形楼梯间，部分圆拱券窗、楣窗上部设有浮雕花饰，窗格呈几何划分。女儿墙为镂空的连续弧形花饰，整个建筑立面洋溢着浓浓的法兰西风情。从住宅朝北大门进入，当年白公馆底层为厨房、配菜间、储藏室和车库。二楼中间部位是呈椭圆形的大客厅，曾被主人作为舞厅，招待四方客人。东、西两侧是耳房，下面是一片翠绿花园。三楼中间为起居室，两边为卧房，北边为佣人房。

1948年，国民党军队节节败退，白崇禧也回了江西老家。白先勇离开上海前夕，曾与兄弟姐妹邀集了上海的同窗好友，在大客厅里跳舞。新中国成立后，上海市人民政府接收了这幢洋房，曾先后作为上海画院和上海越剧院的院址。上海越剧院老院长、著名越剧表演艺术家袁雪芬的办公室在这幢楼三楼的东面一间，正是当年白先勇出生的地方。上海越剧院的艺术家们在里面练功、吊嗓、排戏，《梁山伯与祝英台》、《祝福》、《西厢记》、《红楼梦》等越剧经典之作从这座楼里翩翩飞向了海内外。越剧缠绵悱恻的曲调飘散在洋气的汾阳路上，无意中为这条路增添了中国传统文化特有的韵味。20世纪70年代末，上海越剧院迁往复兴西路新址，整幢建筑被改建成对外开放的越友饭店，曾在越剧电影《红楼梦》中出演薛宝钗的越剧表演艺术家吕瑞英出任饭店的经理。上海越剧院的一些前辈和演员以及越剧迷们都喜欢到这里来吃饭，似乎在这里找到了“越剧之家”的感觉，这里幽雅清静的气氛也吸引了附近上海音乐学院的师生们。1987年，白先勇应朋友之约来这里吃饭，旧地重游，回忆起昔日在大客厅里跳舞尽欢的情景，这位多情的白公子不由发出“好花不常开，好景却常在”的感慨。

这里曾被改建为以日式烧烤为主的仙炙轩餐厅，坐在餐厅的落地大玻璃窗前，窗外的花园美景一览无遗，非常惬意。那时同在白公馆里的还有宝莱纳餐厅，当华灯初上时，餐厅浑身裹上了绚丽的灯光，气势逼人。入内，那庞大奢华的排场和鼎沸的人声让人晕眩，满眼所见是人头攒动，空气中弥漫着极度的兴奋与骚动。底层大厅中间是菲律宾乐队在表演，四周布满宽大的座位。在乐队前有一个不大的舞池，男男女女随着震耳欲聋的乐曲疯狂地舞动，如痴如醉。气氛不像餐馆，倒像夜总会。从一楼往上走，墙壁上的装饰都很有意思。建筑内部还保留着原先的壁画，墙上古典主义的油画使人顿生怀旧之感。可惜原先颇有特色的一座自三楼垂吊到一楼的水晶吊灯为安全起见不再继续使用。宝莱纳餐厅的二楼是个回廊式空间，凭栏观望，大厅里的一切尽收眼底。也许，下面的舞者因为有人观望舞得而更加起劲，偶尔抬头瞟一眼，那种“相看两不厌”的感觉也蛮不错。高高在上的三楼也与大厅息息相通，在三楼中间有一个巨大的圆孔，正与底层乐队舞池相对，既入乎其中又游乎其外，令人叹为观止。这个餐厅酒吧是由巴伐里亚传统建筑设计师设计的，除了保留建筑原貌外，这里从一幅画到一面墙，从一张柜到一张凳，都是从德国和英国运来的，其装修材料据说是拆了德国的一个教堂和餐馆所得，其奢华可想而知。“宝莱纳”在欧洲是一个悠久知名的啤酒品牌，因此在这个啤酒餐厅里最大的特色就是它的生啤，这里的酿制设备全从德国引进，而且还引进了一位德国技师，由于不经高温，不破坏酵母，口味极醇厚。虽然价格贵得连老外也咋舌，却天天爆满，几乎每个在上海工作的德国人都会来这里寻找感觉。高峰时，门口还会排起长队。

尽管“宝莱纳”内里夜夜笙歌，喧闹异常，外面却依然岑寂如初，并且没有在门口打出任何中文牌子，这使昔日的它在寂静的汾阳路上一点没有显得突兀。

五官科医院里的“三德堂”和水塔

汾阳路83号坐落着上海有名的眼耳鼻喉科医院，俗称“五官科医院”。每天到这里看病的人络绎不绝，但他们未必知道里面有两栋历史久远的建筑。

1929年，在上海的西班牙裔犹太人建立犹太圣裔社，开展慈善救济。1934年2月，圣裔社依靠上海犹太富商嘉道里的资助以及本社和犹太社区的善捐开设诊所，发展成为圣裔社医院，院址设在浦石路（今长乐路）514号。太平洋战争爆发后，上海的俄国犹太人，正式接管了这家医院，并于1942年从今长乐路迁往了今汾阳路83号的一幢洋楼内，改建后命名为“上海犹太医院”。当时的犹太医院环境优雅，设备完备，共有床位60张、外科手术室1间以及X光机、电疗机、高压灭菌机等医疗器械。

现在五官科医院里的10号楼，就属于过去的犹太医院。这座建筑原名“三德堂”，建于1942年，外观具有法国现代派简化的古典主义风格。主立面对称构图，使用简化的装饰性壁柱，在横竖两个方向均做三段式划分。外立面多处有弧形墙面造型，西立面还有层层收进做法。南立面室外有大楼梯直接通至二层入口。窗间使用简化的装饰性壁柱，且二、三层通高，四层单独使用壁柱，柱径减小。壁柱为方柱，上有凹槽，但柱头花饰被大大简化。五层中部退后，形成屋顶平台。两端立面采用凸窗，上下贯通。建筑上的古典装饰被大大简化甚至取消，体现出现代建筑思想，室内外局部装饰具有装饰艺术派特征。如今，在医院10号楼的一些病房里还可以看到造型古典的深色木头做的壁炉。

医院里还有一座高高的水塔，同样建于1942年。水塔呈圆柱形，造型简洁，带有装饰艺术派风格的几何形装饰。水塔下面有石阶，塔身上开设窗户，建筑古朴的石材沧桑而坚实，令人想起中世纪的古堡。在医院南面花园里的花木丛中坐落着医学前辈的全身塑像，左面是耳鼻喉科奠基人胡懋廉教授，右面是被誉为“中国眼科之父”的眼科奠基人郭秉宽教授。

弄堂深处的和平官邸

汾阳路152—154号、156—158号，坐落着“并立花园”，建于1920年。两组住宅同时建造，户型相同，都属于德国式双联体花园住宅。立面简洁对称，平整少装饰。底部和二层为清水红砖饰面，墙转角处设有扶壁柱，上部三层券廊部分为水泥拉毛饰面，外墙材质区别明显，对比强烈。二、三层材质交界处有一圈简单线脚。四坡双折瓦屋面，屋面顶部陡峭，底部出挑明显，挑檐下设有成对木牛腿斜支撑。三层两端设半圆券敞廊。开窗轻巧，一、二层外窗设木百叶。整体建筑风格舒朗大方，内部装修简洁而别具特色。

这两组住宅共住有4户人家，各自都有面积颇大的花园。房屋底层为车库等辅助用房，二层为起居室和餐厅，三层为卧室，四层折线屋顶内有阁楼，并开有宽大的老虎窗。建筑立面为三段式处理，屋顶坡陡，檐下有成对方形木托撑；三层外墙水泥拉毛墙面，敞廊是简洁的圆拱。住宅室内虽然简洁，但铺地、楼梯以及壁炉等细部还是很有品质的。这组住宅原为大东电报公司高级职员住宅，公司经理兼公司驻中国的首席代表、分公司经理、经理等高级外籍职员等都曾在此居住，其余住户还有吉星洋行、太古洋行外籍职员等。现今152—154号住宅作为普通民居使用，156号被改为Dragon Club,158号成为了高级会所——和平官邸。

和平官邸藏身在深深的弄堂里。进入弄堂，首先看到的是两幢老洋房民居，进入院子有豁然开朗的感觉。置身于绿荫丛中的和平官邸是一幢有着100多年历史的西班牙风格洋楼，整个3层楼房子从上到下只有8个房间，原来的结构全部保留。木楼梯小小窄窄，楼梯中空一只装着暗色灯罩的吊灯自上而下垂下，与老洋房风格异常切合。花园里栽有近百年历史的香樟、广玉兰、蜡梅和橘子树等，园子中间的玻璃屋四周翠竹摇曳、小溪环绕。和平官邸走的是在名人花园洋房里开餐馆的路线，所以称之为官邸。由于餐厅的包间都以诺贝尔和平奖得主的名字命名，故餐厅被称为“和平官邸”。据说，王家卫、周星驰等不少明星也都曾来这里用过餐。

东湖路：一条写满故事的路

东湖路南起淮海中路，北至长乐路。该路辟筑于1902年，原名“杜美路”，以法国驻越南总督杜美名字命名。始筑时，南起今淮海中路向西北延伸至富民路。1922年北段与长乐路相接，成为长乐路的组成部分,南段仍名“杜美路”，1943年10月改名“东湖路”。

在辟筑前东湖路一带十分荒凉。北段原有一条河浜，南端原为农田及沟浜，筑路时填浜而成。筑路后，虽与淮海中路交接，但东湖路却是一条十分僻静的马路，历史上曾是上海著名的住宅区。弄堂深处的房子，有些是独立门院，铁门终日紧闭，斑驳的外墙、陈旧的门窗，早已不复当年风光。

不过，东湖路的风景还是令人神往的，沿路树木葱茏，浓荫覆盖，在那里走走，不经意间就会收获一路的故事。

打开重门深锁的秘密花园

东湖路、淮海中路交界处，曾有一片隐秘的“秘密花园”。几何柱式的栏杆上镶嵌着瓷砖，中间点缀着各色玻璃马赛克，一扇豪华精致的铁门紧锁着，隔绝了周围的尘嚣。里面深深庭院里坐落着在上海滩名闻遐迩的“大公馆”，又叫东湖宾馆7号楼。在外面是看不见这座“大公馆”的，因而，也使这座建筑显得格外神秘。事实上，从新中国成立后到20世纪末的将近半个世纪的时间里，这座花园别墅一直重门深锁，人们对它有着各种猜测。直到2002年，这栋沉睡已久的花园才被唤醒，成为名叫“大公馆”的高档会所餐厅。大公馆开张以来，接待过不少尊贵的客人，APEC会议期间，菲律宾总统阿罗约曾来过这里，还有美国花旗银行、联邦快递等大公司的总裁也曾在

东湖路街景

里面宴请过澳门特首。亚行会议的重要Party曾在这里举行。不过，大公馆的大门依旧没有向普通百姓打开。夜晚，在淮海路的灯光下，庭院显得更为幽深，令人遐想。

大公馆其实是一幢建于1925年的法国文艺复兴式的花园住宅。浅白色的墙体，给人一种沉静、高贵的感觉。褐色屋面上的一排老虎窗窗框为红色，分外醒目。褐色和乳白相间的烟囱矗立在屋顶。建筑的南立面中部为层叠柱式的敞廊，两端略前出，二层廊道带有巴洛克式、双壁柱等装饰。东立面主入口为塔什干柱式门廊。立面为三段划分，局部为清水红砖墙，窗檐、窗台处用水刷石作装饰。窗楣上装饰着雕刻有植物的飘带纹样，屋顶上有巴洛克式的涡卷，窗旁并立着爱奥尼克双柱。这幢花园住宅的南面是一座三角形的中西合璧的庭院，庭院中有假山，一株红枫斜斜地依偎在假山一侧，有两棵百岁高龄的香榧树至今还能开花结果，而40余株香樟都已超过了50年以上的树龄，茂密的树枝把花园里的绿色渲染成一片浓得化不开的绿。此外，花园里还错落布置着雪松、广玉兰、鸡爪槭、桂花、南天竹、一叶兰等20多种植物。园内还有草坪，并设有游泳池和网球场，其豪华气派可见一斑。在绿树掩映下有一个由4根塔什干柱子顶起的西式雨棚，通往门厅。在门厅和雨棚之间有一扇小小的花窗，窗上镶嵌着彩绘玻璃，玻璃上绘有抽象的植物，美艳动人。

迈入由2根爱奥尼克壁柱支撑着的门厅，拾级而上，再转个弯，走几级台阶，就是大客厅了。推开深色的大门，古董家具、瓷器、鲜花、烛台、壁炉和枝形吊灯，每一件翻新整修过的古老家具和装饰，都负载着故事。住宅室内铺着深色的柚木地板和接近天花板的护墙板，显得十分庄重典雅。家具上古典式木装饰的线脚、纹饰繁复细腻，连门厅里挂衣帽的壁架造型也如建筑般严谨工整，其中轴对称，两侧配以柯林斯式的收头，中间的穿衣镜下还带有摆放小物件的抽屉和柜子，上面也雕刻着精致的花纹，犹如摆在室内的一件工艺品。地板是用不同方向的木条拼出的向心几何图形。门厅的后面是酒吧，酒吧深处是摆着古董家具的雪茄吧。朝南草坪的外廊上面摆着一张张桌椅，是喝下午茶的好去处。室内各房间门户相通，西面的餐厅里，设置了

大公馆

两个相对的壁炉，上方的涡卷木装饰花纹，带有巴洛克风格。各个房间的壁炉造型基本一致，只在釉面和颜色上稍有不同。当年会客厅的三面墙壁上装饰着法国文艺复兴时期流行的镜面，天花板上满是细腻的雕刻花饰，边缘装饰着景泰蓝葡萄梗的吊灯和墙上的铜质蜡烛形壁灯带来了浓郁的欧陆风情。二楼的楼梯柱头和大门入口处的柱式一致，楼梯间的窗户也饰有同样美丽的彩绘玻璃。现在二楼和三楼的房间都成了餐厅包间，上面分别写着“沙逊厅”、“礼查厅”、“哈同厅”等，让人梦回昔日上海滩。二楼阳台上有几张散席，坐在那里可边用餐边解读老洋房的种种风情。

这幢建成于1925年的住宅是常年从事跨国经营与贸易的犹太商人Ray Joseph出资请法国建造师设计兴建的，此人因常年从事跨国贸易而发财，在上海虹口、徐汇等地拥有不少房产。这幢法式花园洋房从建成后到1949年一直作为私人住宅使用，它的最后一任主人，是位名叫汉娜·约瑟夫的英国人。新中国成立后，此处洋楼一度作为苏联驻华文化代表处的驻地。1952年5月5日这里成为苏联驻华商务代表处上海分处的驻地，直至1962年12月26日。苏方撤走后，东湖路7号闲置了一段时光，直到1963年12月租给日本工业展会作接待之用，第二年的3月，又调拨给上海市国际俱乐部使用。后来，这里又成为中共上海市委招待所的一部分，1972年尼克松访问中国期间曾与周恩来一同来过此地，《中美联合公报》中不少谈判便在这里举行。招待所于1982年改为“东湖宾馆”，曾接待过无数海内外政要。2002年，又改造成为名闻沪上的“大公馆”。

2015年9月29日早上，上海市民经过东湖路7号时，惊讶地发现，这个花园揭开了神秘的面纱，风姿绰约地呈现在公众面前，并被冠以“东湖绿地”。绿地以一条长长的钢结构紫藤长廊作为动线，蜿蜒曲折贯穿其中。紫藤的品种众多，颜色由紫色、白色、粉色交替，想象来年紫藤花开时，游人徜徉于紫藤长廊，抬头繁花，低头落英，阳光从串串紫藤花簇中斑驳洒下，蝴蝶纷飞，小鸟啾啾，该是何等美妙！据说这条上海目前最长的紫藤长廊的设计灵感来自于齐白石的紫藤画作，在设计师的妙思巧运下，钢结构的紫藤花架还向下延展成为多个休闲座椅，并与周边的水景、绿化相呼应，形成中西合璧的绿化风格。设计人员在增加绿地内休闲步道的同时，还重新设计了喷泉水景。虽然原先的围墙拆除了，但原淮海路、东湖路路口两个出入口的8根欧式立柱及其五颜六色的马赛克镶嵌装饰全部予以保留，这些材料有着八九十年的历史，可以看到当时精湛的技艺；对于那些剥落部位还特意留白，未做修补，以便让往来路人更好地体味历史。绿地内保留了多株古树名木，并添种了新乔木品种，呈现出上、中、下3层错落有致的景观：上层骨架树种为香樟，其余上层树种为广玉兰、雪松、香榧、丝绵木、白皮松；中层树种为罗汉松、五针松、桂花、木瓜、鸡爪槭等；下层树种为南天竹、瓜子黄杨、黄馨、一叶兰、杜鹃、八仙花、麦冬、常春藤等，使得绿地内四季色彩缤纷，花香不断。

中科院院士、同济大学教授郑时龄谈及此次公共绿地开放时曾表示，城市更新是理想、艺术、价值观的更新，上海应该打造成大众宜居的城市。现在上海的天际线已不可改变，那么这些贴近身边的道路、街角、花园就应当以一种更贴近百姓的姿态，来展现和叙述城市的历史和文脉。这次改造中，原来的深宅大院不只是透绿，而是真正成为开放绿地，能够让更多游人走进来，观赏休憩，这说明城市管理者的观念在发生变化，上海这座城市将因此变得更美好。

全国第一家立体电影院所在地

东湖路9号矗立着26层高的现代化地产大厦，其墙面采用优质花岗石装饰，主楼为智能化高档办公楼，裙楼设会议中心、商务中心、地产展示厅、电影院、影视厅、咖啡厅、餐饮饭店、KTV俱乐部等文化娱乐休闲设施。

这幢高层建筑建成开业于2002年，在这之前这里是东湖电影院。东湖电影院的院址原为花园住宅，1939年6月改建为一座电影院，当时名叫“杜美大戏院”。电影院前有一个广场，靠马路的门边斜出一角是票房间。放映大厅是一幢2层楼房，门前设有高高的台阶。楼房前是一个长方形的庭院，庭院中央有一个椭圆形的喷水池，池内矗立着一尊仙女嬉水的塑像，两侧是修饰成不同几何图形的花圃草坪。楼内放映大厅前设有观众休息厅，休息厅内有小卖部。1943年，因杜美路改名为“东湖路”，杜美大戏院也随之改名为“东湖电影院”。1942年到1953年以放映苏联进步影片为主，1954年开始放映普通电影。

1962年,东湖电影院改建为全国第一家立体电影院。同年7月1日,上映国内第一部彩色立体电影《魔术师的奇遇》。当时，这部电影家喻户晓，从那个年代过来的人几乎没有人不曾看过这部立体电影，东湖电影院就此成了立体电影院的代名词。那时，到东湖电影院看立体电影是上海滩最为时髦的娱乐活动。当年看立体电影，凭借的是一副纸质围框的偏振片眼镜，看过的人无不津津乐道，诸如鸟儿会飞到面前，水会洒到身上，汽车从头上疾驰而过，苹果向脸前掷来等等，常常赢得观众席上尖叫连连，其盛况远胜于在今天的和平影都观看3D电影《阿凡达》。因为没有空调，夏天，电影院会为观众配备一把纸质团扇，观影结束时让观众把团扇和看立体电影必须要用的偏振镜一起投入门口的大箩筐内。《魔术师的奇遇》使东湖电影院名满全国，凡到上海的外地旅客也都会设法到东湖电影院看一场立体电影。20世纪80年代，东湖电影院又陆续放映了《欢欢笑笑》、《快乐的动物园》、《枪手哈特》、《侠女十三妹》等立体电影故事片及《北京的春天》、《杂技艺术表演》、《天山骏马图》、《假日》等立体电影短片，颇受观众欢迎。

“无可奈何花落去”，承载着上海历史记忆的东湖电影院在新世纪到来时黯然退出了历史舞台，然而，东湖电影院门前那高高的台阶，还有台阶前喷水池的仙女塑像连同彩色立体电影《魔术师的奇遇》却永远留存在老上海人的记忆里。

东湖路17号花园住宅

东湖路17号有一幢建于1921年的3层西式联立式花园住宅，折中主义风格，红瓦坡面白墙。檐口女儿墙做得相当丰富，卷草花饰纹样很有立体感，显现出主人家的阔绰殷实。建筑整体完全对称，面向花园的南立面为主立面，横三段、纵三段构图明确，中部内凹，两端立面做连续券柱式构图，并采用简化的古典巨柱式。窗间柱和转角柱有方有圆，形成明显的对称。其他立面形式自然，构图和屋顶变化丰富，很有气派。两侧的三开间连续券都是原来的敞廊，现已被封实，左、右两侧从敞廊通向花园的大楼梯也没有了踪影。低矮的底层是整个住宅的“基座”也是辅助用房，主要的功能空间在二、三层。主楼梯位于每一户型北面的中部，自二层起直至阁楼，深色木质楼梯围绕着中庭空间盘旋而上，楼梯侧面的彩色玻璃窗装有典雅的铜把手，十分华美。室内有多个壁炉，造型和装饰都很精致。

这幢花园住宅曾是比利时领事馆，后又一度成为国民党某军官的私人住宅。1950年，该花园住宅由华东交通专科学校及中央音乐学院上海分院使用，后曾用作上海市第一医学院内科女生宿舍。1964年春，原富民路43号的青年报社迁入其内，这里便成了青年报社的办公楼。1964年，也就是报社搬到东湖路17号那一年，毛泽东主席亲自为《青年报》题写了报名。

如今，东湖路17号成了上海团市委办公地。

卧虎藏龙的东湖路56弄

东湖路56弄是一条默默无闻的里弄，虽然与赫赫有名的“杜公馆”近在咫尺，但仿佛两个世界。其实，从20世纪30年代开始，许多社会名流、政府要员等上层人物都曾居住于此。

上海著名老店“恒源祥绒线店”的创办人沈莱舟就曾寓居在56弄内。

1927年，沈莱舟与人合作，在福州路开设了“恒源祥人造丝毛绒线号”。店名源于沈莱舟曾经打过工的一家杂货号里挂的一幅对联：“恒源百货、源发千祥。”这间小小的商号，就是“恒源祥”的前身。创始人沈莱舟从恒源祥绒线商店起家，鼎盛时期亦工亦商，下属10家企业。1935年，“恒源祥”迁至现在的金陵东路139－141号，换上了“恒源祥公记号绒线店”的招牌，批发兼零售，成为当时国内绒线行业的龙头老大，人称“绒线大王”。此刻他家里人口激增，夫人王敏珠一连替他生育了7子2女，共9个孩子。房子不够住了，沈莱舟便花了不小一笔钱，买下了杜美路（今东湖路）56弄里一幢刚刚建成的花园洋房。到1948年他事业巅峰时期，不仅独资掌控了一家毛纺织厂，开办了两家染织厂，还拥有20多家工厂的股份，是当时上海滩毛纺织界举足轻重的商界名流。

沈莱舟位于东湖路56弄的住宅是一栋占地300平方米的3层楼房，一并3排，全部房间朝南。房子的外观洋溢着海派风情，让人想起巴黎大剧院里的包厢造型。当时沈宅一楼有舞厅和两间打通的厨房餐厅。餐厅里的餐桌有乒乓台那么大，每天吃饭时，全家老小十几口人团团围坐，好不热闹。至今，沈家的后人还低调地居住在里面。

东湖路56弄22号住宅，是著名京剧大师盖叫天20世纪50年代的旧居和练功的场所。盖叫天演技高超，形成了“武戏文唱”的独特盖派艺术，驰名南北，遂有“江南第一武生”和“活武松”之称，他与梅兰芳、周信芳并列为“京剧三杰”。1955年，上海文化部门遵照周恩来总理的指示，为盖叫天在东湖路找到这幢独立式住宅。这是一幢带有庭院的房子，建于民国时期，为砖木结构2层楼。那么周恩来怎么会想到把这幢带庭院的房子给盖叫天住的呢？这还要追溯到1946年秋天的一个夜晚。那晚8点多钟，靠近如今新天地一带的兴安路上行人稀少。当时任中国共产党代表团团长的周恩来路过黄陂南路口，看到一位脚蹬厚底靴的老人在马路上练功，旁边站了六七个人在观看。但见那位老人步履扎实，马弓沉稳，忽而一个虎跃，忽而一个蹲身，忽而又是一个大鹏展翅，出手抬脚，时快时慢，虎虎生气，习习生风。“好身手！”周恩来不由得暗暗赞了一句，并停下脚步，饶有趣味地欣赏起来。那时，周恩来住在思南路上的周公馆，离盖老家不远，每次从那里路过时都会看到这位老人在练功，打听到这位练拳的老人就是闻名中外的京剧表演艺术家盖叫天。20世纪50年代中期，上海文化部门遵照周恩来总理的指示，把东湖路56弄22号的房子拨给了盖叫天，从此盖老便在这座寓所的庭院里练功了，他收藏的古玩瓷器也有了安放之处。这个蕴藏着中国传统艺术和人文历史底蕴的盖叫天东湖路寓所现在是东湖旅游设备公司的办公地点。

东湖路56弄曾经聚集了上海报业、出版社、商界、艺术界的许多人物。位于东湖路56弄39号的一幢建于1940年的白色4层公寓，以前就曾是苏联专家住的，现在是东湖宾馆三号楼。弄内50号，是原正广和老板住的；弄内16号，则是原卷烟厂老板住过。现在这些房子大多换了主人，56弄的花样年华也已悄然消失在世事沧桑中了。

“杜月笙夜总会”和“杜公馆”

东湖路51号坐落着一幢现代风格的花园住宅，建于1932年，3层砖混结构。建筑外墙采用棕褐色硬陶面砖贴饰，平屋顶。主入口地面为瓷砖拼花的八卦图造型，至今犹有部分残留，楼梯厅竖向整体由玻璃钢窗构成。室内挑层较高，东侧房间为圆弧墙面。南立面楼层设有宽敞的长阳台，弧面外墙上设置钢窗，顶部则为半圆形阳台。底层内设主辅楼梯，大门面向开阔的大花园，花木繁茂的花园内原先还有一个圆形的大理石露天舞池。现室内留有壁炉，局部有改建。

这幢花园住宅最早的主人是尼科尔森夫妇，尼科尔森是上海煤气公司的高级职员。1936年，该住宅的主人换成了在麦边洋行进口部供职的波里特夫妇和彼得森夫妇。再往后，这座宅院成了杜月笙三姨太孙佩豪的住宅，对外的名称则是“圣乔琪夜花园”，亦称“杜月笙夜总会”。这幢花园住宅在1949年后成为市委党校干部住宅。

新乐路与东湖路交会处的东湖路70号现在是东湖宾馆，位于70号一侧的1号楼和2号楼，建于1934年，是两幢相连的4层楼花园住宅，东、西两侧各有一幢小洋房。

这幢建筑的主楼是装饰艺术派风格，形体简洁。建筑屋面平缓，屋顶檐口券状，装饰考究。其平面为五开间，采用对称、分段等古典构图手法，空间层次变化丰富。立面构图严谨，中间三开间有凹阳台，两边呈六边形突出，通过凸窗、凹阳台的处理，加上建筑顶部的退台做法，使主楼产生了虚实变化。简洁的方窗下有几何装饰图案，屋顶有挑出檐口，下有梁托支承。窗台、栏杆、檐口等处有装饰带。主楼二层以上有外廊，四层为露台，两侧厢房为实墙面开窗洞，左右对称，构图规整，阳台栏杆为古典风格的直板式栏杆。主楼东、西两翼筑有呈多面体的对称柱廊，南立面用多根大青石作立柱支撑，墙基用錾假石砌筑，十分坚固。室内中庭天井上空设置玻璃天棚，既透光又可避雨。大堂通向二楼狭长楼梯间的入口处天花板上吊下一截挡

东湖宾馆1号楼、2号楼

墙，主人站在二楼楼梯口环视大堂一目了然，而外人在大堂却看不到主人的面孔。这个设计倒是别出心裁，让人想起电影中黑帮老大的住所。

楼前是一座中式庭院，院内堆砌着湖石假山，小桥流水，曲径环绕，古木参天，还有一座中国传统样式的四角琉璃亭，四周栽种着各类名贵的花卉树木，有许多还是沪上罕见的庭院珍品。各式草花环绕的喷水池中央矗立着5根螺旋状罗马柱，中间一根最高，其余稍低，柱顶各有一个西洋儿童雕像。中间柱顶上的西洋儿童抱着一条大鱼，四周柱顶上的西洋儿童各自坐在身边一条大鱼身上。柱子八角形底座上有5个荷花缸，里面的鱼儿和柱顶的鱼儿一同喷射着水柱，浪漫有趣。

这里最早为旧上海大亨杜月笙的新公馆，不过，盖这栋楼并非杜月笙自己掏的钱。20世纪30年代，时任财政部长的宋子文为开发财源，推出一种“航空奖券”，并交由杜月笙包办发行。而杜月笙又将这一赚钱机会送给了自己的门人金廷荪，并帮助他包销“航空公路建设奖券”，让他发了一笔横财。发财后的金廷荪不忘恩人，于1934年花巨资建造了这幢花园豪宅，赠予杜月笙。新公馆楼内的装饰中西合璧，主楼陈设均为法式家具，餐厅、客厅、宴会厅风格古朴典雅，既体现了中国南方的庭院建筑风格，又吸取法国别墅建筑舒适典雅的特点。杜月笙非常喜欢这座花园住宅，并打算举家迁入。还在修建时，他就作过这样的安排：大楼底层客厅可摆50桌宴席，平时作会客用，东厢房作账房间，西厢房作大菜间；甚至将4位夫人的居所也安排妥当：二楼供二夫人陈帼英居住，三楼给大夫人沈月英居住，主楼西边一幢小洋楼供三夫人孙佩豪居住，东边一幢小洋楼给四夫人姚玉兰居住。新公馆落成后，里面有七十几间房间要装修，装修工程一直拖到1937年才完工。正当杜月笙兴致勃勃准备搬入新公馆时，恰逢“八一三”淞沪抗战爆发，杜月笙积极参与抗日的相关后方工作，并主动将新公馆借给财政部“劝募委员会”作办公地点。上海沦陷后，杜月笙拒绝日本人的拉拢，携全家前往香港。后辗转重庆，于1945年抗战胜利后才回到上海。这期间，这栋公寓由中法实业银行和交通银行租用。1949年，杜月笙全家迁居香港，他将新公馆卖给了美国新闻处，并一度作为美国总领事馆。所以，虽然这里被称为“杜公馆”，但杜月笙本人一天也没有住过。上海解放后，杜公馆被人民政府没收。1950年改作中共华东局东湖路招待所，1954年改为中共上海市委东湖路招待所，1982年更名为“东湖宾馆”。

20世纪80年代中期，该楼进行了改建和装修，底层伸出门廊，主楼加建一层。历经半个多世纪，那些参天的樟树，高大的白玉兰长得更加茂盛，葱茏的枝叶遮掩着建筑，站在院子里很难一睹它的全貌。走近门口，只见进门处两旁守卫着一对西洋式样的石头狮子，是杜公馆旧时原物。进入接待大厅，迎面一扇高大的圆形大理石山水座屏照壁般站立在大厅中。宾客休息区的家具是20世纪早期的红木雕灵芝镶大理石画屏太师椅，也是原物。一楼的宴会厅就是杜月笙原计划招待各路达人的地方，几何纹饰的窗棂很有特色，细密的窗棂挡住了室外的阳光，屋子显得有点昏暗，更增添了一种神秘感。木质的楼梯盘旋而上，窄窄的楼道很有几分老上海的味道。二楼和四楼的南向房间被一个宽大的穿廊间隔，穿廊又被中间的过道分隔成3个天井，天井上空的玻璃顶让阳光直泄而下，通透明亮。南面原先给夫人们住的房间带有露台，北面住的是随从人员，中间用一条宽敞的穿廊分隔，既不会打扰夫人们，又可随叫随到。

现在宾馆的客房里，家具都是中国传统式样的深色硬木家具，采用简约的明式造型，墙上挂着国画，扑面而来的是中国古典韵味。天井里陈设着一些当年的老家具。杜月笙的太太除了四姨太外，都是苏州人，但杜公馆里留下来的老家具除了太师椅是苏式的，其他都是广式的。我注意到客厅里的一张榻，榻背上雕刻着硕大的芭蕉叶，线条飘逸，扶手的蕉叶上蹲坐着一只狗，回眸蕉叶，如主人坐下，目光便似落在主人身上，十分灵动有趣。有一间房间里陈设着当年留下来的一套Art Deco风格的沙发，沙发扶手有点像简化的狮爪，下面握着个球，沙发底部还有车轮造型。天井里陈设着一件一人多高的红木插屏，板心是瓷板画，上面画着百花为武则天祝寿的画面。一张红木圆桌周围围着4张红木圆凳，桌子和凳子上镶嵌着碎花的螺钿，十分美艳。看起来，这些中国传统家具不但与爱穿长衫的“上海法租界公董局董事”杜月笙的身份十分吻合，而且看得出这个杜老板还颇有些艺术情趣。

新乐路：洋溢着法国左岸气息

新乐路东起陕西南路，西至东湖路。该路辟筑于1932年。马路筑成后以法国军人亨利之名命名为“亨利路”，1943年10月改名为“新乐路”。

在20世纪初，新乐路还是一片称作“白洋河”的宽阔河道，河道四周多为坟丘、菜地。为了便于行走，居民集资在河上建了一座横跨今新乐路上海首席公馆与圣母大堂之间的桥，取名叫作“沈家木桥”。1932年，法租界开始扩张，公董局在此将白洋河填没后筑路，历时3年才筑成。如今，在新乐路上行走，依旧会感到有几分寂寥。你无须担心躲避迎面而来的人潮，因为这里行人很少。路两旁散落着的一些花园洋房和新式里弄，有着欧洲情调，又有微末的隐秘和些许惆怅。那些洋房精致的铸铁栏杆上攀满了藤蔓，春天是嫩绿色，夏天则是浓得化不开的绿，到了晚秋，藤蔓的颜色则变成深红了，在马路上法国梧桐叶子落尽的时刻，倒是营造了些许热闹。

新乐路素来便是上海的高档住宅区。这条路上的公寓、洋房大多建于20世纪三四十年代。如新乐路7号是一幢建于1929年的4层公寓，内有4间一套住宅共12套；建于1931至1936年间的新乐路15号，也是一幢4层公寓，内有4间一套住宅共6套，有大阳台；新乐路17号是一幢建于1936年的5层公寓，内有3间一套住宅共16套。与17号并排耸立的新乐路21号建于1935年，原名“黑克玛琳大楼”，是5层公寓，房前场地宽阔，房后有狭长的花园，这些公寓底层都是附屋。新乐路23号也是一幢5层公寓，建于1933年，4间一套，每层2套，共6套，有大阳台。与上述公寓不同的是它们的底层原为店面，五层是附屋。新乐路136号是一幢建于1933年的5层公寓，新乐路145号则是一幢建于1931年的6层公寓，原名“亨利公寓”，底层曾是商店，六层是附屋，二至五层内共

新乐路街景

有3间一套、2间一套、1间一套房屋共13套，可满足住户的不同需求。在新乐路192号还坐落着一幢建于1940年的5层公寓。新乐路上这些公寓都是改革开放前普通上海人一直向往的煤卫齐全，钢窗蜡地，属于上海滩的高档住宅。

比起路上林立的公寓建筑，新乐路上的洋房要少得多。这些洋房和别处一样，外表给人的感觉犹如一个拥有繁复装饰和高贵血统的贵族，可是，当越过洋房用以阻挡外人好奇目光的庭院，才发现洋房内的世界却是出奇的平易近人。那是世俗的，洋溢着人间烟火气的，典型的庸常人生缩影。如新乐路61号是一幢3栋联体式花园洋房，以前也是富贵人家的住宅，只是现在里面住进了许多人家，未免有些杂乱。新乐路144号是一幢小巧的绿色花园洋房，楼前有一个大花园，花园里有喷泉、花棚等，著名爱国人士李默庵曾寓居其内。后来，花园逐渐拆了，变成了弄堂，一栋洋房里住进了十几户人家。原来的花棚被改建成了数家合用的厨房，原本漂亮的花园洋房成了大杂院。不过，夜幕降临时，老洋房窗户里透出的点点灯光被昏暗的路灯所吸纳和包容。这时，优雅而又浪漫的异国风情就会悄无声息地扑面而来。

圣母大堂：蓝调的忧伤

新乐路上最惹人注目的，要数位于新乐路襄阳北路路口的圆顶东正教圣母大堂了。这是一座被时光雕刻得有些沉重的老房子。

东正教是11世纪中期从基督教分离出来的派别，16世纪俄罗斯东正教会发展成为东正教中最大的教会。八国联军侵犯中国后，清政府同意沙俄在上海设立教堂。于是1901年他们便在闸北建立了上海第一个东正教堂。20世纪20年代以后，随着忠于沙皇的白俄临时政府的失败，数以万计的白俄开始逃离海参崴进入中国，其中有相当数量的俄国侨民来到上海这个当时的大都会。刚来上海的俄侨，大多囊空如洗，这些落魄贵族跟租界内其他富有的外侨形成鲜明的对照，被称为“白人穷人”，新乐路58弄里当年便住着不少这样的“上海白俄”。

1931年日军侵略我国东北后，俄籍东正教徒从全国集中到上海。1932年“一・二八”战事爆发，原位于闸北教区的建于1902年的上海首座东正教

圣母大堂

堂被炸毁。东正教上海教区主教、白俄维克托尔便向东正教徒和白俄侨民集资，购下了沿今襄阳北路新乐路路口的一小块狭长土地，重建新的东正教堂。筹得经费后，于1933年圣灵降临节举行了有近千名俄侨参加的隆重奠基仪式。教堂建成于1936年2月，由俄国著名建筑师和画家利霍诺斯亲自设计建成，高达35米，外形类似莫斯科红场上的华西里·伯拉仁诺大教堂，体现了俄罗斯民族的建筑特征。其造型古朴完整，外形线条简洁，半圆面的水泥黄沙粉刷墙体犹如多面体交错重叠在一起，既富于变化又洋溢着活力，犹如克里姆林宫的围墙。最惹人瞩目的便是教堂的穹顶了，那是典型的俄罗斯式屋顶，有着尖穹及圆穹，弧线形外墙檐。它由一大五小6个葱头形的圆穹顶组成，顶部为半球形穹隆顶，中间为一个大穹顶，四个角分别设一个小穹顶，外壳为涂上孔雀蓝的铜皮，窗扇也是蓝绿玻璃相拼的，与乳白色的墙面组合，显得清新唯美，在蓝天白云下浑然一体。教堂顶尖和顶上的十字架涂贴上金色，具有浓厚的俄罗斯教堂特征。南侧一幢两层楼房，为神职人员住宅。教堂内部大厅呈十字形，室内四壁简朴，没有什么雕刻，却布满了俄罗斯教堂内常见的油彩画条装饰。这座教堂建成后便成了中国东正教会上海教区的主教座堂，教堂内部宽敞，前台可容纳300人的大型合唱队，大堂可供2500名信徒做礼拜，曾被誉为中国东正教的“克里姆林宫”。

东正教堂的建造见证了东正教在上海发展的最后时期，它也是当年俄侨们排遣乡愁的好去处，他们在这里唱歌，在这里哭泣。在那漫长得有些苍白的岁月里，这座教堂给了周围的白俄移民神圣而温柔的神的指引、慰藉和庇佑。无论生活多么艰辛，只须一抬头，便能远远地望见东正教堂的蓝色的圆顶，它温暖了所有流落他乡的俄侨的心，这里是他们的精神支柱所在。

新中国成立后，俄国侨民纷纷离境归国。1962年2月，圣母大堂举行了最后一次宗教仪式，之后便停止了宗教活动。就这样，任岁月的风带走了教堂，它被辗转改建为仓库、证券交易所、阿罗哈圆顶音乐餐厅等。2004年，娱乐场所从教堂中迁出，恢复了教堂的本来面目。教堂室内四壁简朴，但在拱顶部位及拱顶与之相邻的墙壁处，却藏有在历次修缮过程中被涂料所覆盖埋没的9幅精美的油彩壁画。2007年9月，在一次落架修缮中，成功地揭开了笼罩在壁画面上的层层面纱，对其进行了修复保护，使被多层涂料湮没了近半个世纪的9幅壁画重放异彩。教堂现在不对外开放，只有等到举办展览或者活动的时候才能进入参观。

圣母大堂因其葱头穹隆而成为上海的俄罗斯建筑风格象征，也许，是因为蓝色是忧郁的色彩，站在街头远远望去，隔着时间和空间，隐隐感觉到这座教堂连带着周围的空气也多少带着伤感的意味，似乎默默而哀怨地述说着关于和俄罗斯有关的一些遥远的往事。

教堂旁边开着一家名为“葡萄园”的餐厅。“葡萄园”其实是一个老上海特色本帮餐厅，经营的是怀旧经典的本帮菜，里面的装修不像葡萄园的名称那么有情调，却是干净雅致，价格也不算贵，适合朋友聚会随便吃吃。

曾是杜月笙会所的首席公馆

正对圣母大堂的新乐路82号坐落着一幢恢宏大气的白色洋楼，有着高耸的围墙和漆黑的铁门，这里坐落着中国首家城市历史文化遗产精品酒店——首席公馆酒店，酒店的前身曾是旧上海青帮教父杜月笙的公馆。

1932年，杜月笙组织成立了当时的黑社会青帮社团——恒社，确定了他在上海滩“三大教父”之一的地位。春风得意的杜月笙当即请了当时著名的法国设计师拉法尔担纲设计了这座洋楼，它的外观在当时是新古典主义建筑中最为时尚的一个。建筑高3层，平面为中式5开间两厢房布局，一、二层有外廊，三层为露台。两侧厢房为实墙面开窗洞，左右对称，构图规整，有古典主义构图意象。阳台栏杆亦为古典样式，栏杆下部及窗下墙面有几何装饰图案，具有装饰艺术派风格，三层栏杆柱端有巴洛克风格花坛。建筑外貌受西式建筑影响，而室内却是中式布置，这种中西合璧反映出当时某些阶层的审美观。从大门走进去，东南角是一座小巧精致的苏州园林风格庭院，庭院尽头的那只六角形中式凉亭已有80多年历史，亭子的曲廊优雅地伸向亭外一个小小的池塘。四周有假山点缀，绿树环绕，一侧花草丛中有一口造型古朴的水井，显得十分幽静。整座建筑风格既气派又蕴涵着丰富的历史文化气息。

首席公馆

正对大门是首席公馆大堂，大堂正中央墙上最显眼位置悬挂着的一个红木镜框里是一张横长的黑白集体照片，上书“杜氏家祠落成招待北平议员”。照片已旧得发黄，但仔细一看，发现照片上的每张脸旁居然都标有名字，黄金荣、张啸林等老上海的大亨们都赫然在列。除了杜月笙，当年还有谁能有如此大的面子请得动这些老上海叱咤风云的人物？不过，首席公馆虽并非杜月笙的家祠，却是杜老板能在上海滩安身立命的根基所在。1918年，由杜月笙出谋划策，黄金荣点头，另一猛将金廷荪打点，3个大亨合股共组了三鑫公司，据点就设在这里。三鑫公司的名字源于黄、杜、金三人的组合，蕴涵“以土变金、日进斗金”之意。三鑫公司以做房地产为名，实质是把鸦片生意搬上了台面。当时黄金荣任职于法租界的巡捕房，善于打理上上下下的关系，法租界许他的承诺是“视而不见”。巡捕房与三鑫公司合作，鸦片一到上海，就有大批巡捕沿途护送，堂而皇之驶入黄浦江。当然，条件是三鑫公司必须要支付一大笔保护费。即便如此，三鑫公司一年的进账还是能达到1200万银元。在鸦片上尝到了甜头后，三鑫公司又相继染指海洛因等毒品。黄金荣到后半段为了一些风花雪月的事得罪了多方势力，渐渐走了下坡路，善于审时度势的杜月笙把握时机、运筹帷幄，最终三鑫公司变成由杜老板独当一面的公司。杜月笙以三鑫公司为据点，笼络政要权贵、文人墨客和帮会骨干，广结名流，当年的大学者章太炎、名士杨度、名律师秦连奎都是新乐路82号的座上客。黎元洪的秘书长特地撰写了一副对联：“春申门下三千客，小杜城南五尺天。”这是将杜老板吹捧成了春申君。白天，这里是三鑫公司的办公楼，晚上则成了杜月笙的会所兼社交沙龙，里面名流汇集，日日宴请，夜夜笙歌。

新中国成立后，华东交通部入驻了这栋洋楼，1958年，这里成为上海市交通运输局的办公楼。但近些年这里却始终重门深锁。门掩梨花深院，陡增了一种神秘莫测之感。终于，尘封已久的老洋房在春夜的浪漫中缓缓苏醒，慵懒地伸了伸腰，抖落一身尘埃，风姿绰约地重现在世人面前，门前挂上了“首席公馆”的牌子，成为我国首家“城市文化遗产精品酒店”，以独特的历史文化和老上海风情面世。

首席公馆大堂里，摆放着矮圈椅、落地琉璃灯，横陈着贵妃榻，古老的壁炉旁摆着1910年的手摇留声机。在大堂最显眼的位置，摆着一张1910年由英国传教士带入上海的手工制作的古董椅子。大堂内集中展示了300多件具有百年历史的老上海藏品。贵妃榻、矮圈椅、落地琉璃灯、磨砂吊灯、跳动着火苗的古老壁炉，让人顿生时空穿越之感。桌上摆着1910年的手摇留声机。橱窗里陈列着20世纪30年代的财务票据、银行票据、股票、地契等，这些都是旧上海金融生活的印迹。20世纪30年代的冰刀、保龄球和高尔夫球杆包则是昔日名流钟情的消遣。美女牌香烟广告、老式照相机、8mm电影放映机和瓦斯热水炉是当时时尚生活的象征，还有国民党元老吴敬恒题名的《杜月笙大事记簿》、《六十岁寿言集》等物件。大堂一角的老式书架里，整整齐齐地摆放着20世纪早期出版的外文书籍。奇妙的混搭把人拉回旧上海的岁月，空气中弥散着一种挥之不去的怀旧情绪，令人仿佛回到了1930年代的上海，这让这家酒店成了这个城市历史的活着的博物馆。循着古朴的旋转木梯拾级而上，楼梯的护墙板是中规中矩的菱形花样，那是从杜月笙生活年代纹丝不动保留下来的，走廊细细长长，二至三楼是客房，摆设是清一色的老上海风情，壁炉、老式的电话机、座钟，放置红酒的酒座，衣柜里挂着的是老上海人爱穿的丝质印花睡袍，据说好多明星都在这里住过。首席公馆酒店还配有董事会厅、酒会厅、咖啡廊、宴会厅、豪华包房等。

首席公馆五楼的天台，被打造成了可容纳上百人聚会的紫罗兰屋顶花园餐厅，扑面而来的是现代的明媚与西式的浪漫。室内部分是被笼罩在玻璃房里的，桌上铺着白色的桌布，上面有鲜花点缀，呈现一种欧式的典雅。露台上有几组别致的水流陶艺，静水深流中似能听见涓涓的汩汩声。无论是置身于玻璃通透的屋内，还是花红树绿的露台，夜上海的繁华尽收眼底，而对面圆顶教堂的洋葱顶仿佛触手可及。

被称为“影人村”的永利村

除了圆顶教堂，新乐路能说出点名堂的历史地带大概要算永利村了。

永利村坐落在新乐路100弄，建于民国时期，当年是一条闹中取静、环

永利村

境幽雅的新式里弄。弄堂不算宽敞，却十分整洁。方形钢窗，水泥砂浆拉毛的米色和灰色交杂的墙面，昭示着小康之家的闲适气氛。弄内基本都是3层楼的毗连式住宅，共有3层楼房4排，2幢连体。挑檐不大的缓坡屋顶，平面为方形，立面对称，中间以一竖墙分隔，不设阳台，相邻两个号码的主入口均设有方形雨篷。沿街住宅以褐色毛面砖贴墙，用以竖直隔离装饰，弄堂主入口3层通高壁柱直达檐口。除此之外，再无过多的装饰。如此不起眼的里弄住宅，却有着一个远近闻名的雅号："影人村"。那是因为20世纪二三十年代，这儿曾经是旧中国"影帝"、"影后"们的居住地。

永利村8号，是我国第一位影后张织云的旧居。很多人以为胡蝶是中国第一位电影皇后，事实上在她之前，张织云已经是电影皇后了。在1926年举行的电影皇后评选中，张织云以2146票力压其他11名候选人，成为中国有史以来首位电影皇后。张织云的容貌并不艳丽，但她眉眼间有一丝忧郁，显得楚楚动人、我见犹怜，这与阮玲玉颇有些神似。据说张织云能被大中华电影公司挖掘出来，是因为她一张玉照的失窃。弄内16号是影帝高占非和夫人高倩萍的旧居。1934年，《电声周刊》发起"中国电影明星选举"，经过历时3个月的投票角逐，高占非的票数遥遥领先，稳稳登上了"影帝"宝座。高占非在20世纪30年代的名声仅次于金焰，并且是大导演们的最爱。孙瑜、费穆、蔡楚生、吴永刚、卜万苍、马徐维邦等名导演都请他当过男主角。高占非一生，共参加拍摄影片近百部，如今可查的就有57部之多，如《南国之春》、《一剪梅》、《方珍珠》和《万世流芳》等。弄内29号则是以"梨涡美人"扬名影坛的电影明星胡蝶的旧居。1931年胡蝶主演中国第一部有声电影《歌女红牡丹》，她把一个忍受丈夫虐待与压榨而毫无反抗、心地善良又有几分愚昧的女性刻画得惟妙惟肖，上映后轰动全国，甚至吸引了众多海外侨胞的目光。1933年元旦，上海《明星日报》发起"电影皇后"评选活动，胡蝶以21334票的最高票数当选为"电影皇后"。在夺得《明星日报》发起的影后选举桂冠后，在1933年英商中国肥皂公司发起的力士香皂电影明星选举及1934年中国福新烟草公司发起的中国电影皇后竞选中，胡蝶又"连得两元"，被人们称为"老牌影后"。由于胡蝶为中国电影所作的贡献，1935年中国派出电影代表团赴苏联参加国际电影节时，胡蝶作为唯一的演员代表入选。这年2月，胡蝶携带着她主演的《姊妹花》、《空谷兰》等优秀影片历经艰辛到了莫斯科。由于误了时间，《姊妹花》没能赶上比赛，但持续数月在欧洲诸国的展映使得无数欧洲人和旅欧侨胞被这位东方美人所倾倒，欧洲影坛第一次对中国电影有了真实的了解。胡蝶回国后遵从母命，于当年11月23日上午11时，在九江路江西路路口的圣三一堂与商人潘有声结婚，婚礼场面宏大，文艺名人、社会政要等来了2000多人，纷纷前来祝福中国当红明星。晚上7时在南京路英华街大东酒楼宴请宾客。当晚喜宴结束，已是夜深人静，新郎新娘又驱车前往他们的新巢——亨利路（今新乐路）永利村29号，去欢度他们的洞房花烛夜。婚后蝴蝶决定逐渐淡出娱乐圈，安心做家庭主妇。在永利村，胡蝶夫妇住了两年。两年后，搬迁到了胶州路上一幢屋后有网球场的西式花园大洋房内，令影迷们惋惜的是这幢洋房如今已被拆除了。

永利村弄堂深处的30号二楼一间朝南的房间是诗人戴望舒的旧居。当年，戴望舒在穆时英的促成下，认识了穆时英的妹妹穆丽娟，一位宛若“丁香空结雨中愁”般的姑娘，两人很快相恋，并于1936年结婚，新房安在了永利村30号。这里不仅是戴望舒的甜蜜新家，他还在此和卞之琳、孙大雨、梁宗岱、冯至等创办了《新诗》月刊，社址就设在戴望舒的寓所里。《新诗》月刊共出版10期，是我国现代诗坛最重要的杂志之一，也是海派诗人作品的交流园地。

如此群星璀璨的弄堂现在却是平常至极的寻常景象，弄口居然还有一个现在很罕见的传呼电话亭，一时竟有了不知今夕是何夕的怅惘了。

咖啡馆、酒吧和花园小店

新乐路近襄阳北路有一家人气挺旺的布那咖啡馆，这里给人的感觉很像家。大大的落地玻璃窗，红色的窗帘，黄色的墙，温暖的沙发，咖啡品质也不错，吸引了不少背包族、摄影师和音乐爱好者。布那咖啡馆的墙上挂满了西藏、云南风光的照片，空气中回荡着迷人的音乐，四周摆放着的舒适的椅子，你可以点一杯拿铁，一块芝士蛋糕，带上一本休闲书籍，或者是笔记本电脑，赖在里面看书、上网、晒太阳、喝咖啡，享受一个下午的悠闲。与其他咖啡馆相比，这里的氛围少了一些作秀的成分，似乎显得更为自然本真；同时，因为是在寂寥的新乐路上，便有了一些脱俗的意味，它的开设似乎就是为了让那些忙碌的人有机会换一种方式呼吸。在新乐路上还有许多宁静的咖啡馆和酒吧，都是可以放松心情，坐下来听音乐、吃饭和思考的地方。在靠近襄阳公园的新乐路上，有一家门面很小却富有情调的小酒吧，如果不注意，很容易错过。推开门，像是走进一片世外桃源，又给人一种地下酒窖的错觉。吧台后的酒柜上面各式各样的酒放得满满的，吧台后面是几个围圈的大沙发，木质的酒杯很特别，调出来的酒带着薄荷的清香。帅气的调酒师还可以根据客人的需求调酒，哪怕你并不了解调酒，调酒师也会根据你的口味和需求，推荐一款适合你的鸡尾酒，尽可能地将顾客的品酒体验完美化。又如坐落在新乐路167号的“一号爵士”咖啡酒吧，宽大而舒服的椅子面向东湖路与新乐路路口的一大排落地玻璃窗，街景一览无遗。这条路上还有自开业以来就始终坚持本色风格和本地风味的饭店，那就是连店名也很有老上海味道的“亨利餐厅”。

这种卓尔不群的感觉同样体现在新乐路上散落着的一些小店里。在这条路上，你可以找到专门定做成衣婚纱的服饰店，专门按照你的脚型定做皮鞋的鞋店，根据你自己喜欢的样式定做皮包配件的皮具店，最多的还是像布那咖啡馆那样可以根据自己的心情DIY出一片无拘无束的写意空间的场所。而一家很小的餐厅居然在整面墙上临摹了一幅色彩浓烈的印象派大师塞尚的名作。在新乐路上很少能看见我们熟悉的流动点心摊位，即使是在这条路上待了将近20年的皮匠师傅，也只是小心翼翼地把自己的摊位放在一个不足1平方米的弄堂口的门房边，安安静静的，不打扰周围的人。

新乐路的从容还表现在它面对时尚潮流时的神定气闲，带着点“我行我素”的味道。新乐路东侧各家花园洋房的底楼大都开了店铺，需要走过一条细长的木制走道才能发现藏着的漂亮店面。小店的色彩和花园很谐调，幽幽的；小店的门都装饰得十分妩媚，店门口摆了一些花盆，绿意葱茏的，使小店显得生机盎然。顺着生活气息浓郁的庭院小道，走到门前的阶梯前，推开别致的小门进入，有一种很私密、很亲切的感觉，就像是去造访熟识朋友的家。这些充满了设计气息的小店像是一个个微缩的舞台、设计师的秀场。而一些开在弄堂里的小店，则与周围的民居和谐共处，照样“酒香不怕巷子深”，主要做的熟客生意。徜徉在一间又一间的小店，有一种逍遥自在的购物享受。

新乐路西侧与新乐路东侧相比，要相对宁静一些，路上的小店铺少了许多，这里以居民楼为主，能领略到老上海的气息。不久前，一面长约100米的以“魔都、自然、时尚、梦想”为主题的涂鸦艺术墙在新乐路134弄老弄堂出现，并取名为“暖墙”。墙面是一条巨龙飞临魔都的情景，巨龙下面是七彩蘑菇，取自“魔都”的谐音。墙壁上原本的落水管也经艺术家的加工，与整个画面融为一体。取名“暖墙”包含了两层含义：一是整个涂鸦墙呈现的是暖色调，使老弄堂焕发出艺术光彩；其二，作为老弄堂公益改造活动，涂鸦墙的诞生蕴涵了太多人的包容。色彩绚丽缤纷的涂鸦墙使原本破旧的老弄堂变得靓丽动人，充满勃勃的生机。

也许，这种充满人文的感觉已深入到这条路的骨髓，并因此铸就了这条小路独特的文艺范儿。一些去过法国的朋友说，新乐路上的氛围很像法国的左岸。

茂名北路：梦回昔日老上海

茂名北路南起延安中路，北至南京西路。该路辟筑于1910年至1917年，当时南起长浜路（今延安中路），北至威海路，名“慕尔鸣路”。1922年，向北筑至静安寺路（今南京西路）。1943年，更名为“茂名北路”。

过去的法国总会（现今的花园饭店），闻名中外的锦江饭店和历史悠久的兰心大戏院、国泰大戏院等全“戏剧性”地集中在茂名南路。茂名北路不像茂名南路有这么多值得荣耀的建筑和记忆。但是，茂名北路上有毛泽东曾经居住过的“甲秀里”，还有丰盛里、德成里、九福新村、兴庆里等石库门和新式里弄。这些房子沉稳坐落在安静的茂名北路上，市井而不喧嚣，默默展现着老上海人的普通日子。

这条路沿途以新式里弄为主，南面一段有些旧式石库门弄堂，人行道上种植着法国梧桐。那些沿街的石库门房子看上去仿佛是20世纪三四十年代上海的背景，充满市井气息。走进弄堂，三三两两的老上海们在闲聊，一片吴侬软语，温暖的感觉扑面而来，就像冬天的阳光晒得人周身暖洋洋的。

从民智公学到国际象棋传统学校

茂名北路40号坐落着的威海路第三小学，其前身是民智公学，创办人是龚冰与她的丈夫徐忍寒。夫妇俩为了实现“开发民智，服务大众”的心愿，1925年在上海慕尔鸣路(今茂名北路)升平街润德里创办了民智公学。初期校舍只有润德里的5幢房屋，教工6人，学生3人，以后几年逐步发展。1928年，学生增至300人，遂将校舍迁至威海卫路(今威海路)威风里，定名为“上海私立民智中小学”，龚冰任小学部校长。从1935年6月开始，校舍移至威海路茂名北路路口。1937年，日军进攻上海，龚冰在校内办起了难民收容所，并募捐救济难民。1941年日军入侵租界后，她毅然停止办学，隐居在家，至1945年8月抗战胜利后，才恢复办校，仍由龚冰、徐忍寒主持校政，著名教育家吴若安为该校校董。为了使贫困儿童能上学，学校还办了儿童义务班，学生可免费入学。上海解放前夕，龚冰参加由段力佩、吴若安等组织的“十校长联谊会”。国民党当局要逮捕吴若安时，她不顾个人安危，将吴若安悄悄藏匿在自己家里。

新中国成立后，分设中学部和小学部。小学部以威海路茂名北路路口隔威海路相望而立的两幢房子作校舍，名为“威海路第三小学”，中学部迁至茂名北路40号的原天主教会敬德女中旧址，名为“新群中学”。敬德女中校舍系砖混结构的2层长廊式建筑，于1922年设计建造，属法国古典主义风格。整幢建筑的构图采用横五段与纵三段对称划分的手法，居中及左右两翼稍稍向前凸出，强调立面的工整、稳定与层次感。横向底层为基座层，有连续的拱券柱支撑外廊，中层柱廊及围栏虚实相应，顶部则是水平向的厚厚檐壁，中央部分上端有硕大的三角形山花。整幢建筑的造型轮廓整齐、庄重，体现出古典主义理性美的独特风范。

20世纪末，新群中学撤销建制，并入五四中学。1999年7月静安区教育局又将新群学校校舍进行全面整修，恢复独特的建筑风貌，由威海路第三小学入驻。

如今，威海路第三小学是教育部、国家体育总局联合命名的“国际象棋传统学校”。学校自编国际象棋教材，为对国际象棋有兴趣和特长的学生进行专门培训，被指定为中国国际象棋协会青少年工作委员会实验基地。

毛泽东和杨开慧在上海的家

茂名北路120弄坐落着老式石库门弄堂甲秀里。该弄建成于1915年，弄口牌坊上镌刻着“甲秀里”字样。一扇拱形大铁门隔开了马路的喧嚣，地面上铺设着青砖。弄内共两排5幢房屋，基本是二开间一厢房平面布局，青砖清水墙。弄内7号是一代伟人毛泽东从1924年2月至12月时来上海工作期间居住的地方。毛泽东一生曾50多次来上海，其中，1927年之前就曾10次到过上海，因此在上海不少地方都保留有毛泽东的旧居，而茂名北路上的这个寓所是毛泽东在上海住得最长的一个地方。

1923年6月，中共“三大”通过决议，决定共产党员以个人身份加入国民党，为国共两党建立革命统一战线奠定了基础。1924年1月召开的国民党“一大”会议上，毛泽东当选为国民党中央执行委员会候补委员。会后，被派往国民党上海执行部工作，担任执行部文书科代理主任，后为主任，并兼组织部秘书，领导组织部，为巩固国共合作、推进国民革命而工作。国民党中央执行部设在环龙路44号（今南昌路180号）。当年2月，毛泽东抵沪后，先住在闸北香山路（今象山路）公兴路路口三曾里，从那里到执行部路途较远。同年4月，向警予参加执行部工作，负责妇女部，她与蔡和森住在慕尔鸣路甲秀里318号（今茂名北路120弄7号）底楼。于是，毛泽东就从闸北搬到了甲秀里7号居住。甲秀里7号是一幢颇为典型的石库门老房子，共2层，人字坡顶，清水外墙，条石门框，黑漆大门上有铜环门扣。同年6月，毛泽东夫人杨开慧及母亲向振熙带着2岁的毛岸英与出生不久的毛岸青从湖南来到上海，与毛泽东团聚。他们来后，蔡和森与向警予就搬到了楼上，把一楼房间让了出来。

推开黑漆大门，天井内青砖铺地，苍苔横生。穿过天井便是客厅，客厅内有一张八仙桌，几把太师椅，那是毛泽东一家吃饭和会客的地方。大门左侧的厢房是毛泽东与杨开慧的卧房，临天井的长窗前摆着实木雕刻的老式书桌和两只方凳，右墙角是一只旧式衣柜，后方靠墙就是大床，床上罩着白色蚊帐，床右侧摆放着一张宁波式摇篮，当时出生不久的毛岸青就睡在摇篮里，上面是蓝底白花的小棉被。那时毛泽东经常在这里工作到深夜，而杨开慧则在一边帮他誊写文稿。杨开慧的母亲、向警予的姑妈向振熙则带着年幼的岸英住在后厢房，青花被褥铺床，也有一旧式衣柜。当年，毛泽东白天在上海执行部工作，负责国民党党员重新登记、黄埔军校在上海地区招生复试、组织筹备上海各界人士追悼列宁大会及指导平民教育等工作，很晚才回家，回家后再挑灯撰写文稿，经常工作到深夜。当时23岁的杨开慧是第一次来上海，除了料理家务、照顾岸英、协助毛泽东收集整理资料、誊抄文稿和进行校对工作外，她还和向警予一起，以半工半读女子职业学校为掩护，积极参加妇女运动。杨开慧每周有两个晚上要去小沙渡（今西康路）纱厂区的工人夜校上课，向工人宣传革命道理。由于毛泽东、杨开慧工作繁忙，他们年幼的两个孩子平时就由向振熙照顾。身兼数职的毛泽东每天早出晚归，但亲人的到来给毛泽东的生活增添了许多乐趣。虽然工作繁忙，但他还是会抽出时间陪孩子玩，教他们识字，陪他们做游戏。在毛泽东的一生中，这是难得的温馨时刻。甲秀里的居民大多数是靠工薪维持生活的，常常入不敷出，日子难以为继，遇到这种情况，本身生活也不富裕的毛泽东总会解囊相助、救济这些贫困的邻居。因此，毛泽东一家也给甲秀里的邻居们留下了深刻印象。

由于国民党右派的排挤，共产党员在国民党中央上海执行部工作很困难，毛泽东遂于7月底辞去组织部秘书一职，专任文书科主任。年底，毛泽东因积劳成疾，经组织批准，带着家人离开上海回湖南养病，开始了领导工农运动新的征程。从1924年2月到年底，共10个月的时间，是毛泽东在上海工作、生活最长，也是他与家人生活时间最长的一段时光，毛岸英和毛岸青兄弟两人与母亲杨开慧的唯一一张合影就是在那时拍的。

1999年12月，甲秀里的毛泽东旧居经修缮后正式对外开放，辟为毛泽东旧居陈列馆。在茂名北路120弄弄口新竖起的牌坊上“甲秀里”3个字异常醒目，走在清一色方砖铺成的弄堂小路上可以看到旧居青砖外墙上镶嵌着刻有毛泽东诗词的碑刻《沁园春·雪》和《清平乐·六盘山》。进弄，迎面是在纪念毛泽东同志诞辰110周年之际，特委托名家制作的《毛泽东一家》铜像。铜像置于苍松翠柏和竹林之前，展现的场景是：身穿长衫的毛泽东右手拿书，左手夹着一支烟坐在藤椅上，侧着头和抱着岸青站在后面的杨开慧说话。杨开慧齐耳短发，上身着一件小褂，下面穿着过膝的裙子，有点像五四时期的女学生打扮，毛泽东膝下是张开双手欢笑嬉闹着的岸英。走进室内，一楼客厅、后厢房、厨房的布置一如当年情景，屋内的家具摆设也都是仿照

上图：毛泽东旧居陈列馆外观
下图：《毛泽东一家》铜像雕塑

原来的样式制成的。前厢房里是毛泽东和杨开慧的卧室兼书房，一组蜡像栩栩如生地展现出当年毛泽东一家的生活场景：剪着短发，穿着月白色上衣黑色裙子，脚蹬搭攀布鞋的杨开慧抱着岸英坐在床边，一只手轻轻摇着摇篮里熟睡着的岸青。年轻的毛泽东身穿长衫，脚蹬黑色布鞋坐在书桌旁，正停下手中握着的毛笔，回头深情地望着杨开慧母子。在旧居二楼设有《毛泽东在上海》专题展览及蔡和森、向警予专题陈列室。大量的实物、模型和场景，使展览形式新颖、凸显个性，参观者可以看到孙中山亲自提名毛泽东等17人为国民党中央候补执行委员的公函，以及毛泽东出席国民党一届一中全会时在签名簿上的签字等珍贵史料。2008年底，旧居二楼还增设了毛泽东之子毛岸英烈士史料陈列馆。

金嗓子周璇住过的升平街

升平街的名字听起来有点歌舞升平的祥和味道，它建于20世纪20年代。说是街，不如说是茂名北路上一条宽阔的弄堂，这条不足200米的弄堂到升平街91号就结束了，最后掩蔽在绿荫深处，从这里是走不出去的。

升平街很美，路两侧植有枝叶繁茂的法国梧桐，两边墙上攀满青青的藤蔓，地上铺的是灰绿色六角形地砖。街的两旁既有新式里弄住宅，也有独幢的花园洋房，这些楼房大都为清水红砖外墙，券窗、拱门、雕花、重檐，有着西方古典主义建筑的特色。整条小街幽静无比，只有小鸟的啾啾声伴随着风吹树叶的沙沙声，近在咫尺的市井声却反而听不见了。

这条路上住过有着“金嗓子”美誉的电影演员周璇。那时，还很年轻的周璇曾在升平街上的楼房里住过两年。

周璇刚刚在影坛声誉鹊起的时候却迎来了婚变。离婚后的周璇犹如飞出樊笼的小鸟自由自在。她选择了在安静的升平街上一幢靠东的二楼房间居住。那也许是周璇度过的平生最为宁静、悠闲的一段生活。清晨，她从床上起来，拉开窗帘，推开窗户，任阳光洒满屋子。她坐在窗前开始梳妆，周璇素来不喜欢浓妆艳抹，只是稍稍打扮一下。她吃完早点后浏览一会儿当天的报纸，便自弹自唱地开始练唱，美妙婉转的声音回荡在升平街的上空，赢得过往行人频频抬头观望。然后周璇开始看书练字，以提高自己的艺术修养。下午则去位于拉都路（今襄阳北路）上的国华影片公司拍戏。要是偶然不拍戏的话，她就在家安安静静地打打毛线、绣绣花，或是与女朋友们一起去看看京戏、话剧，或是看看电影。晚上，早早就洗洗睡了。据说，此间周璇还请了一位京剧老师教她唱戏，这对提高她的歌唱技巧和形成她的歌唱风格有很大帮助。为了节省在路上的时间，周璇还在升平街上学起了自行车。升平街因为另一头是封闭的，所以过往行人不多，周璇大可以悠闲自在地在街上学骑车，那时，升平街上处处可见周璇娇小美丽的身影，犹如清风般飘散在这条街上。

时光流逝，春梦无痕。如今的升平街虽然还是旧日模样，只是再难觅当年街上骑车的美人，而原先一幢幢2层的楼房也都已经改造、加高到了5层。

酿就上海气质的石库门弄堂

石库门是上海一道隽永的风景。

上海开埠之初，西方人纷纷涌入。为了节省土地，在有限的面积上容纳更多的人，大量建造了被西方人称之为“联排房屋”形式的建筑，这就是最初的石库门建筑。石库门多为砖木结构的2层楼房，坡形屋顶常有老虎窗、红砖外墙，弄口有中国传统式牌楼。石库门的布局大致模仿江南普通民居，建筑的正大门以条石作门框，门扇为实心厚木，门上有一副铜环。进门后为一天井，天井后面为客堂间，后面是楼梯，再后面为灶披间和后门。天井和客堂的两侧分别为左右厢房。二楼的布局基本与底层相近，只是灶披间的上面成了亭子间。屋顶采用钢筋混凝土平板，周围砌以栏杆墙用作晒台。在20世纪30年代，上海约有20万幢石库门房子，占了当时民居的四分之三以上。进门入户，出门有弄，支弄通总弄，然后接马路。石库门早期大多为进城的地主商贾所居住，乃至作为钱庄、当铺、酱园之用，到了后期又成为中低层职员和部分劳动者的生活之地。它是大上海近代史真实的写照，是专属上海市井生活的活的历史。茂名北路上的震兴里、荣康里和德庆里3条弄堂就是由典型的石库门建筑构成的。

震兴里、荣康里和德庆里位于靠近威海路的茂名北路200—290弄，建于1922至1927年。这3排石库门里弄住宅，规模较大，行列式排列。在建筑上采用老式石库门的基本格局，在此基础上，增加了汰石子墙面，外挑的阳台，彩色花玻璃和西洋装饰，沿街立面均采用古典装饰符号，强调线脚各异的三角形山墙，弄口均有巴洛克式门楼，显示出当时建筑潮流中折中主义倾向。这3条里弄面向茂名北路的牌楼与弄内的房屋连为一体，弄首牌楼上的石雕花纹各不相同。每条弄内房屋都是朝南向的2层石库门房子，共有9幢。不同的是震兴里为清水红砖墙面，荣康里为清水青砖墙面镶嵌红砖带饰，德庆里为水泥砂浆仿石砌墙面。

震兴里、荣康里和德庆里的石库门房子已经历了大半个世纪的风雨，酿就了独特的上海气质。漫步其间，老上海的种种印象恍如电影镜头般显现在眼前。现在一些临街的房子里开出了一些服装店、杂物店和餐馆。我最喜欢看的是弄堂门口的一家小小的花店，不但有鲜花，还有各式盆栽，姹紫嫣红地摆在弄口。一些居民买菜时顺便捎上一盆绿萝或是薰衣草回家，摆在石库门的窗台上，就像欧洲街头常见的景象。这些草花不但装点了窗前的风景，也让满屋子充满绿意，老房子顿时变得生机勃勃起来。

在这条路上行走，有时真的会有回到昔日老上海的感觉。

荣康里

德庆里

武夷路：不经意间的暗香浮动

武夷路东起延安西路，西至中山西路。该路辟筑于1925年，初筑时只有延安西路到凯旋路一段。原名“敦信路”，后称“同新路”，1943年10月改为“武夷路”。1954年向西延伸至中山西路。

武夷路初建时沥青路面约占2/3，泥土路面约占1/3，那是供外国侨民和少数中国人遛马用的。马路东端的上海制药厂原先是瑞士总会，是外国人游乐场所，沿路花园住宅较多。在定西路至凯旋路一段当年分布着不少工厂，有原上钢十厂轧钢分厂、橡胶制品二厂、宝山造纸厂、球墨铸铁厂等企业。随着经济改革的深入，有的迁出，有的关、停、并、转。凯旋路至中山西路这一段，是在20世纪50年代辟通的，两边原为三泾南宅、三泾北宅的棚户区，现在则是高层住宅小区和多层住宅小区。武夷路355弄的武夷村，是1948年在荒滩上建造起来的砖木结构假四层楼房，共3幢，前一幢是木头窗户，后两幢都是钢窗。有总弄一条，支弄2条，当年的居民以江苏、浙江籍为多。

如今的武夷路，沿路依旧保存着不少著名的住宅区。在浓郁的法国梧桐树后的幽静花园里，一幢幢风格迥异的小洋楼若隐若现，里面传出悠扬的钢琴声，仿佛在告诉你这条路曾经的不凡。沿街的一些墙面上做出了一些异国风情的浅浮雕，有撑伞的外国女人、大腹便便的外国绅士及外国儿童，还有花草、藤蔓等，似乎在刻意营造一种19世纪的欧陆风情。

环境优美的比利时领事馆

靠近延安西路的武夷路127号坐落着比利时领事馆。此地原为王家塘乡村，当年徐巷浜自西而东流经其北，三面环水。王家塘是王姓族人世居之地，

武夷路街景

故名。这幢别墅建于1932年，是武夷路上保存最好、最为别致的住宅建筑。住宅为假3层意大利建筑风格，优雅庄重。外墙为浅黄色拉毛水泥粉刷。主入口在西侧，半圆形大门两侧分别有多立克双柱，下设3个台阶，上有混凝土半圆拱顶棚。进门后，南面靠近大草坪的一侧有近40平方米的三面玻璃落地窗的厅廊，上部二层为围以宝瓶式栏杆的露台，屋面为四坡双层机制平瓦屋面，屋面上有双坡和单坡老虎窗，三层房间就在折坡屋面内，屋面上有两根烟囱。二层檐口有小牛腿挑出，颇有特色。底层窗台有旋涡牛腿托起，窗顶有花饰窗眉线。南侧厅廊两侧安放了两个雕凿着精美图案的石座石盆。花园里植有法国梧桐、香樟树、棕榈树、芭蕉树等，一株株剪成球形的黄杨树散布其间。住宅北面的椭圆形水池里设有喷泉。

这座环境优美的建筑原为私人花园住宅，新中国成立前夕原主人离开上海。新中国成立初期这里曾作为上海日用化工疗养院，后来又一度成为意大利领事馆，现在这里是比利时驻沪领事馆，大门口肃立着英俊武警战士。

比利时是西欧国家中较早在我国开设领事馆的国家，早在1863年就在我国设立领事馆，首任领事是包礼士（L.Bols），领事馆设在静安寺路（今南京西路）101号。比利时虽然国度不大，但有好几位领事担任过上海领事团的团长。其中，从1906年起担任过较长时期领事团团长的薛福德（D.Siffert）在任期内曾劝说公共租界和上海城乡的鸦片烟馆停止营业，给上海人留下了深刻的良好印象，比利时驻沪领事馆也因此而成为上海较有名望的领事馆之一。1927年，设在静安寺路101号的比利时总领事馆搬到汾阳路20号，1934年比利时公使纪佑穆滞留上海时，此处曾为他的居所。太平洋战争爆发后比利时领事馆关闭，1945年9月，在原址重开。今天的比利时领事馆设在环境优美的武夷路上。

位于比利时领事馆对面的武夷路100号是一幢有着法国建筑风格的老洋房，这是一位法国传教士于1886年根据当年流行的东西方结合理念而请人设计的，历时两年创建而成。这幢典型的法国式花园洋房，户外连廊连接主楼附楼，呈U字形。别墅建成后，曾几易其主，当年一些怀揣梦想的冒险家、叱咤风云的上海滩大亨名流们都曾在这里留下过他们的足迹。1937年，爱国商人章华炜买下了这栋别墅，对外挂牌“烟草公司”，实际上这里是抵抗日本侵略者的一个秘密据点，早期一批历史文化名人都曾在此寻求庇护，度过了一段最艰难的时光，然后再踏上抗战的大后方。新中国成立后，这栋别墅被收归国有，在较长的一段时间内，这里曾经是长宁区检察院的所在地。现在里面驻扎了一家“会所式”整形专业机构。

承载历史的孝义新村和仁义新村

武夷路有两条弄堂，分别命名为“孝义新村”和“仁义新村”，颇有些儒家倡导的忠孝节义的意味。这两条弄堂承载着上海滩一段令人感动的历史。

1947年，大批难民涌进上海，造成上海房荒严重。建造大批住宅又缺少资金，于是上海市的冬令救济会总干事王先青便上书市政府，提出以“建设中筹救济，救济中谋建设”的宗旨，建议通过义卖房屋，发行奖券，公开摇奖，中奖得房来缓解燃眉之急。市政府采纳了这个建议，决定在冬令救济会之下成立房屋义卖部，同时邀请各有关机关共同分担业务。是年12月6日，召开房屋义卖部筹委会，通过了义卖房屋计划和实施事项。房屋义卖计划决定后，即由地政局主持选购基地。经实地查勘公私土地有10余处，最后选定了今武夷路70号、武夷路227号、延安西路1503号、淮海西路136号等5处土地，地价由房地产公司与业主商定。各业主因事关冬赈，都表示愿意以市价九折出让，并分别捐献巨额赈款。义卖房屋建筑工程，由上海市工务局承担。房屋设计由该局营造处按照朴素适用、经济耐用为原则进行投标设计。后经房屋义卖部大会议决，以锦地、乔雨兴、宏泰及姚安记4家营造厂分别得标承建。1948年1月7日，在今天的延安西路1503号举行义卖房屋基地启土典礼，1月16日开工兴建，4月30日全部落成。这些房屋建成取名时，5个新村分别以“忠义”、“孝义”、“仁义”、“礼义”、“信义”命名。目前，5个义卖房屋小区，除淮海西路136弄的信义新村于1994年拆除外，延安西路1503弄的忠义新村、武夷路70弄的孝义新村、武夷路227弄的仁义新村、定西路1190弄的礼义新村还都完好保存着。

位于武夷路70号的孝义新村相当于新式里弄，弄内共有行列连接式2层楼房屋4幢，11个单元，布局整齐，由1条南北向的主通道和4条东西向的支通道组成。沿武夷路的是1排2个单元，其余3排分列在主通道内，各为3个单元。原来外立面统一为红色清水砖墙，屋顶为双坡顶，表面几乎没有装饰，南侧外墙开口较大，北侧晒台栏杆为钢制，布局整齐。房屋底层一大间，分隔成一宽一狭两部分，前面宽的一间为客厅，后部为餐室；后面是厨房间，上面为亭子间，二楼有卧室2间、卫生间及晒台。如今，这4排房屋的外墙都起了变化，只有前面的第二排还保持着原样。

仁义新村位于武夷路227弄，弄内由1条宽阔的南北向主通道和8条东西向支通道组成。内有16个单元房屋，分列为8排，每排2个单元，布置在主通道西侧。房屋结构、单体布置和室内设施与孝义新村相同。房屋底层有一大间，分为客厅、餐厅，北面为厨房，一楼半有一间亭子间，二楼有一南一北两间卧室，二层半是晒台。两户人家的正门之间，有一个十几平方米的小花园，一分为二，现在大多已被拆掉填平。

“海纳百川，有容乃大”的上海城市精神从孝义新村和仁义新村的创建可见一斑。

船王包玉刚住过的汤山村

沿武夷路有2幢联立式西班牙风格的花园住宅，建筑立面布局对称，形式简洁，跌落起伏的红平瓦屋面变化丰富，坡度较大的屋顶上面开有老虎窗。建筑平面两侧向前凸出，中间内凹处的入口为拱券门洞。立面上开设着方方正正、式样简单的窗户，窗洞上下凸出，没有多余线脚，栅栏门及阳台均为精致的铸铁栏杆。在上述两幢街面住宅之间，便是武夷路466弄。街面上两幢西班牙式住宅的后门位于弄堂内。步入弄堂，发现弄内的建筑式样与街面上的两幢一模一样。这条花园里弄名为“汤山村”，建于1911年，弄内道路布局呈“T”字形，由5幢联立式西班牙风格的花园住宅组成，每幢住宅南面均有花园，北面设汽车间，环境整洁幽静。新中国成立前居住在这里面的大多是美商电力公司的中外高级职员。

汤山村因为“船王”包玉刚曾在弄内住过而名声大噪。出生于1918年的包玉刚是浙江宁波人，他早年在上海从事金融事业，抗战时期曾在中央信托局工

汤山村内西班牙风格的住宅

作，抗战胜利后，他从内地来沪，就寓居在汤山村2号。其间，包玉刚在延安东路9号开设中国工矿银行上海分行，自任经理，因善于策划，精于管理，信誉和业务蒸蒸日上。1946年5月，包玉刚因受当时的上海市市长吴国桢赏识，被推举为上海市银行襄理，不久提升为副经理，在其运作下，银行规模越来越大。当年，包玉刚的父亲包兆龙在上海华山路春光坊创设海京造纸厂，包玉刚建议与嘉兴民丰造纸厂联营，改为“国丰造纸厂”，由包兆龙任副董事长，包玉刚任该厂董事，生产规模日益壮大。

1948年，包玉刚将汤山村房产卖给了永乐织布厂经理唐元杰，全家定居香港。在香港，包玉刚曾经营过金融、贸易、船运、房地产业等。1955年，包玉刚在香港创立了航运业，成为世界上拥有10亿美元以上资产的12位华人富豪之一，是世人公推的华人“船王”。同时，包玉刚还是第一个进入英资汇丰银行的华人董事。包玉刚在香港入了英籍，1976年，被英国女王封为爵士。1978年，包玉刚的海上王国达到了顶峰，稳坐“世界十大船王”的第一把交椅，成为“香港十大财团”之一，创立了“环球航运集团”。包玉刚的事业主要是在香港发展起来的，难得的是他始终不忘故土，对祖国和故乡宁波怀有拳拳赤子之心。他热情支持祖国建设，除捐献巨资为家乡兴建兆龙学校、中兴中学、宁波大学外，还建造北京兆龙饭店、上海交通大学包兆龙图书馆，设立包兆龙、包玉刚留学生奖学金等。

汤山村的包玉刚旧居不是豪宅，却记载着一位爱国实业家在上海的一段历史。

顾城旧居、体操中心、昆曲学校

顾城是中国朦胧诗派的重要代表诗人，曾被称为当代的“唯灵浪漫主义”诗人。他的诗歌《一代人》中的一句“黑夜给了我黑色的眼睛/我却用它寻找光明”，成为中国新诗的经典名句。

这位天才诗人的一生短暂而惨烈。他出生于1956年，父亲是著名诗人顾工。顾城17岁开始写作生涯，1987年开始游历欧洲做文化交流，1988年隐居新西兰激流岛，过上了自给自足的生活，1993年10月8日在其新西兰寓所因婚变，用斧头砍伤妻子谢烨后自缢于一棵大树之下，谢烨随后不治身亡。

20世纪80年代初，这对苦命鸳鸯就曾居住在武夷路上。

那是一间简易小屋，在原沪西体育场旁的一个平民住宅区内。从一条很窄的小弄堂进去，再进入一道门，门里是天井，边上是煮饭的地方，跨过天井就是一间上下两层的屋子，下面一层大约15平方米，上面一层是阁楼。这就是天才诗人顾城和妻子谢烨的家。虽然简陋，但对于彼此深爱着的两人，这里便是他们的伊甸乐园，他们在那里度过了短暂的快乐时光。当年，这间小屋里来过许多顾城的朋友与客人，其中不乏大家，如朦胧派代表诗人北岛、九叶诗人王辛笛，还有前来约稿的德国汉学家等，可以想象那是一段充满着爱的浪漫日子。

有了爱，其他的一切似乎都不重要了。但正如鲁迅在小说《伤逝》里所说的："人必生活着，爱才有所附丽。"涓生和子君的爱情以悲剧告终，顾城和谢烨也同样如此。不知道他们当初的小屋还在不在，但曾经举办过全国足球联赛的沪西体育场倒是已经华丽转身，现在成了上海国际体操中心。这里面不但经常举办全国重大体操比赛，还举办各种各样的演唱会。

体操中心位于武夷路777号，建筑外形呈扁球体，球体外立面镶以亚光银灰铝板，配以蓝色环形窗带，和建筑物融为一体，形成玉盘托明珠的建筑风格。入夜，璀璨的彩灯点缀四周，其梦幻外形宛如飞碟从天外飘然降落人间。而它旁边的昔日顾城的小屋想必早已和它的主人一样飘然而去了。

武夷路上有过一所业余昆曲学校，校址设在武夷路258号的武夷中学内。它的前身是成立于1986年的武夷中学昆曲组，昆剧大师俞振飞曾先后3次前往武夷中学给学生讲解昆曲艺术。在昆曲组基础上，1990年7月，全国第一所业余昆曲学校在武夷中学诞生，由昆剧大师俞振飞担任名誉校长。

慢时光咖啡馆和弄堂筵

近定西路的武夷路339号，法国梧桐掩映中坐落着一幢3层老洋房。推门进去，古朴和安逸的气息扑面而来，好像时间忽然间缓慢了下来，这就是慢时光咖啡馆。"慢，而后静，再可独处，小聚，交流，分享"，这是创始人对"慢时光”的诠释和期许。慢时光咖啡馆开在有着近百年历史的木屋里，原木屋顶、老式木地板、绿色木质窗棂和镂空设计的楼梯，令人想起童话里的小木屋。老榆木桌子上完整地保留了原本的纹路，桌上摆着彩色贝壳琉璃灯，每层楼上有一个角落摆放着长沙发，来这里有种宾至如归的感觉。

空间的四壁布满了书画，一角的木桌上放着一台旧式黑胶唱机。颇有创意的是咖啡馆内摆放着的一个书籍流转书架，据说，这个书架的理想状态是有100本永远在更换的好书。一个流转的书架抵得上一个大书房，在小巧的空间里让时间流转、图书流动，来咖啡馆的客人可以带上自己的书来交换书架上你感兴趣的书籍，也可以选择加入慢时光的海带读书会，在捐书、换书的过程中认识书的原主人，和他们聊聊书，聊聊生活。咖啡馆还定期在三楼的活动区开展活动，活动内容也将诗歌与书画融入其中，包括读书、旅行、音乐、摄影、设计等主题。店内还长期举办“诗书易咖啡”活动，只要提供一本艺术人文的书籍，或一首原创诗歌，或一幅简笔涂鸦，即可免费获得任意一款美味咖啡，而客人所提供的书籍和诗画作品都会在店里展示出来。

做一家自己想要的咖啡馆，而不是市场喜欢的咖啡馆，是“慢时光”的宗旨。在这里，“慢”是一切所向，它的英文名“MY TIME”亦蕴涵此音，并暗含“我的时间”的意思，正符合此咖啡馆自由而随性之至的格调。

与慢时光咖啡馆有着异曲同工之妙的是武夷路上一家名为“弄堂筵”的餐厅。餐厅坐落在弄堂里的一幢3层楼房子里，水红色的外墙，拱形的门窗，看上去很温馨。环境装修有着老上海普通人家的随意和家常，八仙桌、太师椅俨然昔日上海人家餐厅里常见的摆设。老板是上海人，打出的招牌是上海老弄堂怀旧风味菜，许多老上海耳熟能详的儿时美味，都能在“弄堂筵”餐桌上寻到。因此，在顾客中流传着这样一句话：“在弄堂筵，不仅能吃到美味，还能吃到美好的回忆。”

这两家店开在阅尽人间沧桑的武夷路上，似乎在崇尚着一种久已远去的生活方式，单这一点就足以令人回味了。

新华路：上海的闺秀

新华路东起淮海西路，西至中山西路。该路辟筑于1925年，从淮海西路筑至凯旋路。初名“安和寺路”。1943年10月改名“察哈尔路”，1947年以上海法华古镇命名为“法华路”，1965年正式改名为“新华路”。1971年从凯旋路延筑至中山西路，成为市区通往虹桥机场的要道。

新华路素有“上海第一花园马路”美誉。路两旁高大成行的法国梧桐神态自若地守护着一街安宁，春夏时节，梧桐树冠在路中间合拢，阳光透过枝叶稀疏处洒下，在路面上形成斑驳的光点。鳞次栉比的花园住宅深藏在弄堂内，这些老洋房，大多带有大大的庭院。以前的主人在庭院四周遍植树木，时至今日，这些树木已经连成一片，房子反倒成了点缀。即便是临街的房子，也多被绿荫掩映，烟笼寒水月笼纱似的，自有一种低调的优雅。

这条路初名“安和寺路”，这个路名很容易使人误以为是以路上的寺庙而得名的。其实，安和寺是Amherst的音译，Amherst是一名英国外交官的名字，该路辟筑时便以他的名字命名。20世纪20年代初，安和寺路一带水网密布，沟渠纵横，农舍破烂，野鸟低飞，一片荒芜景象。筑路初期，中外富商开始在沿路营建花园住宅，继而西段有梅泉别墅，东段出现红庄等新式里弄。当时沿路庭院住宅与农田瓦房夹杂。之后，美商开发、建设了许多花园别墅和联体别墅，当年住户大多为驻沪领事馆或商务机构的高级管理人员。这条路便逐渐形成了特殊风貌，成为今天上海城区特有的近代别墅群，新华路119弄、155弄、185弄、211弄和329弄最早被称为“哥伦比亚圈”，皆因靠近与新华路相交的番禺路旧名“哥伦比亚路”而得名。

新华路街景

如今，新华路上沿马路的花园洋房高高的围墙早已被改成了透空墙，这些透空墙式样各异。马路两侧砌筑了花坛、花池、花架等，里面种植着月季、海棠、杜鹃、牡丹和四季草花，和墙内的绿植互相呼应，争奇斗艳，构成了花团锦簇的马路景观。沿马路的一些实体围墙还被做成了浮雕墙，上面镌刻着希腊神话中的人物和植物，充满异国风情，一种既历史又前卫的气息就这样悄悄地在这条花园马路上弥漫开来。

新华路的名片：上海影城

新华路与番禺路交会的街角上屹立着一幢充满海派风格的现代建筑：上海影城。它建成于1991年。面对街头转角处的喷水池和缤纷花坛是一个半圆形的正门，并沿着两侧向西、向北将门楣延伸开来。半圆形的正门建筑上下均为深色的玻璃幕墙，与中间一大圈白色墙砖贴面的门额形成虚实结合的反差。白色门额上镶嵌着由著名书法家周慧珺手书的“上海影城”4个大字，下面配有英文字母。线条流畅的建筑体量不大，但看上去十分壮观。

上海影城是我国第一家五星级影院。这座影城最早在上海建立了小厅的概念，其自在舒适的观赏氛围颇得情调人士的偏爱，同时，也是影视圈内专家学者观摩研讨的好场所。影城共有5个装饰风格及功能各不相同的电影放映厅：第一放映厅环境以浓重的正红色为主，显得庄重热烈。22米宽、10.5米高的银幕，可以放映0.7米的6声道影片。第二放映厅基调为海洋蓝色，给人以宁静的感觉。第三放映厅在金黄色的灯光照射下显得异常豪华，它配有4种语言的同声传译设施，在上海是独一无二的。第四、第五放映厅是观摩小厅。另外还有6个供学习观摩用的小型放映厅。从1993年起，上海影城成为历届“上海国际电影节”的主会场，开幕式上群星荟萃，盛况空前，来自世界各地的嘉宾云集于此，许多世界著名演员、导演等电影人把自己的签名留在了影城底楼的那一架大白三角钢琴上。影展时，影城日日佳片连台，影迷们忙着在影城的各个厅里穿梭观摩。此外，很多电影首映式和新闻发布会也都在这里召开。这些活动给影城带来了生命力，也为静悄悄的新华路注入了勃勃生机和活力。现在，作为西区影视中心的上海影城几乎已成了新华路的一张名片。

人们也许不知道影城所在地当年只是一片用砖墙围起来的空地，里面有一排平房和几排马厩，门前竖着块英文招牌：Columbia Riding。译成中文便是：哥伦比亚骑术学校。这个学校专门教授一些普通的骑马本领，从上马、下马、慢跑、小跑、奔跑到学会跨栏为止。校长是个英国侨民，聘用了两名白俄教练。最早到这里来学骑马的都是居住在租界上的外侨，尤以英国人居多。骑马的路线几乎是固定的，从这儿出发一路向西，过凯旋路之后再向南折入虹桥路，随后向西直到罗别根路（今哈密路）西首的高尔夫总会（今上海动物园），然后调头循原路回骑术学校，一来一去约一个半小时。当时这段路上极少有汽车驶过，即使听到汽车喇叭声，那些受过训练的马儿也不会受惊狂奔。太平洋战争爆发后，哥伦比亚骑术学校停业。后来，这里造起了弄堂房屋；再后来，弄堂房屋因造影城而被拆迁。

上海影城对面的马路两侧有一片红色的新式里弄房子，清水红砖外墙，白勾缝，这就是涵盖新华路73弄、84弄的“红庄”。“红庄”这个带点土气的名字是有来历的。抗日战争胜利后，大后方重庆、昆明等地有大批人员迁回上海，其中也有中国农业银行的许多职员，农行便在一片茭白地和荒地上投资兴建了新式里弄住宅作为其职员的集体宿舍。1946年建成，共40幢三四层楼房。新华路以北称“北红庄”，一排3幢4层楼房；新华路以南称“南红庄”，有4层楼房30幢，3层7幢，5排房屋共37幢。因外墙用红砖砌成，周围老百姓遂称其为“红房子”。当时农行的进步职工为了迎接上海解放，便于联系，由当时在农行任职的张兆提议改名为“红庄”，此名一直沿用至今。

影城斜对面的新华路185弄是一条宁静的红砖弄堂，弄堂内花园住宅的坡顶造型、都铎窗是典型的英国风貌，有人说，设计师把属于英国的乡愁带到了这里。但现在这条英伦风情的弄堂里住的却是“正宗”的上海市民。弄内1号是英国民居式独立花园住宅，建于1930年。建筑为假三层砖木结构，双陡坡红机平瓦屋面，屋面有棚屋形老虎窗，外墙面为红机砖清水墙，窗框周边有护角隅石装饰，山墙面有凸窗，窗顶有都铎式拱券批水，南立面有连续拱券走廊。伸出山墙屋面的清水红砖烟囱顶部有精致的齿形装饰，形成建筑的突出个性。住宅南面有近千平方米花园。一楼采用了很大的落地窗和门，有很好的透光。

二楼是一个小花园般的阳台，面积不算很大，但是足以让人闲暇之时放松一下，屋顶也跟很多其他别墅一样设计了烟囱。这里原为外侨住宅，外侨回国后成为单位用房，曾为安徽省驻沪办事处招待所，现为御封会餐厅。

回荡远古钟声余韵的建筑

新华路曾名“法华路”，因这条路位于当年法华古镇的南面。“法华”取名于“妙法莲华经”，含有佛经精妙、洁丽如莲之意。法华镇源于法华寺，这座寺庙当年曾是上海西部较大的佛教寺院之一。由于寺院的香火鼎盛，周围逐渐聚集起越来越多的人气，慢慢就形成了法华镇。宋崇宁元年（1102年），在今新华路650号又出现了一座寺庙，由僧人觉印开山，宋淳熙三年（1176年）赐额为“观音慈报禅院”。所以新华路上也确实是有过寺庙的。如今，法华寺和观音慈报禅院都早已消失在历史的尘埃中，曾经回荡在新华路上空的庙宇钟声也已随风消逝。

所幸，在新华路上我们还可以看到一座类似于中国传统寺庙的建筑住宅，这就是新华路200号，如今，它在四周林立的花园洋房群中反倒显得有点另类了。这幢建于1930年的住宅是一幢中国传统形式的大屋顶建筑，这样的老建筑在上海地区并不多，根据专家考证，类似建筑在上海仅留存2处。重檐屋面上覆盖着铁锈红色琉璃瓦，4只戗角翘起，共装有8只风铃。外墙面水泥砂浆粉涂刷奶白色，沉稳而庄重。建筑共有5个开间，中间进门处有贯通二层的双柱，三层为四坡顶屋面，因三层柱廊没有升上去，故平面收进一圈。底层大厅有精雕的门框、门扇和隔断，二楼大堂有精雕的水泥大梁、牛腿和天棚，三楼大厅有柚木制作的藻井天花。其一、二层设有三面柱式围廊，铺设红缸砖，有斗拱装饰，十分气派。主入口处门厅宽敞，主柱高耸。大厅南墙上2扇顶天立地的对称木门几乎占据了整个墙面，木门采用中国传统的格栅图案。门口台阶两侧卧着一对石狮子，为整幢建筑增添了些许威严，而墙面上长方形的压条钢窗，显然是在这幢传统建筑中糅进了西洋建筑的样式。楼内走道四通八达，室内大部分是木装修、木楼梯、木栏杆、木扶手。在20世纪二三十年代，上海滩著名的“纸张大王”金润庠（他曾担任上海商会常务理事，并组建了“国产纸板联合营业所”）就生活在附近。他的母亲是位虔诚的佛教徒，事母至孝的金润庠特意为母亲建造了这栋带有浓厚佛教色彩的建筑。不但建筑采用中国传统式样，连其窗户的彩色玻璃上都制有神像。异国风情浓郁的新华路上只有这里还保持着一丝远古钟声的余韵，虽然已是渐行渐远。

新中国成立后，新华路200号曾作为部队的干部宿舍和部队医院；后来，编撰反映中华5000年文化的《汉语大词典》出版社长期在这里驻扎，其浓厚的历史文化气息与这幢中国传统建筑异常吻合。这里现为上海世纪华创文化形象管理有限公司的办公大楼。

这幢建筑的一边是马可·孛罗咖啡馆。也许是沾染了影城的文化味，这家咖啡馆竟然很“电影”。咖啡馆里挂着周璇、李丽华等20世纪30年代老上海明星的剧照，昔日上海的浪漫，在这里有了生动的写照。夜幕低垂时，夜上海的音乐开始撩拨人的怀旧心绪。1993年，刚设计完此馆的台湾著名建筑设计师登琨艳便常常坐在这里的吧台上，听着老牌歌星白光的歌声，想着他心中的苏州河。坐在那里，视线透过面包房的后窗，还可以从最美的角度欣赏到那幢传统宫殿般的建筑，你会发现它掩映在绿树葱茏的庭院中，显得分外典雅。

充满欧陆风情的外国弄堂

在新华路上有一条名闻遐迩的“外国弄堂”。外国弄堂所在地原来是农田荒地。1925年，公共租界当局越界修筑哥伦比亚路（今番禺路）和安和寺路（今新华路），整条外国弄堂便是由开发商美国人雷文法兰及1922年成立的上海普益地产公司为适应当时国内商贾和在上海的上层侨民需要建造的。这条弄堂是由因设计了大光明电影院和国际饭店而在上海红极一时的匈牙利籍建筑大师邬达克规划和设计的，它由新华路211弄和329弄两条弄堂相互连接，形成一个规整的马蹄形，看得出是建筑师精心设计的结果。邬达克之所以把外国弄堂设计成马蹄形，是因为他希望这里是一个适宜居住的小区，而这样前进后出的构造，交通自然十分方便。弄内绿树婆娑，环境幽静，29幢风格迥异、造型别致的欧式花园住宅坐落其内，有英国、荷兰、意大利、西班牙等式样，被称为上海西郊哥伦比亚圈内的精华建筑群。这些住宅竣工后分别售给外国侨民，便有了“外国弄堂”之名。长期以来，这里有个说法，弄口入内10步为“分贝临界线”，过了这条线，任外面路上再喧嚣，你也会完全沉浸于一片安静的绿色中了。

如今，在外国弄堂的弄口写着“新华别墅”4个大字，四周环绕着极具艺术风格的铜花纹，底下衬着些有年头的木栅栏。站在外国弄堂口往里张望，看上去弄堂似乎浅浅的，两旁风貌各异的别墅被高大浓密的树荫遮掩着，一些建筑的外墙上攀满了爬山虎，使住宅显得若隐若现，似乎很难看清它们的庐山真面目。慢慢踱进去，透过枝叶间的缝隙，可见矗立在各式小楼屋顶的烟囱、圆拱形的门窗、木制大门、铁艺窗栏等，使人恍入欧洲乡村。弄堂里最多的是西班牙风格的别墅，细微处不可遏制地弥漫着西班牙建筑的语言和构图，红筒瓦、弧形墙及花纹柔美的铸铁窗户是西班牙建筑的标志性特征。由于西班牙是一个充满阳光和活力的浪漫民族，所以建筑多采用质朴温暖的色彩。外国弄堂里的西班牙风格别墅表面都采用了淡黄和红瓦屋顶相结合的暖色调，既醒目又不过分张扬，营造出一种内敛、柔和、尊贵的生活氛围。外国弄堂里的一些住宅曾为西班牙、葡萄牙、英国、瑞典等国的驻沪领事馆，其中尤以英国领事馆面积最大、建筑最豪华，内有网球场、游泳池等设施。

如今，外国弄堂里的这些洋房虽已迟暮，但岁月的光晕却把它们打磨得越发光彩照人。这里的每一座建筑都有着自己的故事，它们安静地站在那里，内敛而低调，透露出一种特有的美丽与苍凉。

新华路179号住宅是外国弄堂里的一幢沿街住宅，建于1930—1935年。这是一幢具有德国民居风格的假三层住宅，机制红平瓦双坡屋面，屋面檐口处有折坡，并有棚屋形老虎窗，南立面山墙有半裸露黑色木构架，线条较窄并有弯曲，其他部分均为白色水泥拉毛粉刷。二层阳台栏杆为红砖砌筑，原是镂空十字图案，现改为宝瓶栏杆。底层南向有宽敞门廊，由彩色水泥阶砖铺地，里为客厅和楼梯间，西侧为一排辅助用房，东侧为厨房、卫厕等，北面有两间大餐厅，客厅和书房内均设有壁炉。二层有卧室5间，设3个楼梯上下。三层有一间大活动室，内有壁炉、壁柜和一朝东阳台，三楼由山墙窗和屋顶老虎窗通风采光。在梧桐掩映下这幢建筑充满德国乡村别墅情调，过路人都会情不自禁停下脚步驻足凝望。

新华路211弄1号是一幢建于1940年前后的西班牙式独立花园住宅，整幢建筑主体2层，局部3层，二层女儿墙为红色筒瓦压顶，三层为红筒瓦坡屋面，外墙面用淡黄色水泥砂浆粉刷。两座贴墙伸出屋面的砖砌烟囱顶部饰有3个联列式尖拱，使整个建筑形成了向上的动感。东侧山墙阳台为螺旋形底托，反S形铁制栏杆，体现出典型的西班牙风格。入口大门上部有弧形门头顶盖，配以右侧方形，左侧圆拱形窗户，异常别致，南面门窗间有螺旋形花纹小柱和圆形柱廊。这幢住宅还配有一个约300平方米的花园，绿树成荫。花园中间有一块地毯似的绿草坪，一侧还有一个人工开掘的池塘，里面养着不少小金鱼，在阳光下悠游自若。室内的花式木门、半圆顶钢窗、立柱和雕花都表现出西班牙式的大气。主屋旁边有储藏小屋，南面是拱圈走廊，每间屋子都有壁炉。住宅门前一枝栀子花树，兀自花繁叶茂。这个别墅的原主人是上海哥伦比亚唱片厂英籍经理，上海解放后，英籍经理返回英国，房子由别人代为管理。上海乐团成立后租借了这幢别墅，由民族乐团使用。1954年后，上海乐团又分给了乐团干部居住，每间房里都有一些原主人留下的家具，有的一直保留至今。

在新华路211弄入口处另一边的2号，绿树环抱之中隐约可见一幢假三层老洋房，这是一幢英国乡村式别墅，尖尖的屋顶，灰蒙蒙的外观，仿佛一座充满了谜团的荒凉山庄，有人戏称其为“呼啸山庄”。这幢房子建造于1925年，曾是美国基督教北长老会传教士李佳白的住宅，据说，这也是新华路上最老的保存完好的洋房。1882年至1892年，李佳白受北长老会派遣，在中国烟台、济南传教。1894年李佳白以独立传教士身份重返中国，担任《泰晤士报》驻华记者。李佳白在华时间长达40余年，是北京、上海等地“尚贤堂”的创始人。时过境迁，岁月洗涤了一切，只有房子成为一种见证。这幢英国乡村风格住宅外墙面部分为水泥拉毛粉刷，局部为红砖清水勾缝，机制平瓦陡坡屋面，进出花园的门和窗的顶部都设有红色平瓦顶棚，局部坡屋面由三层直盖到一层，二、三层都有棚屋式老虎窗挑出屋面。建筑南面局部有廊，廊的上部为设置着钢制栏杆的二层平台。在住宅进门门斗顶部有巴洛克式水泥雨篷，由混凝土三角牛腿支撑，半圆拱门洞，门斗及其他局部墙体护角采用褐色怪石砌筑，颇有特色。室内为硬条木地板、柚木护壁、木窗、木楼梯。如今，这座建筑物的外墙上爬满了绿色藤蔓，生气勃勃的，似乎在顽强地与岁月抗争。屋顶上的烟囱依旧挺立，残留着没落贵族的傲气。进门后，依稀可见由大块圆石筑成的墙角，有着精致雕花的楼梯，架空地面铺设的细木条地板，透露出曾经的风华。住宅花园宽敞，草坪平展，四周松树、水杉、竹树苍翠，在草坪一侧还有网球场、小型游泳池等。1927年李佳白去世，这里就成了他儿子李约翰的住宅。太平洋战争爆发后，李约翰也离开了上海，现在这幢住宅里住进了寻常人家。

新华路211弄内的建筑建造年代不同，风格也各有千秋。建于1929年的10号原是意大利侨民住宅，建筑风格有欧洲民居的特征，兼具了英国、德国、荷兰的风格。三层双坡圆筒瓦屋面，入口门廊在北面，上覆四坡屋面。底层清水外墙采用荷兰法兰德斯砌法，呈下大上小放坡形，两层以上粉水泥砂浆，刷浅黄色。局部红砖清水窗间墙，南立面山墙有德国式黑色外露木框架。窗下墙用清水红砖砌几何图形，南面有花园，花园里有水杉、桂花、石榴、夹竹桃等树木，居住环境幽静。12号建于1930年后，假三层，机平瓦屋面，外墙面水泥拉毛粉刷，清水红砖砌窗台线，局部作装饰线。这幢房子曾是汪精卫某偏室的住宅，院子里还建造了一个用来跳舞的八角亭。14号同样建于1930年后，是西班牙风格的假三层，圆筒瓦缓坡屋面，局部已改为机平瓦，水泥拉毛墙面，屋面烟囱顶做3个连续小尖券，是邬达克设计的作品特征之一。16号原是英侨住宅，建于1930年后，2层，屋面采用机平瓦，外墙面土黄色水泥拉毛粉刷，二层外墙面做清水砖带。

临街的新华路231号是一幢建于1932年的英国乡村别墅风格的住宅。建筑为假3层，四坡平顶屋面，用红板铺盖，设置四坡老虎窗。南立面中部有凸出敞廊和阳台，底层及烟囱为褐色面砖饰面，二层立面为白色粉墙，墙角局部用红砖镶嵌。山墙和外墙立面，都置有半露黑色木构架。南面的花园原有暖房、亭子、假山等，现已不存，仅有墙顶盖红色圆筒瓦，墙面贴泰山砖的弧形围墙至今保存良好。这幢建筑设施讲究、造型美观、花园宽敞。在外墙黑色铸铁水斗上铸有梅花图案和“1932年”字样。这幢花园住宅是工商界知名人士荣漱仁的堂外甥丁宜生于1946年经房产商过养墨向一英国人购买的，丁宜生于新中国成立前夕去了香港，建国后托荣漱仁代管这所住宅。荣漱仁曾将该宅借给政府办幼儿园，后房屋被分给多户知识分子居住。近年房管部门对这幢住宅进行了大修，恢复了建筑的原有风貌。

在外国弄堂里有一幢很大的别墅，红瓦，裸露的木框架，沿街的门牌号是新华路315号。据说那是旧上海在沪的某“石油大王”为其儿子结婚建造的住宅，是当年新华路上最豪华的一幢花园洋房。这幢建于1930年的英国乡村式花园住宅假3层，砖木结构，双陡坡红瓦屋顶，有较大的出檐。外墙立面上部为白色水泥拉毛墙面，下部为清水红砖墙，清丽简洁。南立面中部向前突出，山墙裸露黑色木构架。木头门窗选用国外进口的带有疖疤的木料，保留粗糙的凿凿痕迹，部分外墙立面转角砌隅石，给人原始质朴之感。二楼正中朝南有外阳台，用缸砖铺地，外围铸铁栅栏，北侧有露台。楼前有近2000平方米的花园，中间是大片草坪，四周围绕雪松、桂花、香樟等树木，绿意盎然，还有竹亭、假山、葡萄架等。新中国成立后这幢花园住宅曾一度由我国近代实业家盛宣怀的第五个儿子盛重颐居住，后又作为上海市第一商业局疗养院，现在是一家公司的办公楼。新华路321号建于1946年，假3层建筑，二层有底托凸窗，机平瓦四坡顶折坡屋面，法国建筑风格。钢门、钢窗、木地板、水泥砂浆抹外墙面紫灰色。建筑屋面有八边形和单坡老虎窗。房主曾是国民党高级将领蒋鼎文，他在抗战中吃了败仗，被迫引咎辞职，1945年底到上海经商，就住在这幢房子里，后去了台湾。

新华路329弄的别墅也都风格各异。17号是一幢外墙为浅黄色水泥拉毛粉刷的假3层花园住宅，建于1925年，是上海棉纺业巨子薛福生的旧居。建筑采用西班牙式圆筒瓦缓坡屋面，三层是单坡平屋面。底层檐口有多种装饰线脚，入口门廊做单坡圆筒瓦雨篷，由螺形支托支撑，主入口门洞做红机砖圆拱门套，红褐色实木镶嵌花玻璃大门。壁炉烟囱出口有连续小尖券装饰，南立面底层拱廊用红色圆筒瓦压顶，二层平台用钢栏杆围护。建筑南面的花园有将近200平方米大，花园内绿草如茵，四周植有芭蕉、龙柏、桂花、黄杨、龙石兰等植物。28号建于1948年，3层楼，属现代建筑风格，缓坡屋面，山墙处有凸出半圆形楼梯间，多处墙面粉有几何图案。30号建于1925年前后，假3层英国

新华路321号别墅

新华路329弄30号别墅

乡村别墅，机平瓦陡坡双坡屋面，有单坡老虎窗，外墙面水泥浆粉刷，南立面有黑色水平与垂直相交的木构架外露，局部门窗套用清水红砖砌筑。建于1930年的32号乙是一幢有着地道北欧风情尤其是瑞典风格的住宅，有着较陡的双坡红瓦屋面，联排式砖砌烟囱，清水红砖墙面，一东一西有两个高低不一的三角尖顶。北入口门廊采用新古典主义建筑式样，两边各有一根多立克立柱，主入口有半圆拱门套，门廊顶层饰有宝瓶栏杆，门顶有半圆铸铁花饰楣窗，两侧两层有多边形城堡塔楼造型。主入口东侧为多边形楼梯间。屋前有一个很大的花园，绿草如茵，巨木如盖。花园里有一株200年历史的广玉兰，春天来临时，树上开满了雪白的花朵，淡淡的花香在弄堂里飘散开来。这幢住宅在1936年至1947年期间为瑞典驻沪总领事官邸。新中国成立前夕，此花园住宅曾转卖给盛宣怀的五子盛重颐，由盛重颐后人居住，至今盛家尚有后裔居住在该住宅内。

外国弄堂内最为人津津乐道的是位于329弄36号的“蛋糕房子”。这幢房子因其形似蛋糕而得名，是一幢双层圆形花园住宅，在上海近代建筑中可谓绝无仅有。蛋糕房子的缓坡屋面盖有西班牙圆筒瓦，下为木基层、木屋架。住宅外墙面结构外露，梁、柱均为白色，紫红色泰山面砖贴面，白水泥勾缝，前后大门两侧均用玻璃砖砌筑，既满足了室内采光要求，又丰富了建筑立面。圆形平面的内圈为客厅，铺白色大理石地面，客厅中央有一大理石铺砌的欧式喷水小池，相对应的顶棚有一盏玻璃吊灯。外圈空间分割为起居室、餐厅、书房及辅助用房。由中心客厅可进入外圈各房间，内为硬木带纹地板，并用玻璃砖隔断。整座建筑新颖奇特，装修豪华，别致的尖拱烟囱曾飘出袅袅炊烟，宛如童话中的房子。

蛋糕房子曾是西班牙公使官邸，后为曾任同济大学校长的著名民主人士周均时购得。周均时于1949年5月在重庆被蒋介石逮捕，囚禁于重庆白公馆监狱。同年11月27日殉难，年仅58岁。如今这幢建筑属于旅居海外的周均时之女。20世纪50年代初好客的主人常常在里面举办提供茶点的聚会，所以，客人和邻居便戏称之为“蛋糕房子”。这是关于“蛋糕房子”的第二个版本了。两个说法都有道理，也许，两者的结合更符合这幢房子的命名吧。蛋糕房子据说是邬达克最为得意的建筑作品，或许是因为过于留恋，邬达克设计完这幢房子之后，居然把自己的家也搬到了200米外的番禺路路口。

新华路北侧的花园建筑群

在外国弄堂对面的新华路北侧，坐落着新华路236号，248号，272弄2号、6号，294弄1号等优秀历史建筑，它们都建造于1930年左右，为哥伦比亚圈的花园住宅，建筑风格多姿多彩，建成后为外国侨民居住。

靠近上海影城的新华路236号，是一幢假3层乡村别墅式建筑，建于1930年前。住宅底层为红机砖清水勾缝墙面，二层处有小牛腿挑出腰线，二层及山墙部分褐色木构架外露，木构架墙体部分白色水泥拉毛粉刷，陡坡机平瓦屋面，屋面檐口略翘起。坡屋面上有棚形老虎窗、清水红砖墙砌烟囱贴东山墙穿出屋面。建筑平面呈L形，整个3层藏在屋顶空间之内。建筑的主入口由东南面山墙经花园进入。入口大门为硬木拼板门，红砖小尖券拱顶门套白水泥勾缝。南面的小花园内嘉木葱茏。这幢住宅原有的主人于新中国成立前夕离开上海，建国后该处房屋住进了多户人家。新华路248号为3层现代建筑，黑色机平瓦缓坡屋面，外墙为绿色水泥拉毛粉刷，汰石子墙脚。入口为实拼木门，厨房间铺六角形马赛克。底层南侧突出做磨石子平台伸入花园，由2根绿色圆柱架起设有铁栏杆的二层阳台，一、二层在南面转角及正面均做大面积玻璃窗，采光通风甚佳。住宅南面花园里种植雪松、香樟、冬青等常绿树木，形成绿色屏障，环境非常宁静。新华路272弄2号、6号建于1930年前，都是2层楼的西班牙风格建筑，住宅南面也都有数百平方米的花园。住宅为四坡红色筒瓦屋面，各有2座壁炉烟囱穿出山墙屋面，外墙为鱼鳞纹水泥砂浆拉毛粉刷。2号进户门有半圆拱雨罩、旋涡形牛腿及清水红砖门套，6号南面有圆拱门廊、磨石子地面。2幢住宅的二层都有阳台，铺红缸砖地面，铁栏杆。新中国成立前均为外侨居住，2号现为民居，6号现为托儿所，外墙装饰得颇有童趣。

新华路294弄1号是一幢带有西班牙建筑风格的住宅，红色圆筒瓦双坡面，设单坡顶老虎窗，外墙为黄色，水泥拉毛粉刷，山墙开半圆拱顶窗，南面有2座烟囱出山墙屋面。底层入口为花式实拼木门，清水红砖门套，东、西两侧均有入口。南立面二层有3间挑廊，挑出底层墙面约0.6米，由底层挑出木牛腿支撑。南面小花园内外树木繁密，有棕榈、梧桐、水杉、铁树等。弄内5号住宅名“陈止善堂”，是1927年蒋介石北伐时期的军事顾问陈止善“弃甲归田”后于1935年出资，由中国第一代建筑师赵琛、陈植等人所在的上海华盖建筑师事务所建造的，该建筑为2层西班牙建筑式样的独立花园别墅，缓坡屋面，覆绿色琉璃筒瓦，2座白色小尖拱烟囱穿出北侧屋面。外墙面用白色砂浆压花粉饰，半圆拱门窗和矩形门窗在南立面墙体上分列两侧，南面主入口是圆拱门廊，挑出阳台。局部窗间柱做成绳纹绞花，天井北墙设一喷水兽头，是具有西班牙装饰风格的现代建筑。室内悬挂各式水晶灯饰。钢门、钢窗、檀木席纹地板，外墙面为水泥压花，端正而不失大气，别墅前大片绿茵围绕，“陈止善堂”富有民族特色的圆顶正气而不失古雅。循着古朴的楼梯拾级而上，富有西班牙风格的圆顶抬头可望。该住宅自1959年开始，作为长宁区军体委使用。2003年经修缮，基本恢复住宅的原貌，现由上海WTO事务咨询中心使用。

新华路336号是一幢2层法国式花园洋房，前后有大花园，花园里有各种名贵树木以及大草坪，还有池塘和假山。该宅南立面底层为3开间拱券洞口，二层设敞廊，由室外露天石阶可登步入室。客厅有大、中、小3个，大客厅能容百人，并有大、小两套餐间。客厅内柱子、吊顶式样奇特，墙壁还做了连续的壁龛。这座洋房原是汪精卫的秘书曾仲鸣于20世纪30年代建造居住，1945年抗战胜利后被国民党接收，1947年有“飞虎将军”之称的指挥官陈纳德和夫人陈香梅由虹桥路美华村移居至此。陈纳德夫妇去香港后，上海锦江饭店创始人董竹君于1950年住进了这幢花园洋房，她在这里住了不到2年便迁至复兴西路。1952年10月上海民族乐团迁入至今。

金润庠旧居、梅泉别墅、棉花酒吧

从外国弄堂往前走，一路上也是风景不断。在新华路483号可以邂逅一幢建于1947年的现代式3层平屋顶建筑，建筑立面水平线条流畅，平面4开间，大玻璃窗、钢门、钢窗，立面简洁，无烦琐的装饰。整个建筑的立面由圆弧及平直线组成，楼上南面起居采用弧形大玻璃窗和角窗，还设有半圆形阳光室，使简洁的立面造型富有变化。花园内各种树木郁郁葱葱，草坪绿茵如毯。原业主是华侨张明为，后这里成为嘉兴民丰造纸厂老板金润庠住宅。金润庠于1932年组建“国产纸板联合营业所”，成为名副其实的“造纸大王”。1937年8月，日军进犯上海，时任上海商会常务理事的金润庠加入了上海市抗敌后援会，积极筹备前方所缺物资。新中国成立后这里曾为长宁区结核病防治所使用，改革开放后一度作为肯德基上海总部，今为长宁区药品监察检验中心使用。

再往前就到了新华路593弄，这是一条花园式里弄，它有一个很好听的名字：梅泉别墅。这里在20世纪30年代还是一片农田，1933年，房地产商吴其达斥资在此建造了2层砖木结构花园洋房20幢，分前后3排，由我国第一代建筑师奚福泉设计。这些洋房多为机制红平瓦屋面，现代建筑样式，阳台为钢制栏杆，每户的东面有一个小庭院，庭院内筑有水井，井水清澈。每幢房子都附设汽车间，宽敞的弄堂可以进出小轿车。以前，进弄左侧有一个公共大花园，园内有一个2米见方的水池，水池周边遍植梅花，寓意梅泉，所以弄堂就被称为“梅泉别墅”。这个水池在“文革”中随同花园一起被破坏，至今唯留存水池的墙基印迹。梅泉别墅建成后，吴其达自住弄内的10号、16号、20号。

新华路不是上海的风花雪月之地，在这里你见不到连片的餐厅，也没有新天地的繁华热闹。入夜，唯见点点寂寞的星光。那种内敛的优雅，犹如大家闺秀般令人心仪。这条路上的酒吧也有点遗世独立的味道。在新华路近番禺路的地方有一家棉花酒吧，门前是个很有情调的小花园，放着爵士乐，带来一种闲适的感觉。室内装潢优雅简洁，墙上整块的LED灯，闪烁着迷离的光，里面有一个真的壁炉，壁炉里烧着木材，让人想起古老的法国别墅，冬天光是看着炉膛里一闪一闪的红红炉火，就感觉很温暖了。

梅泉别墅

后 记

马路是一座城市的记忆，在上海人的心里那更是一种难以割舍的情结。

我的一位闺蜜在20世纪80年代中期去了加拿大，客居异国的她虽然早已是他国公民，但对于上海依然是魂牵梦萦。她在写给我的信中说，她想上海，想小时候家门前每天都要走的马路，甚至连弄堂里的石头路都想。那些马路和弄堂是她的乡愁。那些年每次来上海，她都要到自己熟悉的马路和弄堂去走一走，看一看，虽然它们苍老了，破旧了，但在她眼里它们都写满了她的成长轨迹。抚摸着家门口的墙壁，她一次次泪流满面。后来，她家所在的那条马路拓宽了，弄堂也消失了。她回国后再也找不到从小生长的地方，从此她的乡愁没有了去处。她伤感地说，自己的灵魂找不到回家的路了。我虽然一直生活在上海，但儿时的老房子也早已不在了。记得小时候家里的石库门弄堂前是一条很热闹的马路，弄堂口还有一口井，离开很长时间了，我还经常梦见那个老房子，甚至在梦中欣喜地搬回了那里，还像小时候那样端着钢精锅去弄堂门口的面馆里买菜汤面。梦里的老屋温馨依旧，我在梦中想，我总算又回来了，从此再也不会离开这里了。可是，梦毕竟是梦。离开了就再也回不去了。

也就是从那个时候起我萌生了为自己以及同我一样有着上海马路情结的人留存一份关于这个城市记忆的念头。于是，十年前就有了我的第一本写上海的书:《上海的马路》。从那时开始，写上海就成了我的写作主题，并且一发而不可收，10余年来写了将近10本关于上海的书。《上海的马路》合同到期后，接连有一些出版社的编辑来找我，想要我在原书的基础上再加入一些内容，重写一本《上海的马路》，可是，我始终没有心动。我不知道自己是不是在等待着什么。2015年春节，东方出版中心的戴欣倍编辑来找我，她是

《上海的马路》一书的责任编辑（当时她在上海画报出版社工作）。戴编辑的敬业精神始终给我留下了深刻的印象。之后，戴编辑又以其敏锐而犀利的洞察力策划了《上海：精神的行走》书系，我依旧成为她的忠实作者。这套书推出后得到广大读者和专家的一致好评，一年后就重印了。因此，当戴编辑提出想请我写关于上海64条永不拓宽的马路时，我几乎没有考虑就欣然应允了。令我心仪的是这个选题没有重复10年前的《上海的马路》一书，它还悄然促动了我心底潜伏已久的愿望，并为我关于上海题材的写作找到了一个新的突破口。这大概就是所谓的缘分吧！

由于受篇幅限制，我把这64条永不拓宽的马路分为3本来写，本书为其中之一。对于这3本书的顺利出版，我要特别感谢东方出版中心领导李智平先生、郑纳新先生和王祖光先生的出谋划策与鼎力支持；感谢责编戴欣倍女士一如既往的敬业和充满知性的理解，她细致的提醒和不断的鞭策使我不敢有丝毫懈怠；感谢摄影师徐坚一、朱克家、寇善勤先生提供的精彩照片，我深知他们拍摄这些照片的甘苦；也感谢为这套书的精美呈现付出辛劳的书籍设计师陶雪华女士。

城市的文化基因和历史信息以种种隐秘的方式赋予个人记忆，成为每个人一生的精神财富。无论你是上海人、新上海人抑或是来上海旅行的游客，希望通过阅读，使你们的思绪能跟随我移向上海这些永不拓宽的马路，移向一条条弄堂，移向马路上的老建筑，使这些建筑变成活生生的场景，走进我们的视线，走进城市的记忆。

惜 珍

2016年1月

图书在版编目（CIP）数据

永不拓宽的上海马路.二／惜珍著.—上海：东方出版中心，2016.7（2023.6重印）
ISBN 978-7-5473-0978-0

Ⅰ.①永… Ⅱ.①惜… Ⅲ.①随笔-作品集-中国-当代 Ⅳ.①I267.1

中国版本图书馆CIP数据核字（2016）第135266号

永不拓宽的上海马路（二）

惜珍 著 朱克家 摄

总 策 划 李智平
策划/责编 戴欣倍
书籍设计 陶雪华
责任印制 周 勇

出版发行：东方出版中心
地 址：上海市仙霞路345号
电 话：021—62417400
邮政编码：200336
经 销：全国新华书店
印 刷：上海丽佳制版印刷有限公司
开 本：890×1240毫米 1/32
字 数：299千
印 张：10.125
版 次：2016年7月第1版 2023年6月第4次印刷
ISBN 978-7-5473-0978-0
定 价：48.00元